양자 컴퓨터 원리와 수학적 기초

양자 컴퓨터 원리와 수학적 기초

스핀부터 큐비트, 얽힘, 중첩, 양자 알고리즘, 양자 암호화

이정문 옮김   크리스 베른하트 지음

에이콘

 에이콘출판의 기틀을 마련하신 故 정완재 선생님 (1935-2004)

헨리카에게

옮긴이 소개

이정문(kamui73@hotmail.com)

컴퓨터공학을 전공했으며 다수의 원서를 번역했다. 에이콘출판사에서 출간한 『안드로이드 앱 마케팅』(2011), 『데이터 과학으로 접근하는 정보보안』(2016), 『양자 컴퓨터 프로그래밍』(2019) 등을 번역했다.

옮긴이의 말

수학에 관한 기본적인 배경지식을 갖춘 독자를 대상으로 양자 컴퓨터의 기본 원리를 설명하는 이론서입니다. 양자 컴퓨터의 바탕이 되는 양자역학은 얽힘, 중첩 등의 개념을 포함합니다. 상식적으로는 받아들이기 쉽지 않은 개념이며 단어로 나타내면 정확히 이해하기 어렵습니다. 그래서 수학적 표현이 필수입니다. 이 책은 이런 개념들의 수학적 모델을 가급적 단순화해서 제시하는 데 집중합니다. 이를 위해 저자가 복소수 표현을 배제하고 선형대수학의 기초 개념을 설명하는 등 많은 노력을 기울입니다만, 그럼에도 고등학생 수준의 수학 지식은 필수입니다.

1장은 양자 컴퓨팅의 기본 단위인 큐비트를 소개합니다. 큐비트는 흔히 전자 스핀으로 표현되므로, 스핀을 다양한 방향에서 측정할 때 무슨 일이 일어나는지 보여주는 실험 예제를 통해 큐비트의 성질을 설명합니다. 이어지는 2장은 이 책을 공부하는 데 필요한 선형대수학의 핵심 개념을 이야기합니다. 특히 벡터와 행렬 계산 방법을 소개합니다. 3장에서는 2장에서 배운 선형대수학을 사용해 1장에서 배운 전자 스핀의 수학적 모델을 제시하고, 이를 통해 큐비트를 정의합니다.

4장과 5장은 얽힘에 관해 다룹니다. 우선 4장에서는 텐서곱의 개념을 소개함으로써 큐비트의 집합을 하나의 모델로 기술하는 방법을 설명합니다. 5장은 벨의 부등식을 이야기합니다. 얽힘을 '도깨비 같은 원격 작용'이라고 부르면서 반대했던 아인슈타인의 주장의 정당성을 실험적으로 판단할 수 있는 식입니다. 결국 아인슈타인이 틀린 것으로 결론이 나고 있지만, 부등식을 고안한 벨조차도 아인슈타인의 시각과 접근법을 옹호했으며 저자도 이에 동의하고 있습니다.

6장과 7장은 본격적으로 컴퓨터와 관련된 용어가 나오기 시작합니다. 6장에서는 고전적 컴퓨터의 비트, 게이트, 논리에 관해 설명하고 가역적 컴퓨팅과 범용 게이트의 개념을 소개합니다. 7장에서는 이 개념들의 양자 컴퓨터 버전을 설명하고, 큐비트가 양자 게이트를 통과하면 어떻게 바뀌는지 보여줍니다.

8장은 몇 가지 양자 알고리즘을 소개하고, 고전적 알고리즘보다 얼마나 속도가 향상되는지 설명합니다. 마지막으로 9장은 그로버의 검색 알고리즘과 쇼어의 소인수분해 알고리즘을 간단히 소개하고, 양자 컴퓨터가 양자역학 프로세스를 정밀하게 시뮬레이션하는 데 이미 사용되고 있음을 보여줍니다.

이 책은 프로그래머를 위한 책이 아닙니다. 양자 컴퓨터의 주요 원리를 수학적 기반 위에서 이해하고자 하는 독자가 양자 컴퓨터에 입문하기에 적절한 책입니다. 대학원생 수준의 책을 읽기 전에 거쳐 갈 만한 책이라고 생각해도 좋을 것 같습니다.

언제나 많은 도움을 주시는 에이콘출판사 권성준 사장님과 에이콘 관계자 분들께 감사드립니다. 그리고 사랑하는 부모님, 아내, 두 아들에게도 고마움을 전합니다.

지은이 소개

크리스 베른하트^{Chris Bernhardt}

페어필드대학교 수학과 교수로 『Turing's Vision: The Birth of Computer Science』
(MIT Press, 2016)의 저자다.

감사의 말

이 책을 완성하기까지 도와주신 많은 분께 정말로 고맙다는 말씀을 드립니다. 맷 콜맨$^{Matt Coleman}$, 스티브 르메이$^{Steve LeMay}$, 댄 라이언$^{Dan Ryan}$, 크리스 스태커$^{Chris Staecker}$ 그리고 이름을 밝히지 않은 세 분의 감수자가 이 책의 원고를 세심하게 검토했습니다. 이들의 제안과 교정 덕분에 이 책은 엄청나게 큰 폭으로 개선될 수 있었습니다. 또 초기 제안 내용과 더불어 원고가 책으로 완성되기까지 모든 지원을 아끼지 않은 MIT Press의 마리 리$^{Marie Lee}$와 그의 팀에게도 고마움을 전하고 싶습니다.

차례

옮긴이 소개 7

옮긴이의 말 8

지은이 소개 10

감사의 말 11

들어가며 18

01 **스핀** 25

양자 시계 30

동일 방향으로 반복 측정 31

서로 다른 방향으로 반복 측정 32

측정 33

무작위성 34

광자와 편광 36

결론 39

02 **선형대수학** 41

복소수 대 실수 42

벡터 43

벡터의 다이어그램 44

벡터의 길이 44

실수배(혹은 스칼라배) 45

벡터 덧셈 46

직교 벡터 47

브라에 켓 곱하기 47

브라켓과 길이 48

브라켓과 직교 49

정규직교 기저 50

기저 벡터들의 선형 조합으로서의 벡터 52

순서 기저 54

벡터의 길이 55

행렬 55

행렬 계산 58

직교행렬과 유니타리행렬 59

선형대수학 도구 상자 60

03   **스핀과 큐비트** 63

확률 64

양자 스핀을 위한 수학 64

동치 상태 벡터 67

특정 스핀 방향의 기저 69

60°만큼 장치 회전 71

광자 편광을 위한 수학 모델 72

특정 편광 방향의 기저 73

편광 필터 실험 74

큐비트 76

앨리스, 밥, 이브 76

확률 진폭과 간섭 79

앨리스, 밥, 이브 그리고 BB84 프로토콜 80

04   **얽힘** 83

앨리스와 밥의 큐비트가 서로 얽혀 있지 않은 경우 84

큐비트가 얽히지 않은 경우 86

큐비트가 얽혀 있는 경우 87

초광속 통신 89

텐서곱의 표준 기저 91

큐비트를 얽는 방법 92

CNOT 게이트를 사용해 큐비트 얽기 94

얽힌 양자 시계 95

05   **벨의 부등식** 99

다른 기저로 얽힌 큐비트 측정 101

$\frac{1}{\sqrt{2}}\begin{bmatrix}1\\0\end{bmatrix} \otimes \begin{bmatrix}1\\0\end{bmatrix} + \frac{1}{\sqrt{2}}\begin{bmatrix}0\\1\end{bmatrix} \otimes \begin{bmatrix}0\\1\end{bmatrix}$ 이 $\frac{1}{\sqrt{2}}|b_0\rangle \otimes |b_0\rangle + \frac{1}{\sqrt{2}}|b_1\rangle \otimes |b_1\rangle$ 와 같음을 증명 102

아인슈타인과 국소적 실재론 104

아인슈타인과 숨은 변수 105

얽힘에 대한 고전 물리학적 설명 106

벨의 부등식 108

양자역학의 답 108

고전적 모델의 답 110

측정 113

양자 키 배포를 위한 에커트 프로토콜 115

06   **고전적 논리, 게이트, 회로** 117

논리 118

    NOT 118

    AND 119

    OR 119

부울 대수 120

    논리적 동치 121

함수 완전성 122

    NAND 124

게이트 126

    NOT 게이트 127

    AND 게이트 127

    OR 게이트 128

    NAND 게이트 128

회로 128

NAND는 범용 게이트다 129

게이트와 컴퓨팅 130

메모리 132

가역 컴퓨팅 132

제어 NOT 게이트 134

토폴리 게이트 136

프레드킨 게이트 138

당구공 컴퓨팅 141

07 **양자 게이트와 양자 회로** 147

큐비트 148

CNOT 게이트 149

양자 게이트 151

1개의 큐비트에 대해서 동작하는 양자 게이트 151

I와 Z 게이트 151

X와 Y 게이트 152

아다마르 게이트 153

범용 양자 게이트가 존재하는가? 153

복제 불가 정리 154

양자 컴퓨팅 대 고전적 컴퓨팅 157

벨 회로 157

초고밀도 코딩 160

양자 순간 이동 163

오류 정정 167

반복 코드 168

양자 비트플립 정정(Quantum Bit-Flip Correction) 170

08 **양자 알고리즘** 173

복잡도 클래스 P와 NP 174

양자 알고리즘은 고전적 알고리즘보다 빠른가? 177

쿼리 복잡도 177

도이치 알고리즘 178

아다마르 행렬의 크로네커곱 182

도이치-조사 알고리즘 186

1단계. 큐비트들이 아다마르 게이트를 통과한다 188

2단계. 큐비트들이 F 게이트를 통과한다 188

3단계. 상단 큐비트들이 아다마르 게이트를 통과한다 189

4단계. 상단 큐비트를 측정한다 190

사이먼의 알고리즘 191

비트 단위의 모듈러-2 덧셈 191

사이먼의 문제 192

점곱과 아다마르 행렬 193

아다마르 행렬과 사이먼의 문제 194

사이먼의 문제를 위한 양자 회로 196

사이먼 알고리즘의 고전적인 부분 199

복잡도 클래스 201

양자 알고리즘 204

09 양자 컴퓨팅의 영향력 207

쇼어 알고리즘과 암호 해석 208

RSA 암호화 208

쇼어의 알고리즘 210

그로버의 알고리즘과 데이터 검색 213

그로버의 알고리즘 213

그로버 알고리즘의 응용 217

화학 및 시뮬레이션 218

하드웨어 219

양자 어닐링 222

양자 우위와 평행 우주 224

컴퓨팅 225

찾아보기 227

들어가며

이 책의 목적은 고등학생 수준의 수학에 익숙하고 어느 정도의 노력을 기꺼이 투입할 마음을 먹은 독자에게 양자 컴퓨팅을 소개하는 것이다. 특히 큐비트, 얽힘, 양자 순간 이동, 주요 양자 알고리즘을 공부하며 각 개념을 모호하게 아는 데 그치지 않고 유리처럼 명확하게 이해하는 것을 목표로 한다.

최근 들어 언론 보도에서 양자 컴퓨팅 뉴스가 자주 소개된다. 여러분은 중국이 지구에서 위성으로 큐비트를 순간 이동했고, 쇼어의 알고리즘이 현재의 암호화 체계를 위험에 빠뜨리고 있으며, 양자 키 분배 덕분에 암호화 체계의 안전성을 되찾을 수 있고, 그로버의 알고리즘이 데이터 검색의 속도를 향상시킬 것이라는 뉴스를 아마 들어봤을 것이다. 하지만 이러한 소식은 실제로 무엇을 의미하는 걸까? 이 모든 것들은 어떻게 동작할까? 이 책이 이 모든 것을 설명해줄 것이다.

그런데 수학을 사용하지 않고 양자 컴퓨팅을 설명하는 것이 가능할까? 그렇지 않다. 정말로 원리를 이해하고 싶다면 수학 없이는 제대로 설명할 수 없다. 기초 개념은 양자역학에서 비롯되며 반직관적일 때가 많다. 말로만 설명하는 것은 효과가 없다. 일상생활에서 경험할 수 없는 것이기 때문이다. 설상가상으로 말로 설명하는 것은 우리가 실제로 이해하지 못한 것을 이해했다고 착각하게 만들기 십상이다. 다행히도 많은 양의 수학이 필요하지는 않다. 수학자인 내 역할은 최대한 수학을 단순화하는 것, 즉 핵심에 집중하고 그 사용법과 의미를 보여주는 기초 예제를 제공하는 것이다. 그럼에도 이 책에는 독자 여러분이 본 적 없는 수학 개념이 담겨 있을 것이다. 더불어 모든 수학 개념이 그러하듯 처음에는 생소하게 느껴질 수밖에 없다. 따라서 예제를 대충 훑어보지 말고, 계산 단계를 하나씩 따라가면서 주의 깊게 읽는 노력이 중요하다.

양자 컴퓨팅은 양자역학과 컴퓨터 과학의 아름다운 퓨전^{fusion}으로, 20세기 물리학의 빛나는 개념을 컴퓨팅에 관한 완전히 새로운 사고방식과 결합한 것이다. 양자 컴퓨팅의 기본 단위는 큐비트^{qubit}다. 우리는 큐비트가 무엇이고 큐비트를 측정할 때 무슨 일이 일어나는지 배울 것이다. 고전적인 비트는 0 또는 1이다. 고전적인 비트 0을 측정하면 0을 얻고, 1을 측정하면 1을 얻는다. 어느 경우든 비트의 값은 바뀌지 않는다. 하지만 큐비트의 경우 상황이 전혀 다르다. 큐비트는 무한히 많은 상태(0과 1의 중첩) 중 하나일 수 있다. 하지만 큐비트를 측정하면 0 또는 1 중에 하나의 값을 얻는다. 측정 행위가 큐비트를 바꾸는 것이다. 간단한 수학적 모형으로 이 모든 현상을 세밀하게 기술할 수 있다.

큐비트는 얽힐 수도 있다. 큐비트 중 하나를 측정하는 것이 다른 큐비트의 상태에 영향을 주는 것이다. 이 현상도 우리가 일상생활에서 경험할 수 없는 것이다. 하지만 수학적 모형으로 완벽하게 기술할 수 있다.

이 세 가지 현상, 즉 중첩, 측정, 얽힘은 양자역학의 핵심 개념이다. 일단 이러한 개념이 무엇을 의미하는지 배우면, 양자 컴퓨팅에서 이들을 어떻게 사용할 수 있는지 이해할 수 있다. 인류의 독창성은 바로 이 부분에서 빛을 발한다.

수학자들은 증명은 아름다운 것이며 예상치 못한 통찰을 포함할 때가 많다고 말한다. 나는 이 책에서 다룰 여러 가지 주제를 설명할 때도 같은 느낌을 받았다. 벨의 정리, 양자 순간 이동, 초고밀도 코딩은 모두 보석과 같다. 에러 정정 회로와 그로버의 알고리즘은 정말로 놀랍다.

이 책을 읽으면서 여러분은 양자 컴퓨팅의 근간이 되는 기본 개념을 이해할 뿐만 아니라, 독창적이고 아름다운 여러 구조를 배울 수 있다. 양자 컴퓨팅과 고전적 컴퓨팅이 별개의 원리가 아니며 양자 컴퓨팅이 좀 더 근본적인 형태의 컴퓨팅임을 깨닫게 될 것이다. 고전적으로 계산될 수 있는 것은 모두 양자 컴퓨터에서도 계산될 수 있다. 비트가 아니라 큐비트가 계산의 기본 단위다. 컴퓨팅은 본질적으로 양자 컴퓨팅을 의미한다.

마지막으로, 이 책은 양자 계산의 이론을 다룬다는 점을 강조하고 싶다. 다시 말해서, 하드웨어가 아니라 주로 소프트웨어에 관한 책이다. 하드웨어를 간단히 언급하고 물리적으로 큐비트를 얽힌 상태로 만드는 방법도 설명하지만, 어디까지나 부차적인 내용일 뿐이다. 이 책은 양자 컴퓨터를 만드는 방법이 아니라 사용하는 방법을 다룬다.

각 장을 간단히 요약하면 다음과 같다.

1장. 고전적인 컴퓨팅의 기본 단위는 비트다. 비트는 2개의 상태 중에서 하나의 상태를 가질 수 있는 것이라면 무엇으로든 표현될 수 있다. 가장 흔한 예가 on 또는 off 상태일 수 있는 전기 스위치다. 양자 컴퓨팅의 기본 단위는 '큐비트'다. 큐비트는 전자의 스핀 또는 광자의 편광으로 표현될 수 있다. 하지만 스핀과 편광의 성질은 on 또는 off 상태일 수 있는 스위치만큼 우리에게 친숙하지 않다.

원자의 자기적 성질을 연구했던 오토 슈테른^{Otto Stern}과 발터 게를라흐^{Walther Gerlach}의 실험을 시작으로 스핀의 기본 특성을 알아볼 것이다. 다양한 방향에서 스핀을 측정할 때 무슨 일이 일어나는지 살펴보고, 측정 행위가 큐비트의 상태에 영향을 줄 수 있음을 배운다. 또, 측정에는 본질적인 무작위성이 관련돼 있음도 설명할 것이다. 그리고 편광 필터와 빛을 사용해 전자 스핀 실험과 유사한 실험을 할 수 있음을 보여주면서 1장을 마무리한다.

2장. 양자 컴퓨팅은 선형대수학이라고 부르는 수학을 바탕으로 한다. 다행히 그 가운데 몇 개의 개념만 알아도 된다. 독자에게 필요한 선형대수학을 소개하고, 이 책에서 어떻게 사용할 것인지 예제를 통해 보여준다.

벡터와 행렬을 소개한 뒤 벡터의 길이를 계산하는 방법, 2개의 벡터가 서로 수직인지 여부를 판단하는 방법을 선보인다. 처음에는 벡터의 기초 연산만 고려하지만, 행렬을 사용함으로써 다수의 벡터 연산을 동시에 계산할 수 있는 단순한 방법을 보여줄 것이다.

2장의 내용을 처음 배울 때는 선형대수학 공부가 얼마나 쓸모 있을지 느끼기 어려울 수 있다. 하지만 선형대수학은 정말로 유용하다. 양자 컴퓨팅의 토대를 형성하기 때문이다. 3장 이후의 내용은 2장에서 소개한 수학을 사용하므로 2장을 주의 깊게 읽어둬야 한다.

3장. 1장과 2장의 내용이 어떻게 연결되는지 3장에서 볼 수 있다. 스핀 또는 편광의 수학적 모형이 선형대수학으로 주어질 것이다. 우리는 이를 통해서 큐비트를 정의하고, 큐비트를 측정할 때 무슨 일이 일어나는지 설명할 수 있다.

다양한 방향에서 큐비트를 측정하는 예제가 제시된다. 그런 다음 BB84 프로토콜이라는 양자 암호화에 대한 소개로 3장을 마무리한다.

4장. 2개의 큐비트가 서로 얽힌다는 것의 의미가 무엇인지 설명한다. 얽힘은 말로 설명하기 어렵지만 수학적으로는 쉽게 표현할 수 있다. 또한 새로운 수학 개념인 텐서곱을 소개한다. 텐서곱은 개별 큐비트의 수학적 모형을 결합해 큐비트의 집합을 기술하는 1개의 모형을 제공하기 위한 가장 단순한 방법이다.

얽힘은 수학적으로 간단히 나타낼 수는 있지만 우리가 일상생활에서 경험할 수 없는 현상이다. 서로 얽힌 큐비트 중 하나를 측정하면, 다른 큐비트가 영향을 받는다. 이것은 과학자 아인슈타인이 "도깨비 같은 원격 작용"이라고 불렀던 현상이다. 이에 관한 몇 가지 예제를 살펴볼 것이다.

얽힘을 사용해 빛보다 빠른 속도의 통신을 구현할 수는 없음을 보여주는 것으로 4장을 마무리한다.

5장. 얽힘에 관한 아인슈타인의 관심을 살펴보고, 숨은변수 이론이 국소적 실재론을 지킬 수 있을지 알아본다. 벨의 부등식을 수학적으로 검토하는데, 이 식을 사용하면 아인슈타인 주장의 정당성을 실험적으로 판단할 수 있다. 훗날 아인슈타인의 주장은 틀린 것으로 드러났다. 하지만 벨조차도 아인슈타인이 옳다고 증명될 것이라 생각했었다.

아르투르 에커트^{Artur Ekert}는 벨의 부등식을 검증하는 실험이 암호화를 위한 키 생성 및 도청자 확인 용도로 쓰일 수 있음을 알았다. 이 암호화 프로토콜에 관한 설명으로 5장을 마무리한다.

6장. 우선 컴퓨팅의 기본 주제인 비트, 게이트, 논리를 설명하고, 가역적 컴퓨팅과 에드워드 프레드킨^{Edward Fredkin}의 아이디어를 간단히 살펴볼 것이다. 또, 프레드킨 게이트와 토폴리 게이트가 범용 게이트임을 증명한다. 다시 말해 프레드킨 게이트(혹은 토폴리 게이트)만을 사용해서 완전한 컴퓨터를 제작할 수 있다. 끝으로, 프레드킨의 당구공 컴퓨터를 소개한다. 당구공 컴퓨터는 이 책의 주제와 직접 관련되지는 않지만, 매우 독창적인 개념이기에 이 책에 포함했다.

당구공 컴퓨터는 벽에 부딪히고 서로 충돌하는 공으로 구성된다. 상호작용하는 입자들의 이미지를 떠올리면 된다. 또한 리처드 파인만이 양자 컴퓨터에 흥미를 갖게 만든 개념 중 하나이기도 하다. 파인만은 당구공 컴퓨터에 관한 초기 논문을 작성했다.

7장. 양자 회로를 사용해 양자 컴퓨팅을 알아보는 것으로 시작한다. 먼저, 양자 게이트를 정의한다. 그런 다음 양자 게이트가 큐비트에 어떻게 작용하는지 살펴보고 사실은 양자 게이트의 개념을 이미 사용해왔음을 알게 된다. 단지 관점의 차이일 뿐이다. 직교행렬이 측정 장치가 아니라 큐비트에 대해 작용한다고 생각하는 것이다. 초고밀도 코딩, 양자 순간 이동, 복제, 에러 정정에 관한 놀라운 결과들을 증명한다.

8장. 아마도 가장 어려운 장일 것이다. 몇 개의 양자 알고리즘을 살펴보고 이 알고리즘들이 고전적 알고리즘에 비해 얼마나 빨리 계산할 수 있는지 보여준다. 알고리즘의 속도를 논의하기 위해서는 복잡도 이론의 개념을 소개할 필요가 있다. 먼저 쿼리 복잡도$^{\text{query complexity}}$를 정의한 뒤, 3개의 양자 알고리즘을 소개하고 이 알고리즘들이 쿼리 복잡도의 관점에서 고전적 알고리즘보다 얼마나 빠른지 보여준다.

양자 알고리즘은 해결하고자 하는 문제의 근본에 존재하는 구조를 파고든다. 단순히 양자 병렬성, 즉 입력값들을 모든 가능한 상태들의 중첩으로 만들 수 있음을 이용하는 것이 아니다. 이 책에서 소개하는 수학적 도구들의 마지막으로 행렬의 크로네커곱을 소개한다. 8장의 내용이 어려운 것은 새로운 수학적 도구가 도입되기 때문이 아니라, 우리가 완전히 새로운 방법으로 계산하고 있으며 이런 새로운 개념을 사용해 문제를 푼 경험이 없다는 사실 때문이다.

9장. 마지막 장인 9장은 양자 컴퓨팅이 우리의 삶에 미칠 영향을 살펴본다. 먼저 피터 쇼어$^{\text{Peter Shor}}$와 로브 그로버$^{\text{Lov Grover}}$가 고안한 2개의 중요한 알고리즘을 간단히 설명한다.

쇼어의 알고리즘은 큰 수를 소인수분해하는 방법을 제공한다. 별로 중요해 보이지 않을지 모르지만 현재 인터넷 보안은 이 문제를 풀기 어렵다는 사실에 기반하고 있다. 따라서 큰 수를 소인수분해할 수 있게 되면, 현재 컴퓨터 간에 일어나는 트랜잭션의 보안성에 커다란 위협이 된다. 현재 인터넷 보안에 사용되는 큰 수를 소인수분해할 만큼 강력한 양자 컴퓨터의 등장까지는 다소 시간이 걸리겠지만, 위협은 현실이며 이미 많은 사람들이 컴퓨터 간의 안전한 통신을 보장하는 방법을 재설계하는 데 뛰어들고 있다.

그로버의 알고리즘은 특수한 유형의 데이터 검색을 위한 것이다. 이 알고리즘이 소규모 데이터와 일반적 경우에 어떻게 동작하는지 보여줄 것이다. 그로버와 쇼어의 알고리즘은 둘 다 중요한데 이 알고리즘들이 문제를 해결할 수 있다는 사실뿐만 아니라 새로운 알고리즘의 개념에 바탕이 된다는 점에서도 그렇다. 그로버와 쇼어의 알고리즘은 새로운 세대의 알고리즘들에 통합돼왔고, 지금도 그렇다.

각각의 알고리즘 소개를 끝낸 뒤, 양자 컴퓨팅이 양자적 프로세스를 시뮬레이션하는 데 어떻게 사용될 수 있는지 알아본다. 화학의 근본 바탕은 양자역학이다. 고전적인 전산화학은 양자역학 방정식을 고전적 컴퓨터를 사용해 시뮬레이션하고 있지만, 시뮬레이션은 근삿값일 뿐이며 세부 사항이 무시되곤 했다. 대체로 근삿값만으로 충분하지만, 어떤 경우에는 세부 사항이 고려돼야 하는데, 이때 양자 컴퓨터가 해결책을 제시할 수 있다.

9장은 실제 양자 컴퓨터의 제작에 관해서도 간단히 소개한다. 이 분야는 매우 빠르게 발전하고 있다. 이미 시중에 판매 중인 기계도 있다. 또, 모든 사람이 사용할 수 있도록 클라우드에서 서비스되는 것도 있다. 우리는 조만간 양자 우위quantum supremacy의 시대에 접어들 가능성이 높다(양자 우위의 의미는 본문에서 설명한다).

마지막으로 양자 컴퓨팅이 새로운 유형의 컴퓨팅이 아니며 컴퓨팅의 진정한 본질에 관한 발견이라는 깨달음으로 이 책을 마무리한다.

스핀

모든 컴퓨팅은 데이터를 입력하고 특정 규칙에 따라 데이터를 조작한 다음 최종 결과를 출력하는 작업을 따른다. 고전적인 컴퓨팅에서는 비트^{bit}가 기본 데이터 단위이고, 양자 컴퓨팅에서는 양자 비트$^{quantum\ bit}$, 줄여서 큐비트^{qubit}가 기본 단위다.

고전적인 비트는 2개의 값 중에 하나를 가질 수 있다. 2개의 상태 중 하나의 상태로 있을 수 있는 것은 무엇이든 비트를 나타낼 수 있다. 따라서 논리문의 참/거짓, 스위치의 on/off, 심지어 당구공의 존재/부재도 비트를 나타낼 수 있다.

비트와 마찬가지로 큐비트도 2개의 값을 포함한다. 하지만 비트와 달리 큐비트는 2개의 상태의 조합일 수 있다. 이 말이 무슨 뜻일까? 2개의 상태의 조합이란 정확히 무엇이고, 큐비트를 나타낼 수 있는 물리적 개체는 무엇일까? 스위치에 해당하는 양자 컴퓨팅의 개념은 무엇일까?

큐비트는 전자의 스핀 또는 광자의 편광으로 나타낼 수 있다. 하지만 대부분의 사람들은 전자 스핀과 광자 편광에 대한 경험이나 지식을 갖고 있지 않기 때문에 먼저 스핀과 편광에 관한 기본적인 설명을 할 필요가 있다. 은^{silver} 원자의 스핀에 대해 오토 슈테른$^{Otto\ Stern}$과 발터 게를라흐$^{Walther\ Gerlach}$가 수행했던 실험을 알아보자.

1922년 닐스 보어^{Niels Bohr}가 발표한 행성 모델은 현재 우리가 이해하고 있는 원자의 모습을 기술했다. 이 모델에서 원자는 양전하를 띤 원자핵과 음전하를 띠고 그 주위를 공전하는 전자로 구성된다. 공전 궤도는 원형이며 특정 반지름으로 제한된다. 가장 안쪽 궤도는 최대 2개의 전자를 포함할 수 있다. 이 궤도가 채워지면 전자는 2번째 궤도를 채우기 시작하며, 2번째 궤도는 최대 8개의 전자를 포함할 수 있다. 은 원자는 47개의 전자를 가지며 가장 안쪽 궤도에 2개, 2번째 궤도에 8개, 3번째와 4번째 궤도에 각각 18개, 가장 바깥쪽 궤도에 1개의 전자가 위치한다.

원 궤도에서 운동하는 전자는 자기장을 생성한다. 내부의 궤도를 도는 전자들은 서로 파트너를 갖고, 파트너와 반대 방향으로 회전하기 때문에 자기장은 상쇄된다. 그러나 가장 바깥쪽 궤도를 도는 1개의 전자는 파트너가 없어서 자기장이 상쇄되지 않는다. 이것은 원자를 N극과 S극을 가진 하나의 자석으로 취급할 수 있음을 의미한다.

슈테른과 게를라흐는 이 자석의 N-S축이 임의의 방향을 가질 수 있는지 아니면 특정 방향으로 제한되는지 검증하는 실험을 설계했다. 이 실험에서는 그림 1.1과 같이 은 원자들의 빔^{beam}이 한 쌍의 자석을 통과한다. 이 자석들은 둘 다 V자 모양을 하고 있으므로 S극이 N극보다 더 강하게 작용한다. 만약에 은 원자가 N극이 상단이고 S극이 하단인 자석이라면, 장치의 S극 자석이 끄는 힘이 더 강할 것이므로 입자는 위쪽으로 향할 것이다. 반면 은 원자가 S극이 상단이고 N극이 하단인 자석이라면, 장치의 S극 자석이 밀어내는 힘이 더 강할 것이므로 입자는 아래쪽으로 향할 것이다. 장치를 통과한 후의 은 원자들은 스크린에 기록된다.

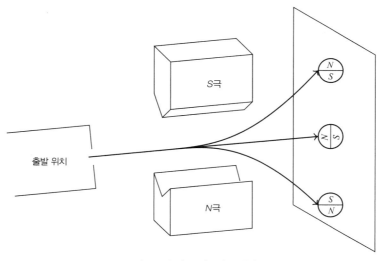

그림 1.1 슈테른-게를라흐 장치

고전 물리학의 관점에서 원자의 N–S축은 임의의 방향을 가질 수 있다. 수평 방향일 경우는 장치의 N극 자석과 S극 자석 어느 쪽으로도 편향되지 않을 것이며, 일반적으로는 축이 수평 방향에 대해서 기울어진 만큼 한쪽으로 편향될 것이다. 아울러 축이 수평 방향에 대해 수직일 때 최대한 많이 편향된다.

만약 이러한 고전적인 관점이 옳다면, 대량의 은 원자를 통과시키면 스크린에는 연속적인 선이 나타나야 한다. 하지만 실험을 수행한 슈테른과 게를라흐는 스크린의 상단과 하단에서 각각 하나씩, 총 2개의 점만 볼 수 있었다. 모든 원자들은 수직으로 정렬된 작은 막대자석처럼 행동한 것이다. 어떤 은 원자도 다른 방향을 향하지 않았다. 어떻게 이런 일이 일어날 수 있을까?

이 주제에 더 깊이 들어가기 전에 일단 관심을 원자에서 전자로 옮기자. 원자뿐만 아니라 그 구성 요소들도 작은 자석처럼 동작한다. 양자 컴퓨터를 논의할 때 전자와 스핀에 관한 이야기는 빠질 수 없다. 은 원자와 마찬가지로 수직 방향으로 스핀[1]을 측정하면 전자가 N극 또는 S극 방향으로 편향되는 것을 발견할 수 있다. 은 원자처럼

---

1   표준적인 용어이기 때문에 앞으로도 스핀이라는 단어를 계속 사용할 것이다. 하지만 단지 자석의 N-S축을 가리킬 뿐이다. – 지은이

전자는 N극과 S극이 수직 방향으로 완벽하게 정렬된 작은 자석인 것이다. N극과 S극이 다른 방향을 갖는 경우는 없다.

실제로는 지금까지 살펴본 방법으로 슈테른-게를라흐 장치를 사용해 자유 전자의 스핀을 측정할 수는 없다. 전자는 음전하를 띠며, 자기장은 운동 중인 하전 입자의 방향을 바꾸기 때문이다. 그렇지만 그림 1.2와 1.3은 다양한 방향으로 스핀을 측정한 결과를 잘 나타내고 있다. 이 그림들은 여러분이 출발지이고, 여러분과 이 책 사이에 자석들이 늘어서 있다고 가정한다. 그리고 점은 전자가 어느 쪽으로 편향되는지 보여준다. 그림 1.2에서 왼쪽 그림은 자석들에 의한 편향을 보여주고, 오른쪽 그림은 전자를 N극과 S극이 표시된 자석으로 묘사한 것이다. 이 상황을 가리켜 전자가 수직 방향으로 스핀 N을 갖는다고 말한다. 반면 그림 1.3은 전자가 수직 방향으로 스핀 S를 갖는 경우를 보여준다.

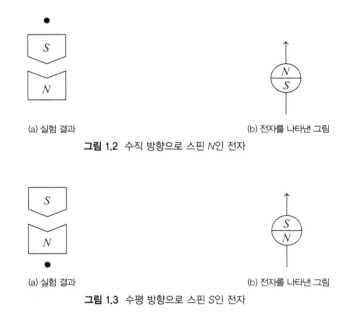

(a) 실험 결과   (b) 전자를 나타낸 그림
그림 1.2 수직 방향으로 스핀 N인 전자

(a) 실험 결과   (b) 전자를 나타낸 그림
그림 1.3 수평 방향으로 스핀 S인 전자

편향을 이해하려면 S극 자석이 N극보다 더 강하게 작용하며, 따라서 편향 방향을 계산할 때 S극 자석의 효과만 고려하면 된다는 점을 기억하자. 전자의 N극이 S극 자석과 가깝도록 정렬되면, 자석이 전자를 끌어당기므로 S극 자석 쪽으로 전자가 편향

된다. 반면 전자의 S극이 S극 자석에 가깝도록 정렬되면, 자석이 전자를 밀어내므로 전자는 N극 자석 쪽으로 편향된다.

물론 반드시 수직 방향이어야 하는 것은 아니다. 예를 들어 자석들을 90° 회전시킬 수 있다. 그렇게 해도 여전히 전자는 N극 또는 S극 쪽으로 편향된다. 이 경우 전자는 그림 1.4와 1.5에 묘사된 것처럼 N극과 S극이 수평 방향으로 정렬된 자석처럼 동작한다.

(a) 실험 결과　　　　　　　　　　　　　　　　(b) 전자를 나타낸 그림

그림 1.4 90° 방향으로 스핀 N을 갖는 전자

(a) 실험 결과　　　　　　　　　　　　　　　　(b) 전자를 나타낸 그림

그림 1.5 90° 방향으로 스핀 S를 갖는 전자

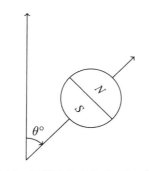

그림 1.6 $\theta°$ 방향으로 스핀 N을 갖는 전자

앞으로 우리는 자석을 다양한 각도로 회전시킬 것이다. 각도는 시계 방향으로 측정하며, 수직 윗방향을 0°으로 정하고 이 방향과의 각도를 θ으로 나타낼 것이다. 그림 1.6은 각도 $\theta°$ 방향으로 스핀 N을 갖는 전자를 보여준다.

스핀을 up, down, left, right로 기술하기도 한다. 이에 비해서 0° 방향으로 스핀 *N*이라는 식으로 기술하는 방법은 다소 번거로울 수 있지만, 의미가 분명하며 특히 장치를 180° 회전할 때 up, down 표기법의 뜻이 모호해지는 문제를 피할 수 있다. 예를 들어 그림 1.7에서 (a)는 0° 방향으로 스핀 *N*을 갖는 전자, (b)는 180° 방향으로 스핀 *S*를 갖는 전자가 장치 자석을 통과하는 것을 나타내고 있는데, 결국 동일한 전자 (c)가 사용된 것이다.

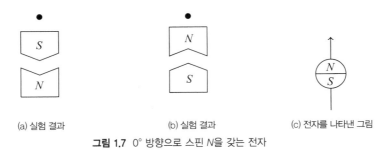

(a) 실험 결과　　　　　(b) 실험 결과　　　　　(c) 전자를 나타낸 그림

그림 1.7 0° 방향으로 스핀 *N*을 갖는 전자

전자 스핀을 계속 공부하기 전에 앞으로 자주 사용하게 될 개념을 하나 살펴보자.

양자 시계

1부터 12까지 숫자가 표시된 시계가 있다고 가정하자. 이 시계는 바늘을 갖고 있다. 그러나 이 시계를 직접 보는 것은 금지돼 있다. 우리는 시계에 질문만 할 수 있다. 그래서 바늘이 어느 방향을 가리키는지 시계에 질문하려고 했지만, 이런 질문도 허용되지 않는다. 단지 바늘이 '어느 특정한 숫자를 가리키고 있는지'만 물어볼 수 있다. 예를 들면 바늘이 12를 가리키고 있는지 또는 4를 가리키고 있는지만 질문할 수 있다. 일반적인 시계라면 운이 좋아야 '예'라는 대답을 들을 수 있을 것이다. 대부분 바늘은 다른 방향을 가리키고 있을 것이기 때문이다. 그런데 이 양자 시계는 특이하게도 '예'라고 대답하거나, 아니면 바늘이 180° 반대 방향을 가리키고 있다고 대답한다. 예를 들어 바늘이 12시 방향을 가리키고 있냐고 질문하면, 양자 시계는 '예'라고 답하거나 혹은 6시 방향을 가리킨다고 대답한다. 바늘이 4시 방향을 가리키고 있냐고 질문하면, 양자 시계는 '예'라고 답하거나 10시 방향을 가리키고 있다고 대답한다. 무슨 이런 시계가 있느냐는 생각이 들 수 있지만, 이 양자 시계와 같은 특징을 보이는 것이 바로 전자 스핀이다.

앞서 말했듯이 전자 스핀은 큐비트의 정의와 밀접하게 관련된 개념으로, 계산을 수행하려면 스핀 측정에 적용되는 규칙을 이해해야 한다. 먼저 측정을 2번 이상 수행할 때 무슨 일이 일어날지 생각해보자.

동일 방향으로 반복 측정

측정은 반복 수행될 수 있다. 똑같은 측정을 반복하면 똑같은 결과를 얻는다. 예를 들어 수직 방향으로 전자의 스핀을 측정했다고 하자. 그러고 나서 첫 번째 측정 장치의 뒤에 동일한 측정 장치 2개를 추가 배치해 똑같은 실험을 반복한다. 하나는 첫 번째 장치에 의해서 위쪽으로 편향되는 전자를 포착할 수 있는 위치에 배치되고, 다른 하나는 아래쪽으로 편향되는 전자를 포착할 수 있는 위치에 배치된다. 첫 번째 장치에 의해 위로 편향된 전자는 추가 장치에 의해 위로 편향되고, 첫 번째 장치에 의해 아래로 편향된 전자는 추가 장치에 의해 아래로 편향된다. 이것은 처음에 0° 방향으로 스핀 N을 갖는다고 측정된 전자는 반복 측정 시에도 역시 0° 방향으로 스핀 N을 가진다는 뜻이다. 마찬가지로, 처음에 0° 방향으로 스핀 S를 갖는 것으로 측정된 전자를 다시 측정하면 역시 전자는 0° 방향으로 스핀 S를 갖는 것으로 측정된다. 양자 시계를 예로 들면 우리가 이 시계에 바늘이 12시를 가리키고 있는지 반복해서 물을 경우, 양자 시계는 언제나 바늘이 12시 혹은 6시를 가리키고 있다고 대답한다.

꼭 수직 방향이어야 하는 것은 아니다. 처음에 θ° 방향으로 측정을 하고 이후 같은 방향으로 반복 측정을 한다면, 매번 똑같은 결과를 얻는다. 따라서 순전히 N으로만 이뤄진 문자열 또는 순전히 S로만 이뤄진 문자열이 얻어진다.

다음으로, 동일한 측정을 반복하지 않는 경우를 생각해보자. 처음에는 수직 방향으로 측정하고 다음에는 수평 방향으로 측정하면 어떻게 될까?

서로 다른 방향으로 반복 측정

전자의 스핀을 처음에는 수직 방향으로 측정하고, 그다음에는 수평 방향으로 측정한다고 하자. 전자의 흐름을 첫 번째 장치로 보내서 수직 방향으로 스핀을 측정한다. 그리고 조금 전과 마찬가지로 첫 번째 장치를 통과한 전자들을 포착하는 2대의 장치가 추가로 존재한다. 다른 점은 이번에는 이 2대의 장치가 90° 회전해 수평 방향으로 스핀을 측정하는 것이다.

먼저, 첫 번째 장치에 의해 위로 편향된 전자들을 보자. 이 전자들은 0° 방향으로 스핀 N을 갖고 있다. 이 전자들이 두 번째 장치를 통과하면 절반은 90° 방향으로 스핀 N을, 나머지 절반은 스핀 S를 갖게 된다. 90° 방향의 스핀 N과 S의 순서는 완전히 무작위다. 0° 방향으로 스핀 N을 가졌던 전자가 90° 방향으로 다시 측정됐을 때 스핀 S와 N 중 어느 것을 가질지 미리 알 방법은 없다. 첫 번째 장치를 통과한 전자들이 수직 방향으로 스핀 S를 갖는 경우에도 마찬가지다. 절반은 수평 방향으로 스핀 N, 나머지 절반은 수평 방향으로 스핀 S를 갖게 되며, 이번에도 N과 S의 순서는 완전히 무작위다.

이 상황을 양자 시계에 비유하면 처음에는 바늘이 12시 방향을 가리키고 있냐고 질문하고, 다음에는 3시 방향을 가리키고 있냐고 질문하는 것과 같다. 양자 시계에 이렇게 2번 질문하면, 두 번째 질문에 대한 대답은 무작위다. 절반은 바늘이 3시 방향을 가리킨다고 답하고, 나머지 절반은 9시 방향을 가리킨다고 답할 것이다. 첫 번째 질문에 대한 대답과 두 번째 질문에 대한 대답은 아무 관련이 없다.

마지막으로 측정을 3번 하면 어떻게 되는지 살펴보자. 처음에 수직 방향, 그다음 수평 방향, 마지막으로 수직 방향으로 측정한다고 하자. 첫 번째 장치를 통과한 전자들이 0° 방향으로 스핀 N을 갖는다면, 두 번째 장치를 통해 90° 방향으로 스핀을 측정할 때 절반은 스핀 N, 나머지 절반은 스핀 S를 가질 것을 우리는 알고 있다. 두 번 모두 스핀 N을 갖는 전자에 대해 세 번째로 수직 방향으로 스핀을 측정하면, 절반은 0° 방향으로 스핀 N, 나머지 절반은 스핀 S를 갖게 된다. 이번에도 N과 S의 순서는 완전히 무작위다. 전자가 처음에 수직 방향으로 스핀 N을 가졌다고 해서 다시 수직 방향으로 측정할 때도 그 전자가 스핀 N을 갖게 된다는 상관관계는 전혀 없다.

이와 같은 결과로부터 어떤 결론을 얻을 수 있을까? 총 3개의 결론을 얻을 수 있다. 모두 중요한 결론이다.

첫째, 우리가 같은 질문을 반복하면 언제나 같은 대답을 얻는다. 이 경우 분명한 답이 존재한다. 무작위로 답을 얻는 것이 아니다.

둘째, 그럼에도 무작위성은 존재한다. 여러 개의 질문을 연달아 했을 때 최종 결과가 무작위로 나올 수 있다.

셋째, 측정은 결과에 영향을 미친다. 같은 질문을 3번 하면 똑같은 답을 3번 얻는다는 것은 이미 관찰했다. 그러나 첫 번째 질문과 세 번째 질문은 동일하고 두 번째 질문만 다를 경우, 첫 번째 질문과 세 번째 질문에 대한 답이 반드시 같지는 않다. 예를 들어 바늘이 12시를 가리키고 있는지 연속으로 3번 질문하면 매번 똑같은 답을 얻지만, 처음에 12시를 가리키는지 묻고, 다음에 3시를 가리키는지 묻고, 마지막으로 다시 12시를 가리키는지 묻는다면, 첫 번째 질문과 세 번째 질문에 대한 답이 반드시 같지는 않다. 두 경우의 차이점은 중간에 두 번째 질문이 있었던 것뿐이므로, 이 두 번째 질문이 마지막 질문의 대답에 영향을 미쳤음은 분명하다. 이러한 결론을 좀 더 자세히 논의해보자. 우선, 측정이란 무엇인지 알아보자.

측정

하늘을 향해 던진 공의 경로를 고전역학 관점에서 생각해보자. 미분을 사용해 공의 이동 경로를 계산할 수 있는데, 계산을 위해서는 공의 질량이나 초기 속도와 같은 값을 알아야 한다. 그런데 이 값들을 어떻게 측정하느냐는 물리학 이론의 일부가 아니다. 그냥 이미 알고 있는 것으로 가정하는 것이다. 이것은 측정 행위 자체는 물리계의 모형 내에서 중요하지 않다고 암묵적으로 전제하는 것이다. 이를테면 스피드건을 사용해 공중으로 던진 공의 초기 속도를 측정할 수 있는데, 이때 광자가 공과 부딪히지만 이로 인한 영향은 무시해도 된다. 이는 고전역학의 바탕에 흐르는 철학이다. 즉, 측정 행위가 연구 대상에 영향을 주기는 하지만 그로 인한 효과를 무시할 수 있도록 실험을 설계할 수 있다는 것이다.

반면 양자역학에서는 원자나 전자 같은 아주 작은 입자를 다루기 때문에 광자가 부딪힐 때의 효과를 무시할 수 없다. 어떤 식으로든 측정을 수행하기 위해서는 대상이 되는 입자와 상호작용을 해야 한다. 그리고 이러한 상호작용은 물리계에 영향을 미치기 때문에 우리는 더 이상 광자와의 충돌을 무시할 수 없는 것이다. 측정 행위가 이론을 구성하는 요소가 된다는 것 자체는 그리 놀랍지 않을 수도 있지만, 실제로 놀라운 점은 측정 행위가 이론에 통합되는 방식이다. 전자의 스핀을 먼저 수직 방향으로 측정하고, 다음에 수평 방향으로 측정하는 경우를 생각해보자. 첫 번째 장치를 통과한 후에 $0°$ 방향으로 스핀 N을 갖는 전자의 절반은 두 번째 장치로 측정될 때 $90°$ 방향으로 스핀 N을 갖게 됨을 앞서 배웠다. 여러분은 자석의 강도가 결과에 영향을 미친 원인이라고 생각할지 모른다. 자석이 강하면 전자의 자기 축이 뒤틀려 측정 장치의 자기장에 정렬된 것이고, 자석이 약하면 뒤틀림이 줄어서 다른 결과를 얻게 된다고 말이다. 그러나 측정 행위는 이런 식으로 이론과 통합되는 것이 아니다. 앞으로 살펴보겠지만, 측정의 "강도"는 고려 대상에 들어가지 않는다. 오히려 물리계에 영향을 미치는 것은 측정 방식이 아니라 측정 행위 그 자체다. 나중에 양자역학에서 스핀 측정을 다루는 방법을 모형화하는 수학을 배우겠지만, 측정이 수행될 때마다 물리계는 사전에 정해진 어떤 방식으로 변화한다. 이 정해진 방식은 측정 유형에 따라 달라질 뿐, 측정 강도와는 관계가 없다.

이처럼 측정을 어떻게 이론과 통합하느냐는 고전역학과 양자역학의 주요 차이점 중 하나다. 그리고 또 다른 차이점은 무작위성이다.

무작위성

양자역학은 무작위성^{Randomness}을 포함한다. 처음에 전자들의 스핀을 수직 방향으로 측정하고 다음에 수평 방향으로 측정한 뒤 두 번째 측정 장치에서 얻은 결과를 기록하면 N과 S로 이뤄진 순서열을 얻게 되는데, 이 순서열은 완전히 무작위적이다. 예를 들면 $NSSNNNSS\cdots$와 같은 형태를 보인다.

동전 던지기는 각각 확률이 1/2인 2개의 기호^{symbol}로 구성되는 순서열을 무작위로 생성하는 고전적인 실험이다. 동전을 던지면 $HTTHHHTT\cdots$와 같은 순서열을 얻을 수 있다. 이 2가지 예는 비슷해 보이지만, 고전역학과 양자역학에서 무작위성을 해석하는 방법은 크게 다르다.

동전 던지기는 고전역학으로 설명할 수 있다. 미적분을 사용해 모형화할 수 있기 때문이다. 손바닥에 떨어진 동전이 앞면을 보일지 뒷면을 보일지 계산하기 위해서는 우선 동전의 무게, 지면으로부터의 높이, 엄지손가락이 동전에 미치는 영향, 엄지손가락에 닿았을 때 동전의 정확한 위치 등의 초기 조건을 신중히 측정해야 한다. 이런 값들이 정확히 주어지면 고전역학은 동전이 어느 면을 보일지 알려준다. 여기에는 무작위성이 존재하지 않는다. 동전을 던질 때 그 결과가 무작위인 것처럼 보이는 것은 매번 초기 조건이 조금씩 다르기 때문이다. 초기 조건의 미세한 변화가 동전의 방향을 앞면에서 뒷면으로, 또는 그 반대로 바꾸는 것이다. 고전역학에는 진정한 무작위성이 없으며, 이를 가리켜 *초기 조건에 대한 민감한 의존성*이라고 부른다. 즉, 입력값의 작은 변화가 증폭돼 완전히 다른 결과를 낳을 수 있다. 하지만 양자역학의 무작위성에 관한 개념은 근본적으로 다르다. 무작위성은 정말로 무작위적이다.

두 방향으로 스핀을 측정해 얻은 $NSNSNNSS\cdots$ 순서열은 정말로 무작위적인 것으로 취급된다. 동전 던지기의 $HTTHHHTT\cdots$ 순서열은 무작위적으로 보이지만, 실제로 고전 물리학 법칙은 결정론적이며 무한한 정확도로 측정할 수만 있다면 이와 같은 겉보기 무작위성은 사라진다.

이런 해석에 여러분이 의문을 갖더라도 이상할 것은 없다. 아인슈타인은 분명히 이 해석을 좋아하지 않았으며, 그래서 '신은 주사위를 던지지 않는다'는 그 유명한 말을 남겼다. 더 자세한 이론이 있을 수는 없을까? 전자의 초기 상태에 대한 정보를 더 많이 안다면, 무작위적이 아니라 완전히 결정론적인 최종 결과를 얻을 수는 없을까? 숨은 변수$^{hidden\ variable}$가 있는 것은 아닐까? 숨은 변수의 값을 알게 되면 무작위성이 사라질까? 앞으로 진정한 무작위성이 사용되는 수학 이론을 알아볼 것이다. 그리고 위의 질문들에 대한 답을 논의할 것이다. 숨은 변수와 진정한 무작위성 가설을 구별하도록 영리하게 설계된 실험을 살펴볼 예정이다. 이 실험은 지금까지 여러 번 수행됐으며 언제나 양자역학은 정말로 무작위적이며 무작위성을 제거할 수 있는 숨은 변수 이론은 없다는 결론을 보여줬다.

1장을 시작하면서 큐비트가 전자의 스핀 또는 광자의 편광으로 표현될 수 있다고 언급했다. 스핀과 편광의 모델이 어떤 관련을 갖는지 알아보자.

광자와 편광

우리가 기이한 양자 현상을 인식할 수 없는 것은 양자 현상이 아주 작은 규모scale에서만 발생하고 일상생활에서는 분명히 보이지 않기 때문이라고들 말한다. 이 말은 어느 정도 사실이지만, 아주 작은 장치를 사용해 전자의 스핀을 측정하는 것과 유사한 실험을 수행할 수 있다. 바로 편광된 빛을 사용하는 것이다.

편광 실험을 수행하려면 정사각형 모양의 선형 편광 필름 3개가 필요하다. 먼저 2장의 필름 중 하나를 다른 하나의 앞에 배치한다. 그리고 하나는 고정시키고 다른 하나를 90° 회전시키자. 그러면 이 필터들이 한 방향으로 정렬됐을 때는 빛이 그대로 통과하지만 필터 중 하나가 90° 회전됐을 때는 빛이 완전히 차단되는 것을 관찰할 수 있다. 이것은 별로 흥미로울 것이 없다. 그러나 빛이 통과하지 않도록 2장의 필터를 배치한 상태에서 45° 회전된 세 번째 필터를 2장의 필터 사이로 밀어넣어 보자. 놀랍게도 빛은 3장의 필터가 겹치는 영역을 통과한다. 애초에 2장의 필터가 겹치는 영역은 통과하지 않던 빛이 3장의 필터가 겹치는 영역은 통과하는 것이다.

나는 이 3장의 필터를 사용하는 실험을 알게 된 뒤, 물리학자 친구에게 편광 필름을 갖고 있는지 문의했다. 친구는 나를 실험실에 초대했다. 실험실에는 엄청난 양의 편광 필름이 있었다. 그는 일부를 잘라서 내게 주었고, 나는 가위를 사용해 약 1인치×1인치 크기의 정사각형 모양 3장을 만든 뒤 실험을 직접 해봤다. 실험은 성공했다! 이 실험은 간단하면서 매우 놀랍다. 나는 그때부터 이 3장의 정사각형 편광 필름을 언제나 지갑에 갖고 다닌다.

편광을 측정하면 우리는 광자가 2개의 서로 수직인 방향으로 편광됨을 알 수 있다. 이 두 방향은 둘 다 광자의 운동 방향에 수직이다. 편광 필름은 두 방향 중 하나로 편광된 광자는 통과시키고, 다른 방향으로 편광된 광자는 흡수한다. 여기서 편광 필름은 슈테른-게를라흐 장치에 대응되고, 편광 필름에 빛을 통과시키는 것은 측정을 수행하는 것에 대응된다. 전자 스핀의 경우와 마찬가지로 2개의 결과가 가능하다. 편광 방향이 필름과 평행한 광자는 필름을 통과하고, 편광 방향이 필름과 수직인 광자는 필름에 흡수된다.

수직 편광을 갖는 광자는 통과시키고 수평 편광을 갖는 광자는 흡수하는 수직 방향 필름이 있다고 가정하고, 이 필름을 갖고 전자 스핀 실험에 대응하는 실험을 광자에 대해서 수행하는 방법을 알아보자.

우선 2장의 필름이 모두 수직 편광 광자를 통과시킨다고 하자. 각 필름을 개별적으로 관찰하면 필름은 회색으로 보인다. 이 필름들은 수평 편광 광자를 흡수하기 때문이다. 이제 필름 중 하나를 다른 필름 위로 올려놔도 달라지는 것은 거의 없다. 2개의 필름이 겹치는 영역을 통과하는 빛의 양은 필름들이 겹치지 않았을 때 각 필름을 통과하는 빛의 양과 거의 같다. 이것이 그림 1.8에 묘사돼 있다.

다음으로 필름 중 하나를 90° 회전시킨다. 반짝이는 표면에서 반사된 빛 또는 컴퓨터 화면으로부터 직접 들어오는 빛이 아니고 정상적인 조명 조건이라고 가정하면 수평 편광된 광자의 비율은 수직 편광된 광자의 비율과 같고 2장의 필름은 같은 정도의 회색으로 보인다. 이 상황에서 아까와 같이 필름을 겹쳐 보면, 그림 1.9와 같이 필름이 겹치는 영역을 빛은 통과하지 못한다.

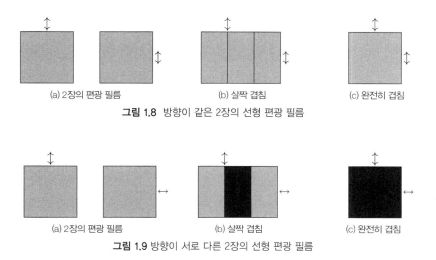

(a) 2장의 편광 필름   (b) 살짝 겹침   (c) 완전히 겹침

그림 1.8 방향이 같은 2장의 선형 편광 필름

(a) 2장의 편광 필름   (b) 살짝 겹침   (c) 완전히 겹침

그림 1.9 방향이 서로 다른 2장의 선형 편광 필름

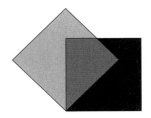

그림 1.10 방향이 서로 다른 3장의 선형 편광 필름

세 번째로, 필름을 1장 추가한 뒤 45° 회전시킨다. 정상적인 조명 조건에서 이 필름을 회전해도 아무 변화가 없어 보인다. 회색 정도는 그대로다. 그런데 이 필름을 다른 2개(하나는 수직 방향, 다른 하나는 수평 방향) 사이로 넣는다고 하자. 그러면 앞에서도 언급했듯이 놀랍게도 우리의 상식에 어긋나는 결과가 나온다. 일부 빛이 필름 3개가 모두 겹치는 영역을 통과하는 것이다(그림 1.10). 이러한 편광 필름을 필터라고 부르기도 하지만, 명백히 통상적인 필터와는 다르게 동작하고 있다. 필터가 2개일 때보다 3개일 때 더 많은 빛이 통과하기 때문이다!

지금부터 이 실험에서 일어나는 일을 간단히 기술할 것이다. 그리고 나중에 전자 스핀과 편광을 모두 기술할 수 있는 수학적 모델을 알아볼 것이다.

양자 시계의 비유로 돌아가보자. 우리는 이 시계에 바늘이 12를 가리키고 있는지 아니면 6을 가리키고 있는지 질문할 수 있다. 어떻게 질문하든 바늘이 12와 6 중 어느 것을 가리키는지 알 수 있지만, 예/아니요 대답은 반대일 것이다. 편광 필름의 경우, 필름을 (180°가 아니라) 90° 회전시킴으로써 비슷한 질문을 할 수 있다. 우리가 얻는 정보는 같다. 다만, 대답이 '예'일 경우 광자는 필터를 통과하고 우리는 이 광자를 추가로 측정할 수 있지만, 대답이 '아니요'일 경우 필터가 광자를 흡수하고 우리는 더 이상의 질문을 할 수 없다는 것이 다른 점이다.

첫 번째와 두 번째 실험은 필름을 2장만 사용하며, 같은 측정을 반복하면 같은 결과를 얻는다는 사실을 알려준다. 두 실험 모두 수직 방향과 수평 방향으로 2번 편광을 측정하고, 첫 번째 필터를 통과하는 광자는 수직 방향을 갖는다. 첫 번째 실험(두 필터가 모두 수직 방향)은 "광자가 수직으로 편광돼 있는가?"라고 2번 질문하고 2번 모두 "예"라는 대답을 받은 것이라고 말할 수 있다. 반면 두 번째 실험의 경우, 두 번째 질문이 "광자가 수평으로 편광돼 있는가?"로 바뀐 것이고 이에 대해서 "아니요"라는 대답을 받은 것이다. 두 실험 모두 같은 정보를 제공하지만, 두 번째 실험에서 두 번째 질문에 "아니요"라는 대답을 받은 것은 광자가 필터에 흡수됐음을 의미한다. 따라서 첫 번째 실험과는 다르게 추가 질문을 할 수 없다.

세 번째 실험에서는 45° 회전된 필터가 45°와 135°로 편광을 측정한다. 우리는 첫 번째 필터를 통과한 광자가 수직으로 편광돼 있음을 알고 있다. 두 번째 필터로 측정된 광자의 절반은 45°, 나머지 절반은 135° 방향으로 편광돼 있고, 이 가운데 45°로 편광된 광자는 필터를 통과하고 나머지는 필터에 흡수된다. 세 번째 필터는 다시 수직 및 수평 방향으로 편광을 측정한다. 이 필터로 들어오는 광자는 45° 편광돼 있으며, 수직 및 수평 방향으로 측정되면 절반은 수직 편광을, 나머지 절반은 수평 편광을 가질 것이다. 필터는 수직 편광된 광자를 흡수하고 수평 편광된 광자를 통과시킨다.

결론

고전적인 비트는 스위치처럼 on/off 상태를 갖는 일상적인 객체로 표현될 수 있지만, 큐비트는 일반적으로 전자의 스핀이나 광자의 편광으로 표현된다. 스핀과 편광은 우리에게 전혀 친숙하지 않고 고전적인 객체와 매우 다른 특징을 갖고 있다.

스핀을 측정하려면, 먼저 방향을 선택하고 다음에 해당 방향으로 측정을 수행해야 한다. 스핀은 양자화된quantized 값을 갖는다. 즉, 스핀을 측정하면 연속적인 범위 내의 값이 아니라 단 2개의 답만 얻게 된다. 우리는 이 결과에 고전적인 비트를 할당할 수 있다. 예를 들어 N을 얻게 되면 이진수 0으로 간주하고, S를 얻게 되면 이진수 1로 간주하는 것이다. 이것이 바로 양자 컴퓨팅으로부터 답을 얻는 방식이다. 양자 컴퓨팅의 마지막 단계는 측정을 수행하는 것이다. 결과는 둘 중 하나이고 0 아니면 1로 해석된다. 양자 컴퓨팅의 과정에는 큐비트를 사용하지만 최종적인 답은 고전적인 비트로 얻게 되는 것이다.

이제 막 양자 컴퓨팅 공부를 시작했기 때문에 할 수 있는 일이 매우 제한적이다. 그러나 이진수로 이뤄진 무작위 순서열을 생성하는 것 정도는 할 수 있다. N과 S로 이뤄진 무작위 순서열을 생성하는 실험을 0과 1로 이뤄진 문자열로 다시 쓸 수 있으므로, 수직 방향으로 전자의 스핀을 측정한 다음 수평 방향으로 측정하면 0과 1로 이뤄진 무작위 순서열을 얻을 수 있다. 이것은 아마도 우리가 큐비트로 할 수 있는 가장 간단한 일이지만, 놀랍게도 고전적인 컴퓨터로는 할 수 없는 일이다. 고전적인 컴퓨터는 결정론적이다. 고전적 컴퓨터도 무작위성 검증 테스트를 통과하는 순서열을 생성할 수는 있지만, 이 순서열들은 진짜 무작위가 아니라 유사[pseudo] 무작위일 뿐이다. 결정론적인 함수에 의해 생성되기 때문에 우리가 그 함수와 초기 시드[seed] 값을 안다면 언제나 완전히 똑같은 순서열을 생성할 수 있다. 진정으로 무작위 순서열을 생성하는 고전적인 컴퓨터 알고리즘은 없다. 따라서 양자 컴퓨팅이 고전적 컴퓨팅보다 장점이 있는 분야를 벌써 하나 배운 것이다.

양자 컴퓨팅을 더 자세히 배우기 전에 다양한 방향으로 스핀을 측정할 때 무슨 일이 일어나는지 정확하게 기술하는 수학적 모델을 알 필요가 있다. 이를 위해서 2장부터 선형대수학, 즉 벡터와 관련된 대수학을 공부한다.

선형대수학

양자역학은 선형대수학을 기반으로 한다. 일반적인 선형대수학 이론은 무한 차원 벡터 공간을 사용하지만, 다행히 스핀 또는 편광을 기술하는 데는 유한 차원으로 충분하다. 실제로, 우리에게 필요한 도구는 몇 개 되지 않으며, 2장 마지막에서 이 도구들의 목록을 볼 수 있다. 그 전까지는 도구들의 사용법과 계산이 의미하는 바를 설명한다. 예제가 많으므로 집중력을 잃지 말자. 2장에서 소개하는 수학은 이후의 내용을 이해하는 데 필수적이다. 수학이 항상 그렇듯 처음 배울 때는 복잡해 보이지만, 연습을 반복하면 자기 몸의 일부처럼 익숙해진다. 대부분의 계산은 덧셈과 뺄셈이고, 가끔 제곱근과 삼각함수도 사용된다.

이 책은 폴 디랙$^{Paul\ Dirac}$의 표기법을 사용한다. 디랙은 양자역학 창시자 중 한 명이며, 그의 표기법은 양자역학과 양자 컴퓨팅에 광범위하게 사용된다. 다만 양자역학을 제외하면 그리 널리 쓰이진 않는데, 그 우아함과 유용성을 생각하면 왜 널리 이용하지 않는지 의문스럽다.

가장 먼저 앞으로 우리가 주로 사용할 숫자, 즉 실수$^{real\ number}$를 알아보자. 실수는 우리가 잘 아는 표준적인 십진수다. 양자 컴퓨팅을 설명하는 거의 모든 책이 복소수

(음수의 제곱근)를 사용하는데, 왜 이 책은 복소수를 사용하지 않는지 그 이유를 설명하는 것부터 시작하자.

복소수 대 실수

실수는 사용하기 쉽다. 복소수는 음, 더 복잡하다. 복소수를 설명하려면 절댓값에 대해 말해야 하고 왜 켤레를 취해야 하는지 설명해야 한다. 하지만 이 책의 목적상 복소수는 불필요하다. 괜히 난이도만 올라갈 뿐이다. 그렇다면 왜 다른 책들은 복소수를 사용할까? 실수로는 할 수 없는 무엇을 복소수로 할 수 있을까? 이 질문에 관한 답을 간단히 알아보자.

앞서 우리는 다양한 각도에서 전자의 스핀을 측정했다. 이 각도들은 모두 하나의 평면에 있었지만, 우리가 사는 현실 세계는 3차원이다. 앞서 양자 스핀의 측정을 양자 시계에 비유했는데, 이 양자 시계에 대해서 우리는 2차원 표면을 움직이는 바늘이 가리키는 방향만 질문할 수 있었다. 만일 3차원을 포함하는 양자 시계라면, 바늘은 2차원 표면이 아니라 3차원 구체globe 내부를 움직여야 한다. 이 바늘은 구체의 중심에서 출발해 구체의 표면을 가리킨다. 예를 들어 우리가 3차원 양자 시계에게 바늘이 뉴욕을 가리키고 있는지 질문하면, 시계는 "예"라고 대답하거나 혹은 지구에서 뉴욕의 반대편에 위치하는 곳을 대답할 것이다. 이렇게 3차원 공간에서 전자 스핀을 수학적으로 나타내려면, 반드시 복소수를 사용해야 한다. 그러나 이 책에서 우리가 살펴볼 큐비트 계산은 2차원에서만 스핀을 측정해도 된다. 그래서 실수를 사용하는 설명이 복소수를 사용하는 것만큼 포괄적이지는 않음에도 이 책에서는 그것으로 충분하다.

복소수는 삼각함수와 지수함수를 연결하는 우아한 방법을 제공한다. 이 책의 마지막 부분에서 쇼어의 알고리즘을 살펴보는데, 이는 복소수를 사용하지 않으면 설명하기 어렵다. 이 알고리즘은 또 연분수continued fractions, 수론number theory, 소수prime number 판정 알고리즘의 속도에 관해서도 알아야 한다. 이처럼 쇼어의 알고리즘을 제대로 설명하려면 한 차원 높은 수학적 정교함과 지식이 필요하므로, 이 책은 이런 내용이 어떻게 결합돼 쇼어 알고리즘의 기초 개념을 이루는지 설명하는 데만 집중한다. 다시 강조하지만 이 책은 실수만 사용한다.

따라서 우리의 목적상 복소수는 필요 없다. 그러나 이 책을 읽은 후에도 양자 컴퓨팅을 계속 공부하고 싶다면 복소수를 알아야 고급 주제로 나아갈 수 있을 것이다.

실수만 사용하는 이유를 설명했으니 이제 벡터와 행렬에 관한 공부를 시작해보자.

벡터

벡터^{vector}는 숫자들의 목록이다. 벡터의 차원^{dimension}은 목록 내의 숫자의 개수를 말한다. 세로 목록은 **열벡터**$^{column\ vector}$ 또는 **켓**^{ket}이라고 부르고, 가로 목록은 **행벡터**$^{row\ vector}$ 또는 **브라**^{bra}라고 부른다. 벡터를 구성하는 숫자들을 성분이라고 부른다. 아래의 두 벡터는 각각 3차원 켓과 4차원 브라다.

$$\begin{bmatrix} 2 \\ 0.5 \\ -3 \end{bmatrix}, \quad \begin{bmatrix} 1 & 0 & -\pi & 23 \end{bmatrix}$$

브라와 켓이라는 이름은 폴 디랙이 지은 것이다. 디랙은 브라와 켓을 나타내는 표기법도 고안했다. 이름이 v인 켓은 $|v\rangle$이고, 이름이 w인 브라는 $\langle w|$이다. 따라서 다음과 같이 쓸 수 있다.

$$|v\rangle = \begin{bmatrix} 2 \\ 0.5 \\ -3 \end{bmatrix}, \quad \langle w| = \begin{bmatrix} 1 & 0 & -\pi & 23 \end{bmatrix}$$

이름을 감싸는 2개의 기호가 왜 서로 다른지, 그리고 꺾쇠괄호의 위치가 갖는 의미를 나중에 배울 것이다. 일단 지금은 켓은 열을 나타내고(켓과 컬럼^{column}은 둘 다 "k" 발음으로 시작한다고 외우면 좋다), 브라는 성분이 수평으로 배열된다는 것을 기억하자.

벡터의 다이어그램

2차원 또는 3차원 벡터는 화살표로 나타낼 수 있다. 벡터 $|a\rangle = \begin{bmatrix} 3 \\ 1 \end{bmatrix}$를 예로 들자(예제는 주로 켓을 사용한다. 브라가 편한 독자는 브라로 바꿔도 된다). 첫 번째 성분 3은 시작점에서 끝점까지 x좌표의 변화이고, 두 번째 성분 1은 시작점에서 끝점까지 y좌표의 변화다. 시작점이 어디든 상관없이 벡터를 그릴 수 있다. 시작점이 (a, b)이면 끝점의 좌표는 $(a+3, b+1)$이 된다. 시작점이 원점이라면 끝점의 좌표는 벡터의 성분과 같다는 점에 주목하자. 계산의 편리함 때문에 이렇게 원점을 시작점으로 하는 경우가 많다. 그림 2.1은 시작점만 다를 뿐 모두 같은 켓 벡터를 보여주고 있다.

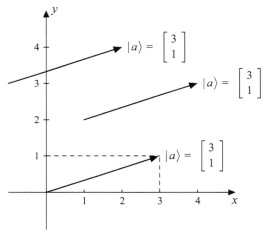

그림 2.1 다른 위치에 그려진 동일한 켓벡터

벡터의 길이

벡터의 길이는 시작점에서 끝점까지의 거리로서, 각 성분의 제곱의 합의 제곱근이다(이는 피타고라스 정리에서 유도된다). 켓 $|a\rangle$의 길이는 $\||a\rangle\|$로 표기된다. 따라서 $|a\rangle = \begin{bmatrix} 3 \\ 1 \end{bmatrix}$일 때 $\||a\rangle\| = \sqrt{3^2 + 1^2} = \sqrt{10}$이다. 일반적으로는 $|a\rangle = \begin{bmatrix} a_1 \\ a_2 \\ \vdots \\ a_n \end{bmatrix}$일 때 $\||a\rangle\| =$

$\sqrt{a_1{}^2 + a_2{}^2 + \cdots + a_n{}^2}$ 이다.

길이가 1인 벡터를 단위 벡터$^{\text{unit vector}}$라고 부른다. 이 책의 뒤에서 큐비트가 단위 벡터로 표현된다는 것을 배울 것이다.

실수배(혹은 스칼라배)

벡터에 숫자를 곱할 수 있다(선형대수학에서는 숫자를 흔히 '스칼라'라고 부른다. 실수배는 단순히 벡터에 숫자를 곱하는 것을 의미한다). 실수배는 벡터의 각 성분에 숫자를 곱하면 된다. 예를 들어 켓 $|a\rangle = \begin{bmatrix} a_1 \\ a_2 \\ \vdots \\ a_n \end{bmatrix}$ 에 숫자 c를 곱하면 $c|a\rangle = \begin{bmatrix} ca_1 \\ ca_2 \\ \vdots \\ ca_n \end{bmatrix}$ 가 된다.

어떤 벡터에 양수 c를 곱하면 벡터의 길이가 c배로 늘어난다는 것을 쉽게 알 수 있다. 이 사실을 이용하면, 같은 방향을 가리키면서 길이가 서로 다른 벡터를 얻을 수 있다. 특히 단위 벡터가 아닌 벡터와 같은 방향을 가리키는 단위 벡터가 필요할 때가 자주 있다. 영벡터가 아닌 벡터 $|a\rangle$가 있을 때 그 길이는 $\||a\rangle|$이다. 따라서 벡터 $|a\rangle$에 길이의 역수를 곱하면 단위 벡터를 얻을 수 있다. 예를 들어 앞서 보았듯이 $|a\rangle = \begin{bmatrix} 3 \\ 1 \end{bmatrix}$이면 $\||a\rangle| = \sqrt{10}$ 이므로, 다음과 같이 길이의 역수를 곱하면

$$|u\rangle = \frac{1}{\sqrt{10}} \begin{bmatrix} 3 \\ 1 \end{bmatrix} = \begin{bmatrix} \dfrac{3}{\sqrt{10}} \\ \dfrac{1}{\sqrt{10}} \end{bmatrix}$$

이 된다. 이 벡터의 길이는 다음과 같다.

$$\||u\rangle| = \sqrt{\left(\frac{3}{\sqrt{10}}\right)^2 + \left(\frac{1}{\sqrt{10}}\right)^2} = \sqrt{\frac{9}{10} + \frac{1}{10}} = \sqrt{1} = 1$$

따라서 $|u\rangle$는 $|a\rangle$와 같은 방향을 가리키는 단위 벡터다.

벡터 덧셈

같은 유형(둘 다 브라 혹은 켓)의 벡터 2개가 있다고 하자. 이 2개의 벡터는 차원도 같다. 이 두 벡터를 더하면, 유형과 차원이 같은 새로운 벡터를 얻는다. 이 새로운 벡터의 첫 번째 성분은 두 벡터의 첫 번째 성분을 더한 값과 같고, 두 번째 성분은 두 벡터의 두 번째 성분을 더한 값과 같다. 예를 들어 $|a\rangle = \begin{bmatrix} a_1 \\ a_2 \\ \vdots \\ a_n \end{bmatrix}$ 이고 $|b\rangle = \begin{bmatrix} b_1 \\ b_2 \\ \vdots \\ b_n \end{bmatrix}$ 이면 $|a+b\rangle = \begin{bmatrix} a_1 + b_1 \\ a_2 + b_2 \\ \vdots \\ a_n + b_n \end{bmatrix}$ 이다.

벡터 덧셈은 평행사변형 법칙을 사용해 그림으로 나타낼 수 있다. $|b\rangle$의 시작점이 $|a\rangle$의 끝점이 되도록 그리면 $|a\rangle$의 시작점에서 $|b\rangle$의 끝점으로 가는 벡터가 $|a+b\rangle$가 된다. 이렇게 그리면 삼각형을 얻는다.

이번에는 $|a\rangle$와 $|b\rangle$의 역할을 바꿔서 $|b\rangle$의 끝점이 $|a\rangle$의 시작점이 되도록 하자. $|b\rangle$의 시작점에서 $|a\rangle$의 끝점으로 향하는 벡터는 $|b+a\rangle$가 된다. 이번에도 역시 삼각형을 얻는다. 그러나 우리는 $|a+b\rangle = |b+a\rangle$임을 알고 있다. 따라서 시작점과 끝점이 같은 $|a+b\rangle$와 $|b+a\rangle$ 삼각형은 평행사변형을 이루며 그 대각선은 $|a+b\rangle$와 $|b+a\rangle$를 나타낸다. 그림 2.2는 $|a\rangle = \begin{bmatrix} 3 \\ 1 \end{bmatrix}$, $|b\rangle = \begin{bmatrix} 1 \\ 2 \end{bmatrix}$일 때 $|a+b\rangle = |b+a\rangle = \begin{bmatrix} 4 \\ 3 \end{bmatrix}$임을 보여준다.

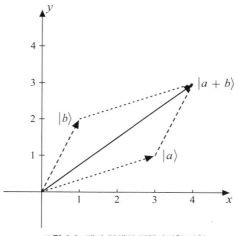

그림 2.2 벡터 덧셈의 평행사변형 법칙

직교 벡터

그림 2.2는 벡터 덧셈의 몇 가지 기본적인 특징을 보여주고 있다. 가장 중요한 내용 중 하나는 피타고라스 정리에서 비롯되는데, a, b, c가 삼각형의 세 변의 길이를 나타낼 때 오로지 직각삼각형일 때만 $a^2 + b^2 = c^2$이다. 따라서 그림 2.2에서 $\||a\rangle|^2 + \||b\rangle|^2 = \||a+b\rangle|^2$인 경우에만 $|a\rangle$와 $|b\rangle$는 서로 수직이다.

직교^{orthogonal}라는 단어는 수직과 똑같은 의미로, 선형대수학에서 널리 사용되는 단어다. 직교라는 말을 써서 지금까지의 설명을 다시 기술하면, '두 벡터 $|a\rangle$와 $|b\rangle$는 $\||a\rangle|^2 + \||b\rangle|^2 = \||a+b\rangle|^2$인 경우에만 서로 직교한다'가 된다.

브라에 켓 곱하기

차원이 같은 브라와 켓이 주어졌을 때 브라를 왼쪽, 켓을 오른쪽에 두고 서로 곱하면 하나의 숫자를 얻는다. 다음과 같이 n차원의 $\langle a|$와 $|b\rangle$가 있다고 하자.

$$\langle a | = \begin{bmatrix} a_1 & a_2 & \cdots & a_n \end{bmatrix} \text{이고 } |b\rangle = \begin{bmatrix} b_1 \\ b_2 \\ \vdots \\ b_n \end{bmatrix}$$

연달아 쓰는 방법으로 브라와 켓의 곱을 나타낼 수 있다. 두 벡터 사이에 아무 기호도 추가하지 않고 나란히 적으면 $\langle a \| b \rangle$가 되고, 여기서 중복되는 $|$을 생략하면 $\langle a | b \rangle$가 된다. 이것이 바로 우리가 사용할 표기법이다. 브라-켓$^{\text{bra-ket}}$ 곱의 정의는 다음과 같다.

$$\langle a | b \rangle = \begin{bmatrix} a_1 & a_2 & \cdots & a_n \end{bmatrix} \begin{bmatrix} b_1 \\ b_2 \\ \vdots \\ b_n \end{bmatrix} = a_1 b_1 + a_2 b_2 + \cdots + a_n b_n$$

브라와 켓의 $|$이 생략됐음을 이용해서 브라는 오른쪽에 수직선이 위치하고 켓은 왼쪽에 수직선이 위치한다고 기억하면 좋다. "브라^{bra}"와 "켓^{ket}"이라는 이름은 원래 꺾쇠괄호^{bracket}에서 유래한 것이다. 다소 언어유희 같은 느낌이 들지만, "브라"가 "켓"보다 왼쪽에 온다는 것을 기억하는 데 도움이 될 것이다.

선형대수학에서는 이 곱을 내적$^{\text{inner product}}$ 혹은 점곱$^{\text{dot product}}$이라고도 부른다. 하지만 양자역학은 브라켓 표기법을 사용하며 이 책도 마찬가지다.

브라켓 곱을 정의했으니, 이제 활용 방법을 알아보자. 벡터의 길이를 다시 살펴보자.

브라켓과 길이

$|a\rangle$로 표기되는 켓이 있을 때 이것과 이름이 같은 브라 $\langle a |$의 정의는 명확하다. 둘 다 같은 성분을 갖지만 $|a\rangle$는 수직으로, $\langle a |$는 수평으로 성분을 배열하면 된다.

$$|a\rangle = \begin{bmatrix} a_1 \\ a_2 \\ \vdots \\ a_n \end{bmatrix} \quad \langle a| = \begin{bmatrix} a_1 & a_2 & \cdots & a_n \end{bmatrix}$$

따라서 $\langle a|a\rangle = a_1{}^2 + a_2{}^2 + \cdots a_n{}^2$이므로 $|a\rangle$의 길이는 $\|a\rangle| = \sqrt{\langle a|a\rangle}$로 쓸 수 있다.

$|a\rangle = \begin{bmatrix} 3 \\ 1 \end{bmatrix}$의 길이를 구했던 예제로 돌아가자. $\langle a|a\rangle = \begin{bmatrix} 3 & 1 \end{bmatrix}\begin{bmatrix} 3 \\ 1 \end{bmatrix} = 3^2 + 1^2 = 10$이고, 제곱근을 취하면 $\|a\rangle| = \sqrt{10}$을 얻을 수 있다.

단위 벡터는 앞으로의 내용을 이해하는 데 매우 중요하다. 어떤 벡터가 단위 벡터인지 (즉, 벡터의 길이가 1인지) 알고 싶을 때, $|a\rangle$는 $\langle a|a\rangle = 1$일 경우에만 단위 벡터라는 성질을 이 책 전체에 걸쳐서 사용할 것이다.

또 다른 중요한 개념은 직교다. 브라켓 곱은 두 벡터가 서로 직교인지 여부도 알려준다.

브라켓과 직교

결론부터 말하면 $\langle a|b\rangle = 0$일 때만 $|a\rangle$와 $|b\rangle$는 서로 직교한다. 예제를 통해 이유를 살펴보자.

$|a\rangle = \begin{bmatrix} 3 \\ 1 \end{bmatrix}$, $|b\rangle = \begin{bmatrix} 1 \\ 2 \end{bmatrix}$, $|c\rangle = \begin{bmatrix} -2 \\ 6 \end{bmatrix}$라고 하자. 그러면 $\langle a|b\rangle$와 $\langle a|c\rangle$는 다음과 같이 계산할 수 있다.

$$\langle a|b\rangle = \begin{bmatrix} 3 & 1 \end{bmatrix}\begin{bmatrix} 1 \\ 2 \end{bmatrix} = 3 + 2 = 5$$

$$\langle a|c\rangle = \begin{bmatrix} 3 & 1 \end{bmatrix}\begin{bmatrix} -2 \\ 6 \end{bmatrix} = -6 + 6 = 0$$

$\langle a|b\rangle \neq 0$이므로, $|a\rangle$와 $|b\rangle$는 직교하지 않는다. 반면 $\langle a|c\rangle = 0$이므로 $|a\rangle$와 $|c\rangle$는 서로 직교한다.

왜 그럴까? 2차원 켓일 경우의 설명은 다음과 같다.

$|a\rangle = \begin{bmatrix} a_1 \\ a_2 \end{bmatrix}$ 이고 $|b\rangle = \begin{bmatrix} b_1 \\ b_2 \end{bmatrix}$ 이면 $|a\rangle + |b\rangle = \begin{bmatrix} a_1 + b_1 \\ a_2 + b_2 \end{bmatrix}$ 이다. $|a\rangle + |b\rangle$의 길이의 제곱은 다음과 같이 계산할 수 있다.

$$\| |a\rangle + |b\rangle \|^2 = \begin{bmatrix} a_1 + b_1 & a_2 + b_2 \end{bmatrix} \begin{bmatrix} a_1 + b_1 \\ a_2 + b_2 \end{bmatrix}$$
$$= (a_1 + b_1)^2 + (a_2 + b_2)^2$$
$$= (a_1^2 + 2a_1 b_1 + b_1^2) + (a_2^2 + 2a_2 b_2 + b_2^2)$$
$$= (a_1^2 + a_2^2) + (b_1^2 + b_2^2) + 2(a_1 b_1 + a_2 b_2)$$
$$= \| |a\rangle \|^2 + \| |b\rangle \|^2 + 2\langle a|b \rangle$$

이 값은 $2\langle a|b \rangle = 0$일 때만 $\| |a\rangle \|^2 + \| |b\rangle \|^2$와 같다. 앞서 $\| |a\rangle \|^2 + \| |b\rangle \|^2 = \| a + b \|^2$인 경우에만 $|a\rangle$와 $|b\rangle$가 직교한다고 설명했던 것을 기억하자. $|a\rangle + |b\rangle$의 길이의 제곱 계산을 사용해서 이를 바꿔 말하면 다음과 같다. 두 벡터 $|a\rangle$와 $|b\rangle$는 $\langle a|b \rangle = 0$일 때만 서로 직교한다.

편의상 2차원 켓을 사용했지만, 차원의 크기에 상관없이 일반적으로 적용된다.

정규직교 기저

'정규직교^{orthonormal}'라는 단어는 두 부분으로 이뤄져 있다. ortho는 직교^{orthogonal}에서 유래한 말이고, normal은 정규화^{normalize}에서 유래한 말이다. 여기서 정규화됐다는 말은 길이가 1이라는 뜻이다. 2차원 켓의 경우, 1개의 정규직교 기저는 서로 직교하는 2개의 단위 켓으로 구성된다. 일반적으로 n차원 켓이면 1개의 정규직교 기저는 서로 직교하는 n개의 단위 켓으로 구성된다.

먼저 2차원 켓을 살펴보자. 모든 2차원 벡터들의 집합을 $\mathbb{R}^2$으로 표기한다. $\mathbb{R}^2$에 대한 정규직교 기저는 서로 직교하는 두 개의 단위 벡터 $|b_1\rangle$과 $|b_2\rangle$로 구성되므로, 주어진 2개의 켓이 정규직교 기저를 이루는지 확인하려면 먼저 둘 다 단위 벡터인지 확인하고 그다음 서로 직교하는지 확인하면 된다. 브라켓을 사용하면 이 두 조건을 모

두 확인할 수 있다. $\langle b_1 | b_1 \rangle = 1$, $\langle b_2 | b_2 \rangle = 1$, $\langle b_1 | b_2 \rangle = 0$인지 확인하면 된다.

$|b_1\rangle = \begin{bmatrix} 1 \\ 0 \end{bmatrix}$이고 $|b_2\rangle = \begin{bmatrix} 0 \\ 1 \end{bmatrix}$일 경우를 가리켜서 **표준 기저**standard basis라고 부른다. 이 벡터들이 정규직교 조건을 만족한다는 것은 무척 쉽게 확인할 수 있다. 표준 기저는 아주 간단하지만, 세상에는 무한히 많은 수의 정규직교 기저가 존재한다. 2개만 예를 들면 다음과 같다.

$$\left\{ \begin{bmatrix} \dfrac{1}{\sqrt{2}} \\ \dfrac{-1}{\sqrt{2}} \end{bmatrix}, \begin{bmatrix} \dfrac{1}{\sqrt{2}} \\ \dfrac{1}{\sqrt{2}} \end{bmatrix} \right\} \text{과} \quad \left\{ \begin{bmatrix} \dfrac{1}{2} \\ \dfrac{\sqrt{3}}{2} \end{bmatrix}, \begin{bmatrix} \dfrac{-\sqrt{3}}{2} \\ \dfrac{1}{2} \end{bmatrix} \right\}$$

1장에서 입자의 스핀을 측정하는 문제를 살펴볼 때, 우리는 수직 방향과 수평 방향으로 스핀을 측정했다. 수직 방향의 스핀 측정에 대한 수학적 모델에서는 표준 기저가 사용될 것이다. 그리고 측정 장치의 회전에 관해서는 새로운 정규직교 기저를 사용해 수학적으로 나타낼 것이다. 조금 전에 본 3개의 2차원 기저들은 모두 스핀과 관련해 중요한 의미를 갖고 있으므로, 이 기저들을 구성하는 벡터는 문자 대신에 화살표로 나타내기로 하자. 화살표의 방향은 스핀 방향과 관련이 있다. 앞으로 우리가 사용할 표기법은 다음과 같다.

$$|\uparrow\rangle = \begin{bmatrix} 1 \\ 0 \end{bmatrix}, |\downarrow\rangle = \begin{bmatrix} 0 \\ 1 \end{bmatrix}, |\rightarrow\rangle = \begin{bmatrix} \dfrac{1}{\sqrt{2}} \\ \dfrac{-1}{\sqrt{2}} \end{bmatrix}, |\leftarrow\rangle = \begin{bmatrix} \dfrac{1}{\sqrt{2}} \\ \dfrac{1}{\sqrt{2}} \end{bmatrix}, |\nearrow\rangle = \begin{bmatrix} \dfrac{1}{2} \\ \dfrac{-\sqrt{3}}{2} \end{bmatrix}, |\swarrow\rangle = \begin{bmatrix} \dfrac{\sqrt{3}}{2} \\ \dfrac{1}{2} \end{bmatrix}$$

3개의 기저는 간결하게 $\{|\uparrow\rangle, |\downarrow\rangle\}$, $\{|\rightarrow\rangle, |\leftarrow\rangle\}$, $\{|\nearrow\rangle, |\swarrow\rangle\}$라고 쓸 수 있으며, 모두 정규직교 기저이므로 다음 성질을 만족한다.

$$\langle\uparrow|\uparrow\rangle = 1 \quad \langle\downarrow|\downarrow\rangle = 1 \quad \langle\uparrow|\downarrow\rangle = 0 \quad \langle\downarrow|\uparrow\rangle = 0$$
$$\langle\rightarrow|\rightarrow\rangle = 1 \quad \langle\leftarrow|\leftarrow\rangle = 1 \quad \langle\rightarrow|\leftarrow\rangle = 0 \quad \langle\leftarrow|\rightarrow\rangle = 0$$
$$\langle\nearrow|\nearrow\rangle = 1 \quad \langle\swarrow|\swarrow\rangle = 1 \quad \langle\nearrow|\swarrow\rangle = 0 \quad \langle\swarrow|\nearrow\rangle = 0$$

기저 벡터들의 선형 조합으로서의 벡터

켓과 정규직교 기저가 주어졌을 때 켓을 정규직교 기저 벡터들의 가중합$^{\text{weighted sum}}$으로 표현할 수 있다. 왜 굳이 이렇게 나타내는지 의문스러울 수 있겠지만, 이 표현이 우리의 수학적 모델의 기반을 이루는 기초 개념 중 하나임을 나중에 배울 것이다. 먼저 2차원 예제를 살펴보자.

$\mathbb{R}^2$ 공간 내의 임의의 벡터 $|v\rangle$는 $|\uparrow\rangle$의 배수와 $|\downarrow\rangle$의 배수의 합으로 나타낼 수 있다. 이것은 임의의 숫자 c와 d에 대해서 다음의 식이 해를 갖는다는 말과 같다.

$$\begin{bmatrix} c \\ d \end{bmatrix} = x_1 \begin{bmatrix} 1 \\ 0 \end{bmatrix} + x_2 \begin{bmatrix} 0 \\ 1 \end{bmatrix}$$

이 식의 해는 $x_1 = c$, $x_2 = d$이며, 이것이 유일한 해다.

$\mathbb{R}^2$ 내의 임의의 벡터 $|v\rangle$는 $|\rightarrow\rangle$의 배수와 $|\leftarrow\rangle$의 배수의 합으로도 나타낼 수 있을까? 다시 말하면 임의의 숫자 c와 d에 대해 다음의 식은 해를 가질까?

$$\begin{bmatrix} c \\ d \end{bmatrix} = x_1 |\rightarrow\rangle + x_2 |\leftarrow\rangle$$

이 식을 어떻게 풀 수 있을까? 켓을 2차원 열벡터로 바꾼 다음 2개의 미지수를 갖는 2개의 1차 연립방정식을 푸는 방법을 사용할 수 있다. 그러나 브라와 켓을 사용하면 훨씬 더 쉽게 풀 수 있다.

먼저, 식의 양변에서 좌측에 브라 $\langle\rightarrow|$를 곱한다. 그러면 식은 다음과 같다.

$$\langle\rightarrow| \begin{bmatrix} c \\ d \end{bmatrix} = \langle\rightarrow|(x_1 |\rightarrow\rangle + x_2 |\leftarrow\rangle)$$

다음으로, 식의 우변 항들을 분배한다.

$$\langle\rightarrow| \begin{bmatrix} c \\ d \end{bmatrix} = x_1 \langle\rightarrow|\rightarrow\rangle + x_2 \langle\rightarrow|\leftarrow\rangle$$

우변의 브라켓의 값을 우리는 알고 있다. 첫 번째는 1이고, 두 번째는 0이다. 따라서 x_1은 $\langle\rightarrow| \begin{bmatrix} c \\ d \end{bmatrix}$와 같다. 따라서 이 곱만 계산하면 된다.

$$\langle \rightarrow | \begin{bmatrix} c \\ d \end{bmatrix} = \begin{bmatrix} 1/\sqrt{2} & -1/\sqrt{2} \end{bmatrix} \begin{bmatrix} c \\ d \end{bmatrix} = \left(1/\sqrt{2}\right)c - \left(1/\sqrt{2}\right)d = (c-d)/\sqrt{2}$$

결과는 $x_1 = (c-d)/\sqrt{2}$ 이다.

똑같은 방법으로 x_2도 구할 수 있다. 방정식 $\begin{bmatrix} c \\ d \end{bmatrix} = x_1|\rightarrow\rangle + x_2|\leftarrow\rangle$의 양변의 좌측에 $\langle \leftarrow|$을 곱하면 다음과 같다.

$$\langle \leftarrow | \begin{bmatrix} c \\ d \end{bmatrix} = x_1\langle \leftarrow|\rightarrow\rangle + x_2\langle \leftarrow|\leftarrow\rangle = x_1 0 + x_2 1$$

따라서 $x_2 = \begin{bmatrix} 1/\sqrt{2} & 1/\sqrt{2} \end{bmatrix} \begin{bmatrix} c \\ d \end{bmatrix} = \left(1/\sqrt{2}\right)c + \left(1/\sqrt{2}\right)d = (c+d)/\sqrt{2}$ 이다.

이것은 다음과 같이 쓸 수 있음을 의미한다.

$$\begin{bmatrix} c \\ d \end{bmatrix} = \frac{(c-d)}{\sqrt{2}}|\rightarrow\rangle + \frac{(c+d)}{\sqrt{2}}|\leftarrow\rangle$$

식의 우변은 기저 벡터에 스칼라값을 곱한 것들을 더한 것이다. 앞서 이를 가리켜 기저 벡터들의 가중합이라고 언급했는데, 주의할 점은 스칼라값이 꼭 양수일 이유는 없다는 점이다. 스칼라값은 음수일 수 있다. 이를테면 c가 -3이고 d가 1이면 $(c-d)/\sqrt{2}$와 $(c+d)/\sqrt{2}$는 모두 음수가 된다. 이런 이유로 가중합 대신에 기저 벡터의 선형 조합이라는 용어를 사용하는 것이다.

이제 n차원으로 확장해보자. n차원 켓 $|v\rangle$와 정규직교 기저 $\{|b_1\rangle, |b_2\rangle, \cdots, |b_n\rangle\}$가 주어졌다고 하자. $|v\rangle$를 기저 벡터들의 선형 조합으로 나타낼 수 있을까? 만일 가능하다면 이렇게 하는 유일한 방법이 있을까? 다시 말해서 다음의 식은 유일한 해를 가질까?

$$|v\rangle = x_1|b_1\rangle + x_2|b_2\rangle + \cdots + x_i|b_i\rangle + \cdots + x_n|b_n\rangle$$

이번에도 답은 '그렇다'이다. 이를 확인하기 위해 x_i의 값을 구하는 방법을 알아보자. 2차원에서 사용했던 것과 똑같은 방법을 사용할 수 있다. 식의 양변에 먼저 $\langle b_i|$를 곱한다. $\langle b_i|b_k\rangle$는 $i \neq k$이면 0이고, $i=k$이면 1임을 알고 있다. 따라서 $\langle b_i|$를 곱한 후 우

변은 x_i로 단순화되므로 $\langle b_i | v \rangle = x_i$가 된다. 이것은 $x_1 = \langle b_1 | v \rangle$, $x_2 = \langle b_2 | v \rangle$, …임을 가리킨다. 결과적으로 다음과 같이 $|v\rangle$를 기저 벡터들의 선형 조합으로 쓸 수 있다.

$$|v\rangle = \langle b_1 | v \rangle | b_1 \rangle + \langle b_2 | v \rangle | b_2 \rangle + \cdots + \langle b_i | v \rangle | b_i \rangle + \cdots + \langle b_n | v \rangle | b_n \rangle$$

지금은 이런 내용이 다소 추상적으로 느껴질 수 있지만, 3장을 배우면 좀 더 분명해질 것이다. 서로 다른 정규직교 기저는 스핀 측정에 서로 다른 방향을 선택하는 것과 같다. $\langle b_i | v \rangle$와 같은 브라켓으로 주어지는 값을 **확률 진폭**probability amplitude이라고 하며, $\langle b_i | v \rangle$의 제곱은 측정 시 $|v\rangle$가 b_i로 바뀔 확률을 가리킨다. 자세한 설명은 나중에 모두 나온다. 지금은 위의 식을 이해하는 것이 중요하다.

순서 기저

순서 기저ordered basis는 벡터의 순서가 있는 기저를 가리킨다. $\{|b_1\rangle, |b_2\rangle, \cdots, |b_n\rangle\}$이 기저일 때, 순서 기저는 $(|b_1\rangle, |b_2\rangle, \cdots, |b_n\rangle)$로 표기된다. 즉, 꺾쇠가 아니라 둥근 괄호를 사용한다. 예를 들어 $\mathbb{R}^2$에서 표준 기저는 $\{|\uparrow\rangle, |\downarrow\rangle\}$인데, 같은 원소를 포함하는 두 집합은 동일하므로(즉, 원소의 순서를 따지지 않으므로) $\{|\uparrow\rangle, |\downarrow\rangle\} = \{|\downarrow\rangle, |\uparrow\rangle\}$이다. 즉, 이 두 집합은 동일하다.

그러나 순서 기저에서는 벡터들의 순서가 중요하다. $(|\uparrow\rangle, |\downarrow\rangle) \neq (|\downarrow\rangle, |\uparrow\rangle)$인 것이다. 좌변의 순서 기저의 첫 번째 벡터가 우변의 순서 기저의 첫 번째 벡터와 같지 않으므로 이 두 개의 순서 기저는 다르다.

순서가 있는 기저와 순서가 없는 기저의 차이가 사소하다고 생각할지 모르지만 그렇지 않다. 우리는 벡터의 순서가 다른 기저들이 사용되는 예제를 많이 보게 될 것이다. 기저 벡터들의 배열은 우리에게 중요한 정보를 제공한다.

예를 들어 앞서 표준 기저 $\{|\uparrow\rangle, |\downarrow\rangle\}$이 수직 방향의 전자 스핀 측정에 대응된다고 배웠다. 순서 기저 $(|\uparrow\rangle, |\downarrow\rangle)$는 S극 자석이 측정 장치의 위에 있을 때 스핀을 측정하는 것에 대응된다. 만일 우리가 장치를 180° 뒤집는다면 기저 벡터의 요소들도 뒤집혀서 순서 기저 $(|\downarrow\rangle, |\uparrow\rangle)$를 사용해야 한다.

벡터의 길이

켓 $|v\rangle$와 정규직교 기저 $\{|b_1\rangle, |b_2\rangle, \cdots, |b_n\rangle\}$가 주어졌을 때, $|v\rangle$를 기저 벡터들의 선형 조합으로 쓸 수 있으므로 $|v\rangle = \langle b_1|v\rangle|b_1\rangle + \langle b_2|v\rangle|b_2\rangle + \cdots + \langle b_i|v\rangle|b_i\rangle + \cdots + \langle b_n|v\rangle|b_n\rangle$임을 이미 배웠다. 이 식을 $|v\rangle = c_1|b_1\rangle + c_2|b_2\rangle + \cdots + c_i|b_i\rangle + \cdots + c_n|b_n\rangle$로 단순화할 수 있다. 그러면 $|v\rangle$의 길이는 $\||v\rangle\|^2 = c_1^2 + c_2^2 + \cdots + c_i^2 \cdots + \cdots c_n^2$으로 나타낼 수 있다.

이 공식이 어떻게 유도되는지 알아보자. 우리는 $\||v\rangle\|^2 = \langle v|v\rangle$임을 알고 있다. $\langle v| = c_1\langle b_1| + c_2\langle b_2| + \cdots + c_n\langle b_n|$이므로, 다음 식이 성립한다.

$$\langle v|v\rangle = \left(c_1\langle b_1| + c_2\langle b_2| + \cdots + c_n\langle b_n|\right)\left(c_1|b_1\rangle + c_2|b_2\rangle + \cdots + c_n|b_n\rangle\right)$$

다음으로, 괄호 안에 들어 있는 항들의 곱을 전개한다. 식이 너무 복잡해질 것 같지만 실제로는 그렇지 않다. $\langle b_i|b_k\rangle$는 $i \neq k$이면 0이고, $i = k$이면 1이기 때문이다. 즉, 첨자가 다른 브라켓 곱은 모두 0이다. 0이 아닌 것은 같은 첨자가 반복되는 브라켓이고, 그 값은 1이다. 따라서 $\langle v|v\rangle = c_1^2 + c_2^2 + \cdots + c_i^2 + \cdots c_n^2$을 얻게 된다.

행렬

행렬은 직사각형 형태의 숫자 배열이다. m개의 행과 n개의 열을 갖는 행렬 M을 $m \times n$ 행렬이라고 부른다. 행렬의 예는 다음과 같다.

$$A = \begin{bmatrix} 1 & -4 & 2 \\ 2 & 3 & 0 \end{bmatrix} \quad B = \begin{bmatrix} 1 & 2 \\ 7 & 5 \\ 6 & 1 \end{bmatrix}$$

A는 두 개의 행과 세 개의 열을 가지므로 2×3 행렬이다. 그리고 B는 3×2 행렬이다. 우리는 브라와 켓을 특별한 유형의 행렬이라고 간주할 수 있다. 브라는 1개의 행, 켓은 1개의 열을 갖는 행렬인 것이다.

$m \times n$ 행렬 M의 전치 행렬 M^T는 M의 행과 열이 뒤바뀐 $n \times m$ 행렬이다. M의 i번째 행은 M^T의 i번째 열이 되고, M의 j번째 열은 M^T의 j번째 행이 된다. 행렬 A와 B의

전치 행렬은 다음과 같다.

$$A^T = \begin{bmatrix} 1 & 2 \\ -4 & 3 \\ 2 & 0 \end{bmatrix} \quad B^T = \begin{bmatrix} 1 & 7 & 6 \\ 2 & 5 & 1 \end{bmatrix}$$

열 벡터는 하나의 열만 갖는 행렬, 행 벡터는 하나의 행만 갖는 행렬로 간주할 수 있으므로, 같은 이름을 가진 브라와 켓의 관계는 $\langle a| = |a\rangle^T$와 $|a\rangle = \langle a|^T$로 나타낼 수 있다.

다수의 행과 열을 갖는 일반적인 행렬이 주어졌을 때, 행렬의 행은 브라를 나타내고 열은 켓을 나타낸다고 생각할 수 있다. 행렬 A는 위아래로 놓인 2개의 브라, 혹은 나란히 놓인 3개의 켓으로 이뤄진 것이고, 행렬 B는 위아래로 놓인 3개의 브라, 혹은 나란히 놓인 2개의 켓으로 간주할 수 있다.

행렬 A와 B의 곱은 AB로 표기되며, A는 브라들로 이뤄져 있고 B는 켓들로 이뤄져 있다고 간주해 곱을 계산한다(브라가 항상 켓보다 먼저 온다는 것을 기억하자).

$$A = \begin{bmatrix} \langle a_1| \\ \langle a_2| \end{bmatrix} \,(\langle a_1| = \begin{bmatrix} 1 & -4 & 2 \end{bmatrix}\text{와 } \langle a_2| = \begin{bmatrix} 2 & 3 & 0 \end{bmatrix})$$

$$B = \begin{bmatrix} |b_1\rangle & |b_2\rangle \end{bmatrix} \,(|b_1\rangle = \begin{bmatrix} 1 \\ 7 \\ 6 \end{bmatrix}\text{와 } |b_2\rangle = \begin{bmatrix} 2 \\ 5 \\ 1 \end{bmatrix})$$

일 때, 두 행렬의 곱 AB는 다음과 같이 계산된다.

$$AB = \begin{bmatrix} \langle a_1| \\ \langle a_2| \end{bmatrix}\begin{bmatrix} |b_1\rangle & |b_2\rangle \end{bmatrix} = \begin{bmatrix} \langle a_1|b_1\rangle & \langle a_1|b_2\rangle \\ \langle a_2|b_1\rangle & \langle a_2|b_2\rangle \end{bmatrix}$$

$$= \begin{bmatrix} 1\times1 - 4\times7 + 2\times6 & 1\times2 - 4\times5 + 2\times1 \\ 2\times1 + 3\times7 + 0\times6 & 2\times2 + 3\times5 + 0\times1 \end{bmatrix}$$

$$= \begin{bmatrix} -15 & -16 \\ 23 & 19 \end{bmatrix}$$

A에서 브라의 차원과 B의 켓의 차원이 같다는 것에 주목하자. 이 조건을 만족해야 브라켓 곱을 계산할 수 있다. 또 $AB \neq BA$라는 점도 주의하자. 예를 들어 BA는 3×3

행렬로서 AB와 크기부터 같지 않다.

일반적으로 $m \times r$ 행렬 A와 $r \times n$ 행렬 B가 주어졌을 때 A를 r차원 브라로, B를 r차원 켓으로 쓸 수 있다.

$$A = \begin{bmatrix} \langle a_1 | \\ \langle a_2 | \\ \vdots \\ \langle a_m | \end{bmatrix} \quad B = \begin{bmatrix} |b_1\rangle & |b_2\rangle & \cdots & |b_n\rangle \end{bmatrix}$$

곱 AB는 i번째 행과 j번째 열의 성분이 $\langle a_i | b_j \rangle$인 $m \times n$ 행렬이다.

$$AB = \begin{bmatrix} \langle a_1|b_1\rangle & \langle a_1|b_2\rangle & \cdots & \langle a_1|b_j\rangle & \cdots & \langle a_1|b_n\rangle \\ \langle a_2|b_1\rangle & \langle a_2|b_2\rangle & \cdots & \langle a_2|b_j\rangle & \cdots & \langle a_2|b_n\rangle \\ \vdots & \vdots & \vdots & \vdots & \vdots & \vdots \\ \langle a_i|b_1\rangle & \langle a_i|b_2\rangle & \cdots & \langle a_i|b_j\rangle & \cdots & \langle a_i|b_n\rangle \\ \vdots & \vdots & \vdots & \vdots & \vdots & \vdots \\ \langle a_m|b_1\rangle & \langle a_m|b_2\rangle & \cdots & \langle a_m|b_j\rangle & \cdots & \langle a_m|b_n\rangle \end{bmatrix}$$

곱하기의 순서를 반대로 하면 BA인데, 브라와 켓의 차수가 같아야만 계산할 수 있으므로 m이 n과 같지 않다면 계산을 시작할 수 없다. 설령 m과 n이 같아서 계산을 할 수 있더라도, 계산 결과는 $r \times r$ 크기의 행렬이 되므로 n이 r과 같지 않다면 크기가 $n \times n$인 AB와 $r \times r$인 BA는 같지 않다. 심지어 n, m, r이 모두 같은 값이라도 일반적으로 AB와 BA는 서로 같은 행렬이 되지 않는다. 이를 가리켜서 행렬 곱셈은 '교환법칙이 성립하지 않는다'고 말한다.

행과 열의 수가 같은 행렬을 가리켜 **정방**행렬(또는 정사각행렬)이라고 한다. 정방행렬의 주 대각선main diagonal은 행렬의 왼쪽 상단에서 오른쪽 하단으로 그어지는 대각선에 위치하는 성분들로 구성된다. 이 대각선의 성분이 모두 1이고 다른 성분은 모두 0인 정방행렬을 가리켜 항등행렬이라고 한다. $n \times n$ 항등행렬을 I_n으로 쓴다.

$$I_2 = \begin{bmatrix} 1 & 0 \\ 0 & 1 \end{bmatrix}, \quad I_3 = \begin{bmatrix} 1 & 0 & 0 \\ 0 & 1 & 0 \\ 0 & 0 & 1 \end{bmatrix}, \quad \cdots$$

이 행렬을 항등행렬이라고 부르는 것은 어떤 행렬과 항등행렬을 곱하는 것이 숫자에 1을 곱하는 것과 비슷하기 때문이다. A가 $m \times n$ 행렬일 때, $I_m A = A I_n = A$이다.

행렬을 사용하면 브라와 켓을 포함하는 계산을 편리하게 수행할 수 있다. 구체적으로 알아보자.

행렬 계산

n차원 켓의 집합 $\{|b_1\rangle, |b_2\rangle, \cdots, |b_n\rangle\}$이 정규직교 기저인지 확인하고 싶다고 하자. 우선 이 켓들이 단위 벡터인지 확인해야 한다. 다음으로 서로 직교하는지 확인해야 한다. 브라와 켓을 사용해 이 두 조건을 확인하는 방법을 이미 배웠지만, 행렬을 사용해 계산을 쉽게 나타낼 수 있다.

$n \times n$ 행렬 $A = [\,|b_1\rangle\, |b_2\rangle \cdots |b_n\rangle]$의 전치행렬 A^T은 다음과 같다.

$$A^T = \begin{bmatrix} \langle b_1| \\ \langle b_2| \\ \vdots \\ \langle b_n| \end{bmatrix}$$

그런 다음 $A^T A$를 구한다.

$$A^T A = \begin{bmatrix} \langle b_1| \\ \langle b_2| \\ \vdots \\ \langle b_n| \end{bmatrix} \begin{bmatrix} |b_1\rangle & |b_2\rangle & \cdots & |b_n\rangle \end{bmatrix} = \begin{bmatrix} \langle b_1|b_1\rangle & \langle b_1|b_2\rangle & \dots & \langle b_1|b_n\rangle \\ \langle b_2|b_1\rangle & \langle b_2|b_2\rangle & \dots & \langle b_2|b_n\rangle \\ \vdots & \vdots & \vdots & \vdots \\ \langle b_n|b_1\rangle & \langle b_n|b_2\rangle & \dots & \langle b_n|b_n\rangle \end{bmatrix}$$

켓이 단위 벡터인지 확인하려면 주 대각선의 성분만 계산하면 된다는 점에 주목하자. 그리고 켓이 서로 직교하는지 확인하려면 주 대각선 이외의 성분을 계산하면 된다. 이것은 $A^T A = I_n$인 경우에만 정규직교 기저임을 의미한다. 이 식은 우리가 확인해야 할 것을 아주 간결하게 나타내고 있다.

이처럼 표현은 간결하지만, 성분을 구하기 위한 계산은 모두 해야 한다. 따라서 단위 벡터인지 확인하려면 주 대각선상의 모든 성분을 계산해야 한다. 그러나 주 대각

선 아래의 성분은 계산할 필요가 없다. $i \neq j$면, $\langle b_i | b_k \rangle$와 $\langle b_k | b_i \rangle$ 중에서 하나는 주 대각선보다 위에 있고 나머지 하나는 그보다 아래에 있다. 그런데 브라켓 곱의 값은 서로 같기 때문에 하나를 계산했으면 다른 하나는 계산할 필요가 없다. 따라서 주 대각선의 성분이 모두 1인지 확인하고, 주 대각선보다 위(또는 아래)에 있는 성분이 모두 0인지 확인하는 것으로 충분하다.

$\{|b_1\rangle, |b_2\rangle, \cdots, |b_n\rangle\}$이 정규직교 기저임을 확인했으니, 이제 $|v\rangle$를 기저 벡터의 선형 조합으로 표현하고 싶다. 우리는 방법을 이미 알고 있다.

$$|v\rangle = \langle b_1 | v \rangle |b_1\rangle + \langle b_2 | v \rangle |b_2\rangle + \cdots + \langle b_i | v \rangle |b_i\rangle + \cdots + \langle b_n | v \rangle |b_n\rangle$$

행렬 A^T를 사용해 전부 계산할 수 있다.

$$A^T |v\rangle = \begin{bmatrix} \langle b_1 | \\ \langle b_2 | \\ \vdots \\ \langle b_n | \end{bmatrix} |v\rangle = \begin{bmatrix} \langle b_1 | v \rangle \\ \langle b_2 | v \rangle \\ \vdots \\ \langle b_n | v \rangle \end{bmatrix}$$

2장은 수학적 도구들을 소개하느라 내용이 꽤 길었다. 수학은 꾸준히 발전해왔으며, 계산을 수행하는 다양한 방법이 존재한다. 앞으로 우리에게 필요한 3개의 핵심 개념은 마지막 절에서 요약한다(쉽게 찾아볼 수 있도록 일부러 마지막 절에 배치했다). 2장을 마무리하기 전에 몇 가지 명명 규칙을 살펴보자.

직교행렬과 유니타리행렬

성분이 실수real number이고 $M^T M$이 항등행렬인 정방행렬 M을 직교행렬orthogonal matrix이라고 한다.

켓 벡터의 행렬을 구성한 뒤, 그 행렬이 직교행렬인지 확인함으로써 정규직교 기저 여부를 확인할 수 있다. 직교행렬은 양자 논리 게이트를 다룰 때도 중요하다. 양자 논리 게이트는 직교행렬에 대응된다.

다음 2개의 직교행렬은 특히 중요하다.

$$\begin{bmatrix} \dfrac{1}{\sqrt{2}} & \dfrac{1}{\sqrt{2}} \\ \dfrac{1}{\sqrt{2}} & \dfrac{-1}{\sqrt{2}} \end{bmatrix} \text{와} \begin{bmatrix} 1 & 0 & 0 & 0 \\ 0 & 1 & 0 & 0 \\ 0 & 0 & 0 & 1 \\ 0 & 0 & 1 & 0 \end{bmatrix}$$

왼쪽의 2×2 행렬은 순서 기저($|\leftarrow\rangle$, $|\rightarrow\rangle$)에 대응한다. 3장에서 수평 방향의 스핀 측정을 다룰 때 이 순서 기저를 만날 것이다. 이 행렬은 나중에 배우는 아다마르 게이트[Hadamard gate]라는 특수한 게이트에 대응되는 행렬이기도 하다.

오른쪽의 4×4 행렬은 $\mathbb{R}^4$의 표준 기저에서 마지막 2개의 벡터의 순서를 맞바꾼 것에 해당한다. 이 행렬은 CNOT 게이트와 관련이 있다. 게이트에 관해서는 나중에 자세히 설명하겠지만, 실질적으로 모든 양자 회로는 이 두 종류의 게이트로 구성된다. 따라서 이 직교행렬들은 매우 중요하다!

(복소수를 사용할 경우 행렬의 성분은 복소수다. 복소수 성분을 갖는 직교행렬을 유니타리[unitary] 행렬[1]이라고 한다. 실수는 복소수의 부분 집합이므로, 모든 직교행렬은 유니타리행렬이다. 양자 컴퓨팅을 다루는 다른 책에서는 CNOT 게이트와 아다마르 게이트에 대응하는 행렬을 유니타리행렬이라고 설명하고, 이 책에서는 직교행렬이라고 말한다. 둘 다 맞는 말이다.)

선형대수학 도구 상자

다음 3개의 과제는 여러분이 이 책에서 몇 번이고 계산해야 하는 것으로 그리 어렵지 않다. 각 과제를 푸는 방법은 다음과 같다.

1. n차원 켓의 집합 $\{|b_1\rangle, |b_2\rangle, \cdots, |b_n\rangle\}$이 정규직교 기저인지 확인하라.

　먼저 $A = [\,|b_1\rangle\ |b_2\rangle\ \cdots\ |b_n\rangle\,]$을 구성한다. 그런 다음 $A^T A$를 계산한다. 계산 결과가 항등행렬이면 정규직교 기저이고, 항등행렬이 아니면 정규직교 기저가 아니다.

1 　$M^\dagger M$이 항등행렬이면 행렬 M은 유니타리행렬이다. $M^\dagger$은 M을 전치한 다음, 모든 성분을 켤레 복소수로 바꾼 행렬이다.

2. 정규직교 기저 $\{|b_1\rangle, |b_2\rangle, \cdots, |b_n\rangle\}$와 켓 $|v\rangle$가 주어졌을 때, $|v\rangle$를 기저 벡터들의 선형 조합으로 나타내라. 즉, 다음 식의 해를 구하라.

$$|v\rangle = x_1 |b_1\rangle + x_2 |b_2\rangle + \cdots x_i |b_i\rangle \cdots + x_n |b_n\rangle.$$

먼저 $A = [\,|b_1\rangle \; |b_2\rangle \; \cdots \; |b_n\rangle\,]$을 구성한다. 그러면

$$\begin{bmatrix} x_1 \\ x_2 \\ \vdots \\ x_n \end{bmatrix} = A^T |v\rangle = \begin{bmatrix} \langle b_1 | v \rangle \\ \langle b_2 | v \rangle \\ \vdots \\ \langle b_n | v \rangle \end{bmatrix}$$

3. 정규직교 기저 $\{|b_1\rangle, |b_2\rangle, \cdots, |b_n\rangle\}$가 주어졌고 $\||v\rangle| = c_1 |b_1\rangle + c_2 |b_2\rangle + \cdots + c_i |b_i\rangle \cdots + c_n |b_n\rangle$일 때, $|v\rangle$의 길이를 구하라.

다음 식을 사용한다.

$$\||v\rangle|^2 = c_1^2 + c_2^2 + \cdots + c_i^2 \cdots + \cdots c_n^2.$$

이제 도구가 모두 갖춰졌으니, 스핀 연구로 돌아가자.

스핀과 큐비트

1장에서 전자 스핀의 측정에 대해서 알아보면서, 수직 방향으로 전자의 스핀을 측정하면 연속적인 값이 아니라 단 2개의 값만 얻게 된다는 것을 배웠다. 전자는 N극이 수직 윗방향을 향하거나 수직 아랫방향을 향하거나 둘 중 하나다. 수직 방향으로 스핀을 측정하고 다시 같은 방향으로 스핀을 측정하면 똑같은 결과가 나온다. 첫 번째 측정에서 전자의 N극이 위쪽을 향했으면 두 번째 측정에서도 마찬가지다. 또 처음에는 수직 방향으로 측정하고 두 번째는 수평 방향으로 측정하면 전자는 90° 방향으로 각각 1/2의 확률로 스핀 N과 S를 가진다는 것도 배웠다. 첫 번째 측정 결과에 상관없이 두 번째 측정 결과는 N 또는 S가 무작위로 나오는 것이다. 2장에서는 선형대수학을 소개했다. 이번 3장의 목표는 1장과 2장을 합쳐서 스핀 측정을 기술하는 수학적 모델을 만드는 것이다. 그리고 큐비트와 어떻게 관련되는지 보여준다. 본격적인 설명을 시작하기 전에 먼저 수학적 확률 개념을 알아보자.

확률

동전을 반복적으로 던지면서 던진 횟수와 앞면이 나온 횟수를 기록한다고 하자. 공평한 동전이라면 (즉, 앞면이 나올 가능성과 뒷면이 나올 가능성이 똑같다면) 충분한 횟수로 동전을 던졌을 때 앞면이 나온 횟수와 동전을 던진 횟수의 비율은 1/2에 가깝다. 따라서 "앞면" 결과의 확률은 0.5다.

일반적으로 우리가 수행하는 실험(혹은 측정)에서 가능한 결과의 수는 유한하다. 실험 결과들을 E_1, E_2, $\cdots$, E_n으로 나타내고, 실험 또는 측정의 결과는 이러한 n개의 가능한 결과 중 오직 하나뿐이라고 가정하자. 결과 E_i가 일어날 확률은 p_i로 나타내고, 확률은 0과 1 사이의 값이며, 모든 확률의 총합은 1이다. 동전 던지기의 경우, 가능한 2개의 결과는 앞면이 나오는 것과 뒷면이 나오는 것이다. 동전이 공평하다면 각 사건의 확률은 1/2이다.

이제 1장에서 배웠던 입자 스핀 측정을 약간 더 수학적으로 기술해보자. 0° 방향으로 스핀을 측정한다고 가정하고, 실험에서 얻을 수 있는 결과를 각각 N과 S로 나타내며, N을 얻게 될 확률을 p_N, S를 얻게 될 확률을 p_S라고 하자. 전자가 0° 방향으로 스핀 N을 갖는다는 결과를 얻은 상태에서 이 방향으로 다시 측정을 수행하면, 결과는 바뀌지 않으므로 $p_N = 1$이고 $p_S = 0$이다. 반면 전자가 90° 방향으로 스핀 N을 갖는다는 결과를 얻은 상태에서 0° 방향으로 측정을 수행하면 N과 S가 나올 확률이 똑같으므로 $p_N = p_S = 0.5$다.

양자 스핀을 위한 수학

이제 양자 스핀을 설명하는 수학적 모델을 만들어보자. 확률과 벡터가 사용된다.

기본적인 모델은 벡터 공간으로 주어진다. 측정을 수행하면 다수의 결과가 나올 수 있는데, 측정 결과의 개수가 벡터 공간의 차원이 된다. 스핀의 경우 어떻게 측정해도 2개의 결과만 가능하므로 벡터 공간은 2차원이다. 이 공간을 $\mathbb{R}^2$이라고 하자. 이것은 표준적인 2차원 평면을 의미한다. 이 책에서는 측정 장치를 평면에서만 회전시킬 것이므로 2차원 벡터 공간으로 충분하다. 만일 3차원 회전을 고려한다면 벡터 공간은 여전히 2차원이지만 (측정 결과의 수가 여전히 2개이므로) 실수가 아니라 복소수 계수를 갖는 벡터를 사용해야 한다. 이 경우 벡터 공간은 2차원 복소수 공간이며 $\mathbb{C}^2$으로 표현된다. 2장에서 설명했듯이 이 책에서는 $\mathbb{R}^2$이면 충분하다.

우리는 $\mathbb{R}^2$의 모든 벡터가 아니라 단위 벡터만 고려할 것이다. 따라서 켓의 경우 $c_1^2 + c_2^2 = 1$을 만족하는 $|v\rangle = \begin{bmatrix} c_1 \\ c_2 \end{bmatrix}$으로 제한된다.

스핀을 측정할 방향을 선택하는 것은 순서가 있는 정규직교 기저 ($|b_1\rangle$, $|b_2\rangle$)를 선택하는 것에 대응된다. 그리고 이 기저 내의 2개 벡터는 2개의 가능한 측정 결과에 대응된다. 첫 번째 벡터는 N, 두 번째 벡터는 S로 항상 나타낼 것이다. 스핀 측정 전에 입자는 $|b_1\rangle$과 $|b_2\rangle$의 선형 조합, 즉 $c_1|b_1\rangle + c_2|b_2\rangle$로 주어지는 스핀 상태spin state에 있는데, 이를 **상태 벡터**state vector, 혹은 **상태**state라고 부르기도 한다. 측정을 수행하면, 상태 벡터는 $|b_1\rangle$ 또는 $|b_2\rangle$로 바뀐다. 이것은 양자역학의 핵심 개념의 하나로서 측정 행위는 상태 벡터를 바꾼다. 새로운 상태는 측정과 관련된 기저 벡터 중 하나로서, 어느 벡터가 될지 그 확률은 초기 상태로 주어진다. 즉, $|b_1\rangle$가 될 확률은 c_1^2이고 $|b_2\rangle$가 될 확률은 c_2^2인데, c_1과 c_2를 **확률 진폭**probability amplitude이라고 한다. 확률 진폭이 확률과 다르다는 것을 기억하자. 확률 진폭은 양수이거나 음수이며, 이 숫자의 제곱이 확률이다. 더 구체적인 이해를 위해서 수직 방향과 수평 방향으로 스핀을 측정하는 실험으로 다시 돌아가자.

2장에서 배웠듯이 수직 방향의 스핀 측정에 해당하는 순서 정규직교 기저는 ($|\uparrow\rangle$, $|\downarrow\rangle$)이다($|\uparrow\rangle = \begin{bmatrix} 1 \\ 0 \end{bmatrix}$, $|\downarrow\rangle = \begin{bmatrix} 0 \\ 1 \end{bmatrix}$). 여기서 첫 번째 벡터는 $0°$ 방향으로 스핀이 N인 전자, 두 번째 벡터는 $0°$ 방향으로 스핀이 S인 전자에 해당한다.

수평 방향의 스핀은 순서 정규직교 기저 ($|\rightarrow\rangle$, $|\leftarrow\rangle$)이다($|\rightarrow\rangle = \begin{bmatrix} \frac{1}{\sqrt{2}} \\ \frac{-1}{\sqrt{2}} \end{bmatrix}$, $|\leftarrow\rangle = \begin{bmatrix} \frac{1}{\sqrt{2}} \\ \frac{1}{\sqrt{2}} \end{bmatrix}$).

첫 번째 벡터는 $90°$ 방향으로 스핀 N인 전자, 두 번째 벡터는 $90°$ 방향으로 스핀 S인 전자에 해당한다.

먼저 수직 방향으로 스핀을 측정하자. 전자의 초기 스핀 상태는 모르지만, 단위 벡터인 것은 분명하므로 $c_1^2 + c_2^2 = 1$를 만족하는 $c_1|\uparrow\rangle + c_2|\downarrow\rangle$으로 쓸 수 있다. 측정을

수행하면 전자는 위로 편향되거나(상태가 |↑⟩로 된다), 아래로 편향된다(상태가 |↓⟩로 된다). 위로 편향될 확률은 c_1^2, 아래로 편향될 확률은 c_2^2이다.

이 상황에서 다시 한 번 수직 방향으로 스핀을 측정하는 실험을 수행하자. 전자가 첫 번째 자석에 의해서 위로 편향된 직후의 전자의 스핀 상태는 |↑⟩ = 1|↑⟩ + 0|↓⟩이다. 이 상황에서 다시 측정을 수행하면, $1^2 = 1$의 확률로 |↑⟩로 되고 $0^2 = 0$의 확률로 |↓⟩로 된다. 여전히 |↑⟩ 상태를 유지함을 의미하므로, 이번에도 위쪽으로 편향된다.

아래로 편향된 전자의 스핀 상태는 |↓⟩ = 0|↑⟩ + 1|↓⟩이다. 이 전자를 수직 방향으로 몇 번을 측정하든 상태는 그대로 유지되며, 실험을 아무리 반복해도 전자는 아래로 편향된 상태를 유지한다. 1장에서 언급했듯이 똑같은 실험을 반복하면 언제나 똑같은 결과를 얻는다.

수직 방향으로 반복해서 스핀을 측정하는 것이 아니라 처음에는 수직 방향으로, 다음에는 수평 방향으로 스핀을 측정하는 경우를 보자. 처음에 수직 방향으로 측정했더니 0° 방향으로 스핀이 N이었다고 가정하자. 그러면 상태 벡터는 |↑⟩이다. 이번에는 수평 방향으로 스핀을 측정해야 하므로 수평 방향에 해당하는 정규직교 기저로 이 벡터를 나타내야 한다. 이것은 |↑⟩ = x_1|→⟩ + x_2|←⟩를 만족하는 x_1과 x_2의 값을 구해야 한다는 뜻이다. 우리는 이미 방법을 알고 있다. 2장 후반에 소개된 도구 상자 중에서 두 번째 도구가 바로 그것이다.

먼저, 정규직교 기저를 이루는 켓을 나란히 둬서 행렬 A를 만든다.

$$A = \left[|\rightarrow\rangle \, |\leftarrow\rangle \right] = \begin{bmatrix} \dfrac{1}{\sqrt{2}} & \dfrac{1}{\sqrt{2}} \\ \dfrac{-1}{\sqrt{2}} & \dfrac{1}{\sqrt{2}} \end{bmatrix}$$

다음으로, 새로운 기저에 대한 확률 진폭을 얻기 위해 $A^T |\uparrow\rangle$를 계산한다.

$$A^T |\uparrow\rangle = \begin{bmatrix} \dfrac{1}{\sqrt{2}} & \dfrac{-1}{\sqrt{2}} \\ \dfrac{1}{\sqrt{2}} & \dfrac{1}{\sqrt{2}} \end{bmatrix} \begin{bmatrix} 1 \\ 0 \end{bmatrix} = \begin{bmatrix} \dfrac{1}{\sqrt{2}} \\ \dfrac{1}{\sqrt{2}} \end{bmatrix}$$

$|\uparrow\rangle = \frac{1}{\sqrt{2}}|\rightarrow\rangle + \frac{1}{\sqrt{2}}|\leftarrow\rangle$ 임을 알 수 있다.

수평 방향으로 측정을 하면, 상태는 $\left(\frac{1}{\sqrt{2}}\right)^2 = \frac{1}{2}$ 의 확률로 $|\rightarrow\rangle$ 으로 되거나 $\left(\frac{1}{\sqrt{2}}\right)^2 = \frac{1}{2}$ 의 확률로 $|\leftarrow\rangle$ 으로 된다. 따라서 전자가 90° 방향으로 스핀 N을 가질 확률이 90° 방향으로 스핀 S를 가질 확률과 같다. 둘 다 확률이 1/2이기 때문이다.

이 계산을 할 때 행렬 A를 계산할 필요가 없었다는 점에 주목하자. 우리가 사용한 행렬은 A^T이다. A^T는 정규직교 기저에 해당하는 브라들을 배열해서 얻을 수 있다. 물론, 순서는 반드시 지켜야 한다. 켓의 왼쪽에서 오른쪽으로 향하는 순서는 브라의 위에서 아래로 향하는 순서에 해당하므로, 기저의 첫 번째 요소는 최상위 브라가 된다.

1장의 실험에서 스핀은 3번 측정됐다. 첫 번째와 세 번째는 수직 방향, 두 번째는 수평 방향이었다. 지금부터 세 번째 측정을 나타내는 수학적 모델을 알아보자. 두 번째 측정을 수행한 후, 전자의 상태 벡터는 $|\rightarrow\rangle$ 혹은 $|\leftarrow\rangle$ 중 하나다. 이 상황에서 수직 방향으로 측정할 것이므로, 수직 정규직교 기저들의 선형 조합으로서 나타낼 필요가 있다. 따라서 $|\rightarrow\rangle = \frac{1}{\sqrt{2}}|\uparrow\rangle - \frac{1}{\sqrt{2}}|\downarrow\rangle$ 이고 $|\leftarrow\rangle = \frac{1}{\sqrt{2}}|\uparrow\rangle + \frac{1}{\sqrt{2}}|\downarrow\rangle$ 이다. 어느 경우든 수직 방향으로 스핀을 측정할 때 상태 벡터는 $|\uparrow\rangle$ 또는 $|\downarrow\rangle$ 으로 바뀌며 확률은 각각 1/2이다.

동치 상태 벡터

우리에게 주어진 여러 전자의 스핀이 $|\uparrow\rangle$ 또는 $-|\uparrow\rangle$ 이라고 하자. 두 경우를 구별할 수 있을까? 즉, 이 둘을 구분하는 측정을 수행할 수 있을까? 이 질문에 대한 답은 '아니오'이다.

이유를 알기 위해서 어느 방향으로 스핀을 측정할지 선택해야 한다고 하자. 이것은 순서 정규직교 기저를 선택하는 것에 해당한다. 이 기저를 $(|b_1\rangle, |b_2\rangle)$으로 나타내자.

전자의 상태가 $|\uparrow\rangle$ 라고 하면 $|\uparrow\rangle = a|b_1\rangle + b|b_2\rangle$ 을 만족하는 a와 b의 값을 구해야 한다. 측정을 수행했을 때 스핀이 N일 확률은 a^2이고 스핀이 S일 확률은 b^2일 것이다.

또, 전자의 상태가 $-|\uparrow\rangle$ 라고 하면 똑같은 a와 b의 값에 대해 $-|\uparrow\rangle = -a|b_1\rangle -$

$b|b_2\rangle$이므로, 측정을 수행했을 때 스핀이 N일 확률은 $(-a)^2 = a^2$이고 스핀이 S일 확률은 $(-b)^2 = b^2$일 것이다.

두 경우에 확률이 똑같으므로, $|\uparrow\rangle$ 상태 벡터를 갖는 전자와 $-|\uparrow\rangle$ 상태 벡터를 갖는 전자를 구별할 수 있는 측정은 존재하지 않는다.

마찬가지로, 상태가 $|v\rangle$인 전자와 $-|v\rangle$인 전자는 서로 구별할 수 없다. 이렇게 구별되지 않는 상태들은 서로 동치^{equivalent} 관계에 있는 것으로 취급된다. 따라서 전자가 $|v\rangle$ 스핀을 갖는다는 것은 이 전자가 $-|v\rangle$ 스핀을 갖는다는 것과 똑같은 말이다.

이 사실을 더 잘 보여주는 예제로서 다음과 같이 4개의 켓이 있다고 하자.

$$\frac{1}{\sqrt{2}}|\uparrow\rangle + \frac{1}{\sqrt{2}}|\downarrow\rangle \quad -\frac{1}{\sqrt{2}}|\uparrow\rangle - \frac{1}{\sqrt{2}}|\downarrow\rangle \quad \frac{1}{\sqrt{2}}|\uparrow\rangle - \frac{1}{\sqrt{2}}|\downarrow\rangle \quad -\frac{1}{\sqrt{2}}|\uparrow\rangle + \frac{1}{\sqrt{2}}|\downarrow\rangle$$

조금 전에 배웠듯이 $\frac{1}{\sqrt{2}}|\uparrow\rangle + \frac{1}{\sqrt{2}}|\downarrow\rangle$와 $-\frac{1}{\sqrt{2}}|\uparrow\rangle - \frac{1}{\sqrt{2}}|\downarrow\rangle$는 동치 벡터이고 $\frac{1}{\sqrt{2}}|\uparrow\rangle - \frac{1}{\sqrt{2}}|\downarrow\rangle$와 $-\frac{1}{\sqrt{2}}|\uparrow\rangle + \frac{1}{\sqrt{2}}|\downarrow\rangle$는 동치 벡터다. 따라서 이 4개의 켓은 2개의 상태를 나타낸다. 그런데 $\frac{1}{\sqrt{2}}|\uparrow\rangle + \frac{1}{\sqrt{2}}|\downarrow\rangle$와 $\frac{1}{\sqrt{2}}|\uparrow\rangle - \frac{1}{\sqrt{2}}|\downarrow\rangle$는 어떨까? 이 2개는 동일 상태를 나타낼까, 아니면 구별될 수 있을까?

여기서 조심해야 한다. 스핀 측정 방향이 수직 방향이면 이 2개의 켓은 구별될 수 없다. 두 경우 모두 1/2 확률로 $|\uparrow\rangle$ 또는 $|\downarrow\rangle$이 되기 때문이다. 그런데 우리는 $\frac{1}{\sqrt{2}}|\uparrow\rangle + \frac{1}{\sqrt{2}}|\downarrow\rangle = |\leftarrow\rangle$이고 $\frac{1}{\sqrt{2}}|\uparrow\rangle - \frac{1}{\sqrt{2}}|\downarrow\rangle = |\rightarrow\rangle$인 것을 알고 있다. 따라서 $90°$ 방향을 선택한 경우는 첫 번째 켓에 대해서는 S를, 두 번째 켓에 대해서는 N을 얻게 된다. 이렇게 기저를 선택한 경우는 서로 구별되기 때문에 동치 관계가 아니다.

그렇다면 측정 방향에 대한 기저는 어떻게 선택되는 걸까? 지금까지 수직 방향(0°) 측정 시의 기저는 $\left(\begin{bmatrix} 1 \\ 0 \end{bmatrix}, \begin{bmatrix} 0 \\ 1 \end{bmatrix} \right)$이고 수평 방향(90°) 측정 시의 기저는 $\left(\begin{bmatrix} \frac{1}{\sqrt{2}} \\ \frac{-1}{\sqrt{2}} \end{bmatrix}, \begin{bmatrix} \frac{1}{\sqrt{2}} \\ \frac{1}{\sqrt{2}} \end{bmatrix} \right)$인 것은 배웠다.

하지만 이 기저들은 어디서 비롯된 것일까? 나중에 벨의 정리를 배울 때는 120° 및 240°일 때의 기저가 필요하다. 이 기저들은 무엇일까? 다음 절에서 답을 알아보자.

특정 스핀 방향의 기저

최초에 수직 방향인 측정 장치를 시계 방향으로 회전한다고 하자. 이미 배웠듯이 측정 장치가 90° 회전했다면 수평 방향으로 측정하는 것이고, 장치가 180° 회전했다면 수직 방향으로 다시 측정하는 것이다. 0° 방향으로 스핀이 N인 전자는 180° 방향으로는 스핀이 S이고, 0° 방향으로 스핀이 S인 전자는 180° 방향으로는 스핀이 N이다. 자석이 어떤 방향으로 N극을 갖고 있다는 말은 그 반대 방향으로 S극을 갖고 있다는 말과 같다. 따라서 장치를 회전시킬 때 0°와 180°까지만 고려해도 모든 방향을 포함할 수 있다.

이번에는 기저를 생각해보자. 표준 기저 $\left(\begin{bmatrix} 1 \\ 0 \end{bmatrix}, \begin{bmatrix} 0 \\ 1 \end{bmatrix} \right)$ 를 논의의 시작점으로 한다. 이 기저는 그림 3.1과 같이 2개의 벡터로 그릴 수 있다.

이제 이 벡터들을 회전시킨다. α°만큼 회전시켰을 때의 모습을 그림 3.2에서 볼 수 있다. 벡터 $\begin{bmatrix} 1 \\ 0 \end{bmatrix}$ 은 $\begin{bmatrix} \cos(\alpha) \\ -\sin(\alpha) \end{bmatrix}$ 으로 되고 $\begin{bmatrix} 0 \\ 1 \end{bmatrix}$ 은 $\begin{bmatrix} \sin(\alpha) \\ \cos(\alpha) \end{bmatrix}$ 으로 된 것을 볼 수 있다.

따라서 α°만큼 회전하면, 최초의 순서 정규직교 기저 $\left(\begin{bmatrix} 1 \\ 0 \end{bmatrix}, \begin{bmatrix} 0 \\ 1 \end{bmatrix} \right)$ 는 $\left(\begin{bmatrix} \cos(\alpha) \\ -\sin(\alpha) \end{bmatrix}, \begin{bmatrix} \sin(\alpha) \\ \cos(\alpha) \end{bmatrix} \right)$ 로 된다.

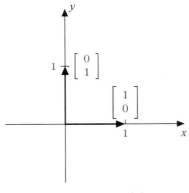

그림 3.1 표준 기저

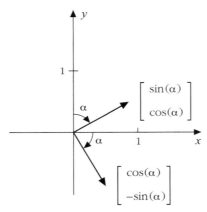

그림 3.2 $\alpha°$만큼 회전한 표준 기저

90°만큼 회전했다면 $\left(\begin{bmatrix} \cos(90°) \\ -\sin(90°) \end{bmatrix}, \begin{bmatrix} \sin(90°) \\ \cos(90°) \end{bmatrix} \right)$이므로 $\left(\begin{bmatrix} 0 \\ -1 \end{bmatrix}, \begin{bmatrix} 1 \\ 0 \end{bmatrix} \right)$로 쓸 수 있다. 앞서 배웠듯이 $\begin{bmatrix} 0 \\ -1 \end{bmatrix}$와 $\begin{bmatrix} 0 \\ 1 \end{bmatrix}$는 동치이므로 90° 회전하면 원래와 동치인 기저로 돌아온다는 것을 알 수 있다. 단, 기저 원소들의 순서는 바뀐다(*N*과 *S*가 서로 바뀐다).

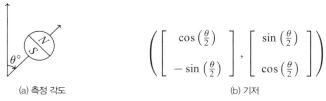

(a) 측정 각도　　　　　　(b) 기저

그림 3.3 측정 장치를 $\theta°$만큼 회전

θ는 측정 장치의 회전 각도이고, α는 기저 벡터의 회전 각도라고 하자. θ의 범위가 $0°{\sim}180°$이면 모든 방향을 나타낼 수 있고, α의 범위가 $0°{\sim}90°$이면 기저의 회전을 모두 나타낼 수 있다. $\theta = 180°$ 또는 $\alpha = 90°$에 도달하면, $0°$ 방향으로 측정된 N과 S는 서로 바뀐다.

따라서 자연스럽게 $\theta = 2\alpha$로 정의할 수 있다. 그러면 θ만큼 측정 장치를 회전한 경우의 기저는 $\left(\begin{bmatrix} \cos(\theta/2) \\ -\sin(\theta/2) \end{bmatrix}, \begin{bmatrix} \sin(\theta/2) \\ \cos(\theta/2) \end{bmatrix} \right)$이다. 그림 3.3에서 이를 확인할 수 있다.

60°만큼 장치 회전

60°만큼 측정 장치를 회전할 때를 예로 들어보자. 처음에 스핀을 측정했더니 전자가 $0°$ 방향의 스핀 N을 갖는다고 측정됐다. $60°$ 회전한 장치를 사용해 이 전자를 다시 측정하려고 한다. 결과가 N으로 나올 확률은 얼마일까?

$60°$ 회전한 장치의 기저는 $\left(\begin{bmatrix} \cos(30°) \\ -\sin(30°) \end{bmatrix}, \begin{bmatrix} \sin(30°) \\ \cos(30°) \end{bmatrix} \right)$이다. 이는 $\left(\begin{bmatrix} \sqrt{3}/2 \\ -1/2 \end{bmatrix}, \begin{bmatrix} 1/2 \\ \sqrt{3}/2 \end{bmatrix} \right)$와 같다.

처음에 전자가 $0°$ 방향 스핀 N을 갖는다고 측정됐으므로, 최초 측정 후의 상태 벡터는 $\begin{bmatrix} 1 \\ 0 \end{bmatrix}$이었다. 이제, 이 상태 벡터를 새로운 기저 벡터들의 선형 조합으로 표현해야 한다. 새로운 기저에 대한 상대 좌표를 얻기 위해서 상태 벡터의 왼쪽에 기저의 브라로 이뤄진 행렬을 곱할 수 있다. 식으로 나타내면

$$\begin{bmatrix} \sqrt{3}/2 & -1/2 \\ 1/2 & \sqrt{3}/2 \end{bmatrix} \begin{bmatrix} 1 \\ 0 \end{bmatrix} = \begin{bmatrix} \sqrt{3}/2 \\ 1/2 \end{bmatrix}$$

다음과 같이 된다.

$$\begin{bmatrix} 1 \\ 0 \end{bmatrix} = \sqrt{3}/2 \begin{bmatrix} \sqrt{3}/2 \\ -1/2 \end{bmatrix} + 1/2 \begin{bmatrix} 1/2 \\ \sqrt{3}/2 \end{bmatrix}$$

그러므로 $60°$ 방향으로 측정할 때 N을 얻을 확률은 $\left(\sqrt{3}/2 \right)^2 = 3/4$이다.

광자 편광을 위한 수학 모델

이 책의 대부분은 전자 스핀의 측정을 집중적으로 다루지만, 1장에서 모든 내용을 광자 편광의 관점으로도 바꿔 쓸 수 있다고 언급한 바 있다. 지금부터 잠시 전자 스핀과 광자 편광의 유사성을 설명하고, 편광의 수학적 모델을 알아보자.

우선, 수직 방향의 편광 필터(수직으로 편광된 광자를 통과시키는 필터)는 $0°$에 해당한다고 하자. 수평으로 편광된 광자는 이 필터에 흡수될 것이다. 전자 스핀과 마찬가지로 표준 기저 $\left(\begin{bmatrix} 1 \\ 0 \end{bmatrix}, \begin{bmatrix} 0 \\ 1 \end{bmatrix} \right)$를 $0°$에 대한 기저라고 하면, 벡터 $\begin{bmatrix} 1 \\ 0 \end{bmatrix}$은 수직으로 편광된 광자, 벡터 $\begin{bmatrix} 0 \\ 1 \end{bmatrix}$은 수평으로 편광된 광자에 대응한다.

이제 필터를 $\beta°$만큼 회전시킬 것이다. 그러면 필터는 $\beta°$로 편광된 광자를 통과시키고, $\beta°$에 수직으로 편광된 광자는 차단할 것이다.

수학적 모델은 전자 스핀의 수학적 모델을 그대로 따른다. 각각의 방향에 대해 그 방향의 편광 측정과 관련되는 순서 정규직교 기저 $(|b_1\rangle, |b_2\rangle)$가 존재한다. 켓 $|b_1\rangle$은 주어진 방향으로 편광된 (즉, 필터를 통과하는) 광자에 해당하고, 켓 $|b_2\rangle$은 주어진 방향에 수직으로 편광된 (즉, 필터에 의해 흡수되는) 광자에 해당한다.

광자는 켓 $|v\rangle$으로 주어지는 편광 상태를 갖는다. 편광 상태는 다음과 같이 기저 벡터들의 선형 조합으로 쓸 수 있다.

$$|v\rangle = d_1|b_1\rangle + d_2|b_2\rangle$$

순서 기저의 방향으로 편광을 측정하면, 광자는 d_1^2 확률로 그 방향으로 편광되고 d_2^2 확률로 그와 수직인 방향으로 편광된다. 즉, 광자가 필터를 통과할 확률은 d_1^2이고 필터에 흡수될 확률은 d_2^2이다.

측정 결과, 광자가 주어진 방향으로 편광됐다면(즉, 광자가 필터를 통과했다면), 광자의 상태는 $|b_1\rangle$이 된다.

특정 편광 방향의 기저

앞서 배웠듯이 표준 기저 $\left(\begin{bmatrix} 1 \\ 0 \end{bmatrix}, \begin{bmatrix} 0 \\ 1 \end{bmatrix}\right)$를 $\alpha°$만큼 회전하면 새로운 정규직교 기저 $\left(\begin{bmatrix} \cos(\alpha) \\ -\sin(\alpha) \end{bmatrix}, \begin{bmatrix} \sin(\alpha) \\ \cos(\alpha) \end{bmatrix}\right)$가 된다. $90°$ 회전은 기저 요소의 순서가 바뀐다는 점을 제외하면 원래 기저로 돌아간다는 것도 배웠다.

이제 $\beta°$만큼 편광 필터를 회전시킨다고 생각해보자. β가 $0°$일 때 우리는 수직 방향과 수평 방향으로 측정을 수행하고, 수직 편광된 광자는 필터를 통과하고 수평 편광된 광자는 필터에 흡수된다. β가 $90°$가 됐을 때도 수직 방향과 수평 방향으로 측정을 수행하며 이번에는 수직 편광된 광자가 필터에 흡수되고 수평 편광된 광자는 필터를 통과한다. 이 경우 $\beta = 90°$는 $\alpha = 90°$에 대응되며, 일반적으로 $\alpha = \beta$라고 할 수 있다.

결론적으로 $\beta°$만큼 편광 필터를 회전시키는 경우의 순서 정규직교 기저는 $\left(\begin{bmatrix} \cos(\beta) \\ -\sin(\beta) \end{bmatrix}, \begin{bmatrix} \sin(\beta) \\ \cos(\beta) \end{bmatrix}\right)$이다.

편광 필터 실험

지금까지 배운 수학적 모델을 사용해 1장에서 살펴본 실험을 기술해보자.

첫 번째 실험은 2개의 정방형 편광 필름을 사용했다. 하나는 0° 방향에서 편광을 측정하고, 다른 하나는 90° 방향에서 편광을 측정한다. 그림 3.4와 같이 두 필름이 겹치는 영역은 빛이 통과할 수 없다.

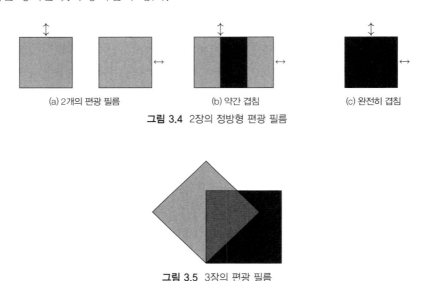

(a) 2개의 편광 필름   (b) 약간 겹침   (c) 완전히 겹침

그림 3.4 2장의 정방형 편광 필름

그림 3.5 3장의 편광 필름

0°일 때의 기저는 표준 정규직교 기저로서 요소의 순서가 바뀐다는 점을 제외하면 90°일 때의 기저와 같다. 첫 번째 필터를 통과한 광자는 수직 편광된 것으로 이미 측정됐으므로 상태는 $\begin{bmatrix} 1 \\ 0 \end{bmatrix}$이다. 이제 이 광자를 두 번째 필터로 측정한다. 이 필터는 상태 벡터 $\begin{bmatrix} 0 \\ 1 \end{bmatrix}$인 광자를 통과시키고 상태 벡터 $\begin{bmatrix} 1 \\ 0 \end{bmatrix}$인 광자는 흡수한다. 따라서 첫 번째 필터를 통과한 광자는 두 번째 필터에서 흡수된다.

3장의 필터를 사용하는 실험의 경우, 그중에서 2장의 배치는 앞 단락과 동일하다. 그렇지만 45° 회전된 세 번째 필름이 2장의 필름 사이로 삽입된다. 이때 빛이 3개의 필름이 겹치는 영역을 통과하는 것을 볼 수 있는데, 그림 3.5에 묘사돼 있다.

이 3장의 필터에 대한 순서 기저는 각각 다음과 같다.

$$\left(\begin{bmatrix} 1 \\ 0 \end{bmatrix}, \begin{bmatrix} 0 \\ 1 \end{bmatrix} \right), \left(\begin{bmatrix} \dfrac{1}{\sqrt{2}} \\ \dfrac{-1}{\sqrt{2}} \end{bmatrix}, \begin{bmatrix} \dfrac{1}{\sqrt{2}} \\ \dfrac{1}{\sqrt{2}} \end{bmatrix} \right), \left(\begin{bmatrix} 0 \\ 1 \end{bmatrix}, \begin{bmatrix} 1 \\ 0 \end{bmatrix} \right)$$

3장의 필터를 모두 통과하는 광자는 3번 측정된다. 첫 번째 필터를 통과하는 광자의 상태는 $\begin{bmatrix} 1 \\ 0 \end{bmatrix}$이다.

두 번째 측정은 45° 회전한 필터를 통과하는 것에 해당한다. 따라서 적절한 기저를 사용해 광자의 상태를 다시 쓸 필요가 있다.

$$\begin{bmatrix} 1 \\ 0 \end{bmatrix} = \frac{1}{\sqrt{2}} \begin{bmatrix} \dfrac{1}{\sqrt{2}} \\ \dfrac{-1}{\sqrt{2}} \end{bmatrix} + \frac{1}{\sqrt{2}} \begin{bmatrix} \dfrac{1}{\sqrt{2}} \\ \dfrac{1}{\sqrt{2}} \end{bmatrix}$$

첫 번째 필터를 통과한 광자가 두 번째 필터를 통과할 확률은 $\left(\dfrac{1}{\sqrt{2}} \right)^2 = \dfrac{1}{2}$이다. 따라서 첫 번째 필터를 통과하는 광자의 절반이 두 번째 필터를 통과한다. 그리고 이 광자들의 상태는 $\begin{bmatrix} \dfrac{1}{\sqrt{2}} \\ \dfrac{-1}{\sqrt{2}} \end{bmatrix}$이다.

세 번째 필터는 세 번째 기저를 사용해 측정을 수행하는 것에 해당한다. 이 기저를 사용해 광자의 상태를 다시 쓰면 다음과 같다.

$$\begin{bmatrix} \dfrac{1}{\sqrt{2}} \\ \dfrac{-1}{\sqrt{2}} \end{bmatrix} = \frac{-1}{\sqrt{2}} \begin{bmatrix} 0 \\ 1 \end{bmatrix} + \frac{1}{\sqrt{2}} \begin{bmatrix} 1 \\ 0 \end{bmatrix}$$

세 번째 필터는 상태 $\begin{bmatrix} 0 \\ 1 \end{bmatrix}$인 광자를 통과시키고, 그 확률은 $\left(\dfrac{1}{\sqrt{2}} \right)^2 = \dfrac{1}{2}$이다. 따라서 처음 2개의 필터를 통과한 광자의 절반이 세 번째 필터를 통과한다.

지금까지 전자 스핀의 수학적 모델과 광자 편광의 수학적 모델이 어떤 관계를 갖는지 배웠다. 이 모델은 큐비트를 나타나는 데 꼭 필요한 것이기도 하다.

큐비트

고전적인 비트는 0 또는 1이다. 2개의 상호 배타적인 상태를 갖는 무엇이든 비트를 표현할 수 있다. 가장 흔한 예는 On/Off 위치를 갖는 스위치일 것이다. 고전적인 컴퓨터 과학에서 비트 측정 행위는 관심의 대상이 아니다. 비트는 비트일 뿐이다. 0이거나 1이며, 그게 전부다. 그러나 큐비트의 경우에는 상황이 더 복잡하다. 측정 행위가 수학적 모델의 핵심적인 부분이기 때문이다.

우리는 **큐비트**를 $\mathbb{R}^2$ 공간 내에서의 임의의 단위 켓이라고 정의한다. 일반적으로 큐비트가 주어지면 당연히 그것을 측정하고 싶을 것이다. 측정하려면 측정 방향도 고려해야 하므로, 순서 정규직교 기저 ($|b_0\rangle$, $|b_1\rangle$)를 도입해야 한다. 큐비트는 기저 벡터들의 선형 조합(선형 중첩linear superposition이라고도 부른다)으로 표현될 수 있으며, 일반적으로 $d_0|b_0\rangle + d_1|b_1\rangle$의 형태를 갖는다. 측정이 되고 나면 큐비트의 상태는 $|b_0\rangle$ 혹은 $|b_1\rangle$ 중 하나로 바뀌며, $|b_0\rangle$이 될 확률은 d_0^2이고, $|b_1\rangle$이 될 확률은 d_1^2이다. 이것은 지금까지 우리가 봤던 수학적 모델과 똑같다. 다만 이번에는 고전적인 비트 0과 1이 기저 벡터와 연결된다. $|b_0\rangle$는 비트 0, $|b_1\rangle$는 비트 1이라고 보는 것이다. 따라서 큐비트 $d_0|b_0 + d_1|b_1\rangle$을 측정하면, d_0^2 확률로 0이 얻어지고 d_1^2 확률로 1을 얻는다.

큐비트는 임의의 단위 켓이고 세상에는 무한히 많은 단위 켓이 존재하므로 큐비트가 가질 수 있는 값은 무한히 많다. 이것은 단 2개의 비트만 존재하는 고전적 컴퓨팅과 매우 다르다. 하지만 큐비트로부터 정보를 얻기 위해서는 큐비트를 측정해야 한다는 점을 잊어서는 안 된다. 큐비트를 측정하면 0 또는 1을 얻게 되므로, 최종 결과는 고전적인 비트가 된다.

앨리스, 밥, 이브라는 가상의 인물을 사용하는 예제를 살펴보자.

앨리스, 밥, 이브

앨리스Alice, 밥Bob, 이브Eve는 암호학에서 자주 쓰는 이름이다. 앨리스는 밥에게 비밀 메시지를 보내고자 한다. 그런데 이브가 악의적인 의도를 갖고 이를 도청하려고 한다. 밥은 메시지를 읽을 수 있고 이브는 메시지를 읽을 수 없게 하려면, 앨리스는 메시지를 어떻게 암호화해야 할까? 이 질문은 암호학의 핵심 목표이기도 하다. 나중에 이 문제를 자세히 살펴보겠지만, 일단 지금은 앨리스가 밥에게 큐비트의 스트림을 보내는 방법에 집중하자.

앨리스는 자신의 정규직교 기저 ($|a_0\rangle$, $|a_1\rangle$)를 사용해 큐비트를 측정한다. 그리고 밥은 앨리스가 보낸 큐비트를 자신의 정규직교 기저 ($|b_0\rangle$, $|b_1\rangle$)를 사용해 측정한다.

앨리스가 0을 보내려 한다고 하자. 앨리스는 자신의 측정 장치를 사용해 큐비트들을 상태 $|a_0\rangle$ 또는 $|a_1\rangle$으로 정렬할 수 있다. 0을 보내려 하므로 앨리스는 상태 $|a_0\rangle$인 큐비트를 보낸다. 밥은 자신의 순서 기저를 사용해 측정하므로, 계산을 수행하기 위해서는 $|a_0\rangle$을 밥의 기저 벡터들의 선형 조합으로 나타내야 한다. 따라서 $|a_0\rangle = d_0|b_0 + d_1|b_1\rangle$ 형태로 쓸 수 있다. 밥이 큐비트를 측정하면, 큐비트는 d_0^2의 확률로 상태 $|b_0\rangle$으로 되거나(밥은 0을 얻는다), d_1^2의 확률로 상태 $|b_1\rangle$으로 된다(밥은 1을 얻는다).

왜 밥과 앨리스가 같은 기저를 사용하지 않느냐고 질문할 수 있다. 그렇게 하면 밥은 앨리스가 0을 보낼 때 확실하게 0을 받고, 앨리스가 1을 보낼 때 확실하게 1을 받을 텐데 말이다. 이 말은 맞지만, 문제는 이브가 중간에서 가로채기를 하려 한다는 점이다. 이브도 같은 기저를 선택하면, 이브는 밥과 같은 메시지를 받게 된다. 이브의 도청을 막기 위해서 앨리스와 밥이 서로 다른 기저를 선택하는 것은 충분한 이유가 있음을 나중에 배울 것이다.

앨리스와 밥이 기저 $\left(\begin{bmatrix} 1 \\ 0 \end{bmatrix}, \begin{bmatrix} 0 \\ 1 \end{bmatrix} \right)$ 또는 $\left(\begin{bmatrix} \dfrac{1}{\sqrt{2}} \\ \dfrac{-1}{\sqrt{2}} \end{bmatrix}, \begin{bmatrix} \dfrac{1}{\sqrt{2}} \\ \dfrac{1}{\sqrt{2}} \end{bmatrix} \right)$ 를 사용해 자신들의 큐비트

를 측정하기로 했다고 하자. 예전에 수직 및 수평 방향의 스핀을 계산했을 때와 똑같이 계산할 수 있다. 다른 점은 N, S 대신에 0, 1을 사용하는 것이다. 앨리스와 밥이 동일한 기저를 사용하는 경우에만 밥은 앨리스가 의도했던 비트를 받게 된다. 서로 다른 기저를 사용하면 밥은 절반의 경우는 앨리스가 의도한 비트를 받고, 나머지 절반의 경우는 틀린 비트를 받게 된다. 그렇다면 무슨 쓸모가 있을까 싶겠지만, 3장 뒷부분에서 앨리스와 밥이 서로 다른 2개의 기저를 사용하면서도 안전한 통신을 주고받는 방법을 배운다.

지금부터 여러 장에 걸쳐서 앨리스와 밥이 3개의 기저 중 하나를 무작위로 각각 선택할 것이다. 이 3개의 기저는 전자 스핀을 0°, 120°, 240° 방향으로 측정하는 것에 해당한다. 모든 경우를 분석해야 하겠지만, 일단 지금은 앨리스가 240°, 밥이 120° 방향으로 측정하는 경우만 알아보자.

우리는 θ 방향의 정규직교 기저가 $\left(\begin{bmatrix} \cos(\theta/2) \\ -\sin(\theta/2) \end{bmatrix}, \begin{bmatrix} \sin(\theta/2) \\ \cos(\theta/2) \end{bmatrix} \right)$ 임을 알고 있다.

따라서, 앨리스의 기저는 $\left(\begin{bmatrix} -1/2 \\ -\sqrt{3}/2 \end{bmatrix}, \begin{bmatrix} \sqrt{3}/2 \\ -1/2 \end{bmatrix} \right)$ 이고, 밥의 기저는 $\left(\begin{bmatrix} 1/2 \\ -\sqrt{3}/2 \end{bmatrix}, \right.$

$\left. \begin{bmatrix} \sqrt{3}/2 \\ 1/2 \end{bmatrix} \right)$ 이다. 켓에 -1을 곱해도 동치이므로, 앨리스의 기저를 $\left(\begin{bmatrix} 1/2 \\ \sqrt{3}/2 \end{bmatrix}, \begin{bmatrix} \sqrt{3}/2 \\ -1/2 \end{bmatrix} \right)$

으로 쓸 수 있다. 이 기저가 60° 방향의 기저(단, 벡터의 순서가 바뀌어 있다)와 같다는 점에 주목하자. 이는 놀랄 일이 아니다. 오히려 예상대로다. 240° 방향으로 N을 측정하는 것은 60° 방향으로 S를 측정하는 것과 같기 때문이다.

앨리스는 0을 보내고 싶으면 큐비트 $\begin{bmatrix} 1/2 \\ \sqrt{3}/2 \end{bmatrix}$ 을 보낸다. 밥의 측정 결과를 계산하기 위해서 이것을 밥의 기저 벡터들의 선형 중첩으로 나타내야 하는데, 밥의 기저 벡터의 브라들로 이뤄진 행렬을 만들고 이 행렬과 큐비트를 곱해서 확률 진폭을 구할 수 있다.

$$\begin{bmatrix} 1/2 & -\sqrt{3}/2 \\ \sqrt{3}/2 & 1/2 \end{bmatrix} \begin{bmatrix} 1/2 \\ \sqrt{3}/2 \end{bmatrix} = \begin{bmatrix} -1/2 \\ \sqrt{3}/2 \end{bmatrix}$$

따라서 다음과 같이 된다.

$$\begin{bmatrix} 1/2 \\ \sqrt{3}/2 \end{bmatrix} = -1/2 \begin{bmatrix} 1/2 \\ -\sqrt{3}/2 \end{bmatrix} + \sqrt{3}/2 \begin{bmatrix} \sqrt{3}/2 \\ 1/2 \end{bmatrix}$$

이것은 밥이 이 큐비트를 측정할 때 1/4의 확률로 0을 얻고, 3/4의 확률로 1을 얻는다는 것을 의미한다. 비슷한 계산을 통해 앨리스가 1을 보내면 밥은 1/4의 확률로 1을 얻고, 3/4의 확률로 0을 얻는다는 것도 알 수 있다.

앨리스와 밥이 3개의 기저 중 하나를 선택하되, 3번째 기저가 표준 기저이고 앨리스와 밥이 나머지 2개 중에서 하나씩 사용한다면, 밥은 언제나 1/4의 확률로 정확한 비트를 얻게 된다. 그 이유는 연습 문제로, 여러분이 직접 계산해보자.

확률 진폭과 간섭

돌을 연못에 던지면 물에 닿은 곳을 중심으로 파동이 바깥으로 퍼져나간다. 2개의 돌을 던지면 한쪽 돌에서 퍼지는 파동과 다른 돌에서 퍼지는 파동 간에 간섭이 일어난다. 두 파동의 위상이 같으면 (즉, 파동의 마루peak 또는 골trough이 일치하면) 보강 간섭이 일어나고, 결과 파동의 진폭이 커진다. 반면 두 파도의 위상이 반대면 (즉, 한 파동의 마루가 다른 파동의 골과 만나면) 상쇄 간섭이 일어나고 결과 파동의 진폭은 줄어든다.

큐비트는 $d_0|b_0\rangle + d_1|b_1\rangle$의 형태를 갖는다. 여기서 d_0과 d_1은 확률 진폭이다. 이 숫자들의 제곱은 큐비트가 해당 기저 벡터로 바뀔 확률을 나타낸다. 확률은 음수일 수 없지만, 확률 진폭은 음수일 수 있다. 그래서 보강 간섭과 상쇄 간섭 모두 가능한 것이다.

예를 들어 $|\leftarrow\rangle$와 $|\rightarrow\rangle$으로 표현되는 2개의 큐비트가 있다고 하자. 이 큐비트들을 표준 기저로 측정하면 $|\uparrow\rangle$이나 $|\downarrow\rangle$으로 바뀌며 그 확률은 각각 1/2이다. 이것을 비트로 해석한다면 0 또는 1을 같은 확률로 얻는 것이다. 이번에는 2개의 큐비트를 중첩해서 $|v\rangle = \frac{1}{\sqrt{2}}|\leftarrow\rangle + \frac{1}{\sqrt{2}}|\rightarrow\rangle$을 만든 뒤 수평 방향으로 $|v\rangle$를 측정하면, $|\leftarrow\rangle$ 또는 $|\rightarrow\rangle$를 같은 확률로 얻는다. 하지만 수직 방향으로 측정하면 확실히 0을 얻게 된다. 이유는 다음과 같다.

$$|v\rangle = \frac{1}{\sqrt{2}}|\leftarrow\rangle + \frac{1}{\sqrt{2}}|\rightarrow\rangle = \frac{1}{\sqrt{2}}\begin{bmatrix} \frac{1}{\sqrt{2}} \\ \frac{1}{\sqrt{2}} \end{bmatrix} + \frac{1}{\sqrt{2}}\begin{bmatrix} \frac{1}{\sqrt{2}} \\ \frac{-1}{\sqrt{2}} \end{bmatrix} = 1\begin{bmatrix} 1 \\ 0 \end{bmatrix} + 0\begin{bmatrix} 0 \\ 1 \end{bmatrix}$$

$|\leftarrow\rangle$와 $|\rightarrow\rangle$의 항 중에서 0이 되는 것들은 보강 간섭을 한 것이고 1이 되는 것들은 상쇄 간섭을 한 것이다.

이런 성질은 양자 알고리즘에서 중요하게 쓰인다. 선형 조합을 주의 깊게 선택함으로써 관심 있는 항만 골라서 증폭시키고 나머지 항들은 없앨 수 있기 때문이다.

1개의 큐비트로 할 수 있는 일은 별로 없다. 하지만 앨리스와 밥의 안전한 통신을 가능하게 할 수는 있다.

앨리스, 밥, 이브 그리고 BB84 프로토콜

보안성을 갖춘 메시지를 보내고 싶을 때가 많다. 인터넷 전자상거래는 보안성이 핵심이다. 메시지 암호화와 복호화의 표준 방법은 2단계를 거친다. 우선, 거래의 두 당사자는 최초에 서로 합의한 키^{key} 값을 정한다. 키는 길이가 긴 이진수 문자열이다. 거래 당사자는 이후부터 이 키를 사용해 메시지를 암호화 및 복호화한다. 이 방법의 보안성은 키에서 비롯된다. 키를 모르면 당사자 간의 메시지를 해독하는 것은 불가능하다.

앨리스와 밥은 안전하게 통신하고 싶고, 이브는 이를 도청하고 싶다고 하자. 앨리스와 밥은 키의 값을 합의하고 싶지만, 이브가 모르도록 해야 한다.

BB84 프로토콜의 이름은 이 프로토콜을 창안한 찰스 베넷$^{\text{Charles Bennett}}$과 질 브라사르$^{\text{Gilles Brassard}}$의 이름과 이 알고리즘이 발표된 해인 1984년에서 따온 것이다. 이 프로토콜은 2개의 순서 정규직교 기저를 사용한다. 하나는 수직 방향의 스핀 측정에 사용했던 $\left(\begin{bmatrix} 1 \\ 0 \end{bmatrix}, \begin{bmatrix} 0 \\ 1 \end{bmatrix} \right)$으로 V로 표기하고, 다른 하나는 수평 방향의 스핀 측정에 사용했던

$$\left(\begin{bmatrix} \dfrac{1}{\sqrt{2}} \\ \dfrac{-1}{\sqrt{2}} \end{bmatrix}, \begin{bmatrix} \dfrac{1}{\sqrt{2}} \\ \dfrac{1}{\sqrt{2}} \end{bmatrix} \right)$$

으로 H로 표기한다. 둘 다 고전적 비트 0은 순서 기저 내의 첫 번째 벡터에 해당하고 고전적 비트 1은 순서 기저 내의 두 번째 벡터에 해당한다.

먼저 앨리스는 밥에게 보내려는 키를 선택한다. 이것은 고전적 비트로 이뤄진 문자열이며, 각각의 비트마다 앨리스는 V와 H 중 하나를 무작위로, 그리고 같은 확률로 선택한다. 그런 다음 밥에게 기저 벡터로 구성된 큐비트를 보낸다. 예를 들어 0을 보내려는 경우 V를 선택했다면 $\begin{bmatrix} 1 \\ 0 \end{bmatrix}$을 보내고, H를 선택했다면 $\begin{bmatrix} \dfrac{1}{\sqrt{2}} \\ \dfrac{-1}{\sqrt{2}} \end{bmatrix}$을 보낸다. 모든

비트에 대해 똑같은 방법을 적용하며, 각 비트에 어느 기저를 사용했는지 기록한다. 따라서 키 순서열이 $4n$개의 이진수로 구성된다면, V와 H로 구성된 길이가 $4n$인 순서열이 만들어진다(n 대신 $4n$을 사용하는 이유는 나중에 설명한다. 그리고 n은 매우 큰 숫자여야 한다).

밥도 V와 H 중에서 하나를 무작위로 그리고 같은 확률로 선택한다. 또한 선택된 기저를 사용해 큐비트를 측정한다. 각각의 비트에 같은 과정을 반복하며, 어느 기저를 사용했는지 기록한다. 최종적으로 밥은 길이가 $4n$인 순서열 2개를 갖게 되는데 하나는 측정 결과인 0과 1로 이뤄진 것이고 다른 하나는 밥이 선택한 기저 V와 H로 이뤄진 것이다.

앨리스와 밥이 각 비트마다 기저를 무작위로 선택하므로, 절반의 경우는 같은 기저를 사용하고 나머지 절반의 경우는 다른 기저를 사용한다. 앨리스와 밥이 같은 기저를 선택한 경우에는 밥은 앨리스가 의도한 비트를 받고, 다른 기저를 선택한 경우에는 그중 절반의 경우는 앨리스가 의도한 비트를 받고 나머지 절반의 경우에는 잘못된 비트를 받게 된다. 따라서 서로 다른 기저를 선택한 경우에는 정보가 전송되지 않는다.

앨리스와 밥이 보안성이 없는 회선을 통해서 V와 H로 이뤄진 자신들의 순서열을 비교한다고 하자. 같은 기저를 사용했을 때의 비트는 유지하고 서로 다른 기저를 사용했을 때의 비트는 삭제한다. 따라서 이브가 메시지를 중간에서 가로채지 않았다면, 앨리스와 밥은 길이가 약 $2n$인 동일한 이진수 순서열을 갖게 된다. 이제, 앨리스와 밥은 이브가 도청하고 있었는지 확인해야 한다.

앨리스가 밥에게 보내는 큐비트를 이브가 중간에서 가로챘다면 이브는 복사본을 만든 뒤에 하나는 밥에게 보내고 나머지 하나는 자신이 측정하려 할 것이다. 하지만 불행하게도 이브에게는 이것이 불가능하다. 이브가 어떤 정보를 얻으려면 앨리스가 전송한 큐비트를 측정해야 하는데, 측정을 수행하는 순간 큐비트의 상태가 바뀌기 때문이다. 이브가 측정하는 순간 앨리스가 전송한 큐비트는 기저 벡터 중 하나가 돼 버린다. 따라서 이브가 할 수 있는 최선은 V와 H 중에서 하나를 무작위로 선택하고 큐비트를 측정한 다음 그 큐비트를 밥에게 보내는 것이다. 이렇게 하면 무슨 일이 일어날지 알아보자.

앨리스와 밥은 서로 같은 기저를 선택한 측정 결과에만 관심이 있을 것이므로 이 경우로 주의를 좁히자. 앨리스와 밥이 같은 기저를 선택했을 때, 그중 절반의 경우는 이브도 같은 것을 선택하고 나머지 절반의 경우는 다른 기저를 선택했을 것이다. 3명이 같은 기저를 선택했을 때는 3명 모두 같은 비트를 측정 결과로서 얻는다. 하지만 이브가 다른 기저를 선택한 경우에는 밥의 기저 상태들이 중첩된 큐비트를 보내게 되고, 밥은 이 큐비트를 측정해서 0이나 1을 같은 확률로 얻게 된다. 즉, 밥은 절반의 경우에만 정확한 비트를 얻는다.

이제 앨리스와 밥 그리고 길이가 $2n$이 된 비트 순서열을 살펴보자. 앨리스와 밥은 이브가 큐비트를 가로채지 않았다면 둘이 갖고 있는 문자열은 똑같을 것임을 알고 있다. 이브가 큐비트를 가로채고 있다면, 이브는 절반의 경우는 잘못된 기저를 선택할 것이므로 밥이 절반의 경우는 잘못된 비트를 갖게 된다는 것도 알고 있다. 따라서 이브가 큐비트를 가로채고 있다면, 밥의 비트 중에서 1/4은 앨리스의 비트와 같지 않다. 암호화되지 않은 회선을 통해서 앨리스와 밥은 $2n$개의 비트 중 절반을 서로 비교하고, 이 비트들이 모두 같다면 이브가 도청하지 않고 있음을 확신할 수 있으므로 나머지 n비트를 키로 사용할 수 있다. 반면 이 비트 중에서 1/4이 같지 않다면 이브가 중간에서 가로채고 있음을 알 수 있고, 앨리스와 밥은 다른 통신 수단을 찾아야 한다는 결론을 얻을 수 있다.

이것은 한 번에 1개의 큐비트를 보내는 좋은 예다. 하지만 서로 간에 상호작용하지 않는 큐비트들을 갖고 할 수 있는 일은 매우 제한적이다. 4장에서는 둘 이상의 큐비트가 주어졌을 때 무엇을 할 수 있는지 알아보자. 특히 고전적인 세계관에서는 볼 수 없지만 양자역학에서는 핵심 역할을 하는 얽힘 현상을 살펴본다.

얽힘

4장에서는 얽힘을 수학적으로 다루기 위해서 선형대수학의 개념 하나를 추가로 도입한다. 바로 텐서곱$^{tensor\ product}$이다. 먼저 상호작용이 없는 2개의 물리계^{system}를 살펴본다. 상호작용이 없으므로 다른 물리계에 대한 참조 없이 각 물리계를 연구할 수 있다. 그리고 텐서곱을 사용해 두 물리계를 결합하는 방법을 보여줄 것이다. 그런 다음 2개의 벡터 공간의 텐서곱 개념을 도입하고, 텐서곱 내의 벡터 대부분이 얽힘 상태를 나타낸다는 것을 배운다.

4장의 모든 예제에서는 2개의 큐비트가 사용되며, 앨리스와 밥이 각각 1개씩 갖고 있다. 우선 앨리스와 밥의 물리계 간에 상호작용이 없는 경우를 논의한다. 처음에는 이러한 접근법이 간단한 내용을 굳이 복잡하게 설명하는 것 아니냐고 생각할 수도 있지만, 일단 텐서곱의 관점에서 기술하는 방식에 익숙해지면 일반적인 얽힘으로 쉽게 확장할 수 있다는 장점이 있다.

그런데 4장의 접근 방법은 지금까지와는 다르다. 실제 실험을 먼저 제시하고 수학적 모델을 유도하는 것이 아니라, 기존 모델을 최대한 단순히 확장한 다음 실험의 결과가 모델의 예측과 일치하는지 확인한다. 모델이 실험 결과를 정확히 예측하는 것을 보게 되는데, 그 결론은 매우 놀랍다.

앨리스와 밥의 큐비트가 서로 얽혀 있지 않은 경우

앨리스는 정규직교 기저 ($|a_0\rangle$, $|a_1\rangle$)를 사용하고 밥은 정규직교 기저 ($|b_0\rangle$, $|b_1\rangle$)를 사용해 측정한다고 하자. 그러면 앨리스의 큐비트는 $|v\rangle = c_0|a_0\rangle + c_1|a_1\rangle$, 밥은 $|w\rangle = d_0|b_0\rangle + d_1|b_1\rangle$이다. 텐서곱이라고 하는 새로운 유형의 곱을 사용해 이 2개의 상태 벡터를 결합할 수 있다. 이 새로운 벡터는 $|v\rangle \otimes |w\rangle$으로 표기된다.

$|v\rangle \otimes |w\rangle = (c_0|a_0\rangle + c_1|a_1\rangle) \otimes (d_0|b_0\rangle + d_1|b_1\rangle)$이다. 이 새로운 곱을 사용해 어떻게 두 항을 곱할 수 있을까? 최대한 자연스럽게 해보자. $(a+b)(c+d)$를 전개할 때처럼 하는 것이다. 따라서 다음과 같이 쓸 수 있다.

$$(c_0|a_0\rangle + c_1|a_1\rangle) \otimes (d_0|b_0\rangle + d_1|b_1\rangle)$$
$$= c_0 d_0 |a_0\rangle \otimes |b_0\rangle + c_0 d_1 |a_0\rangle \otimes |b_1\rangle + c_1 d_0 |a_1\rangle \otimes |b_0\rangle + c_1 d_1 |a_1\rangle \otimes |b_1\rangle$$

이것은 곱셈 공식과 똑같다. 더욱 단순화하기 위해서 2개의 켓을 연달아 쓰면 텐서곱을 의미한다고 하자. 그러면 $|v\rangle \otimes |w\rangle$는 $|v\rangle|w\rangle$로 쓸 수 있다.

$$|v\rangle|w\rangle = (c_0|a_0\rangle + c_1|a_1\rangle)(d_0|b_0\rangle + d_1|b_1\rangle)$$
$$= c_0 d_0 |a_0\rangle|b_0\rangle + c_0 d_1 |a_0\rangle|b_1\rangle + c_1 d_0 |a_1\rangle|b_0\rangle + c_1 d_1 |a_1\rangle|b_1\rangle$$

이렇게 2개의 식을 곱할 수 있지만, 주의할 점이 하나 있다. 텐서곱의 첫 번째 켓은 앨리스에게, 두 번째 켓은 밥에 속한다는 점이다. 예를 들어 $|v\rangle|w\rangle$에서 v는 앨리스에, w는 밥에 속한 것이다. 반면 $|w\rangle|v\rangle$는 w는 앨리스, v는 밥에 속한다. 따라서 일반적으로 $|v\rangle|w\rangle$와 $|w\rangle|v\rangle$는 같지 않다. 이를 가리켜서 텐서곱은 교환 법칙이 성립하지 않는다고 말한다.

앨리스는 정규직교 기저 ($|a_0\rangle$, $|a_1\rangle$)를 사용해 측정하고, 밥은 정규직교 기저 ($|b_0\rangle$, $|b_1\rangle$)을 사용해 측정하고 있다. 우리는 텐서 표기법으로 앨리스와 밥의 큐비트를 나타내고 있으며, 이 표현은 기저 벡터들로 이뤄진 4개의 텐서곱 $|a_0\rangle|b_0\rangle$, $|a_0\rangle|b_1\rangle$, $|a_1\rangle|b_0\rangle$, $|a_1\rangle|b_1\rangle$을 포함한다. 이 4개의 곱은 앨리스와 밥의 물리계의 텐서곱에 대한 정규직교 기저를 이룬다. 4개의 곱은 각각 단위 벡터이고 서로 직교하기 때문이다.

지금까지 우리는 새로운 표기법을 도입했지만 새로운 개념은 아직 아무것도 도입하지 않았다. 이미 알고 있는 정보를 다르게 포장했을 뿐이다. 예를 들어 $c_0 d_0$은 확률 진폭이다. 이 값의 제곱은 앨리스와 밥이 자신들의 큐비트를 측정할 때 앨리스의 큐비트가 $|a_0\rangle$으로 바뀌고(즉, 앨리스는 0을 얻는다) 밥의 큐비트가 $|b_0\rangle$으로 바뀔(즉, 밥이 0을 얻는다) 확률을 의미한다. 그런데 우리는 앨리스의 큐비트가 $|a_0\rangle$으로 점프할 확률이 c_0^2이고 밥의 큐비트가 $|b_0\rangle$으로 점프할 확률이 d_0^2임을 이미 알고 있다. 따라서 우리는 두 경우가 모두 발생할 확률이 $c_0^2 d_0^2$임을 이미 알고 있었는데, $c_0^2 d_0^2 = (c_0 d_0)^2$이다. 마찬가지로 $c_0^2 d_1^2$, $c_1^2 d_0^2$, $c_1^2 d_1^2$는 앨리스와 밥이 각각 01, 10, 11을 얻을 확률을 나타낸다(앨리스의 비트가 밥의 비트보다 항상 먼저 표시된다는 사실을 기억하자).

다음으로 이러한 확률 진폭들을 1개의 기호로 나타내자. 즉, $r = c_0 d_0$, $s = c_0 d_1$, $t = c_1 d_0$, $u = c_1 d_1$이라고 하면, $|v\rangle|w\rangle = r|a_0\rangle|b_0\rangle + s|a_0\rangle|b_1\rangle + t|a_1\rangle|b_0\rangle + u|a_1\rangle|b_1\rangle$가 된다. 이 값들은 확률 진폭이므로, $r^2 + s^2 + t^2 + u^2 = 1$을 만족한다. 또 ru와 st는 $c_0 c_1 d_0 d_1$과 같기 때문에 $ru = st$이다. 이제 드디어 새로운 개념을 도입하자. 앨리스와 밥의 큐비트의 상태를 $r|a_0\rangle|b_0\rangle + s|a_0\rangle|b_1\rangle + t|a_1\rangle|b_0\rangle + u|a_1\rangle|b_1\rangle$ 형태의 텐서로 나타내는 것이다. 이번에도 r, s, t, u를 확률 진폭으로 취급할 수 있도록 $r^2 + s^2 + t^2 + u^2 = 1$이라고 정한다. 하지만 $ru = st$ 조건은 더 이상 필요 없다. 제곱들의 합이 1이기만 하면 r, s, t, u는 어떤 값이든 상관없다.

$r^2 + s^2 + t^2 + u^2 = 1$을 만족하는 $r|a_0\rangle|b_0\rangle + s|a_0\rangle|b_1\rangle + t|a_1\rangle|b_0\rangle + u|a_1\rangle|b_1\rangle$ 형태의 텐서가 주어졌을 때, 두 가지 경우로 나눠서 생각할 수 있다. 우선 $ru = st$일 때는 앨리스와 밥의 큐비트가 서로 얽히지 않았다고 말한다. 반면 $ru \neq st$일 때는 앨리스와 밥의 큐비트가 서로 얽혀 있다고 말한다. 이 규칙을 쉽게 기억하려면, 아래첨자가 00, 01, 10, 11 순서가 되도록 항을 적는다. 이 순서에서 ru는 외항이고 st는 내항이므로, 외항의 곱이 내항의 곱과 같으면 큐비트는 얽히지 않은 것이고, 같지 않으면 서로 얽힌 것이다.

지금부터 이 두 경우에 관한 예제를 살펴보자.

큐비트가 얽히지 않은 경우

앨리스와 밥의 큐비트가 다음과 같이 주어졌다고 하자.

$$\frac{1}{2\sqrt{2}}|a_0\rangle|b_0\rangle + \frac{\sqrt{3}}{2\sqrt{2}}|a_0\rangle|b_1\rangle + \frac{1}{2\sqrt{2}}|a_1\rangle|b_0\rangle + \frac{\sqrt{3}}{2\sqrt{2}}|a_1\rangle|b_1\rangle$$

외부 확률진폭의 곱과 내부 확률진폭의 곱은 쉽게 계산할 수 있다. 둘 다 $\sqrt{3}/8$ 이므로 이 큐비트들은 얽혀 있지 않다.

확률 진폭은 앨리스와 밥이 둘 다 측정할 때 어떤 일이 발생하는지 알려준다. 두 사람은 1/8의 확률로 00, 3/8의 확률로 01, 1/8의 확률로 10, 3/8의 확률로 11을 얻는다.

그런데 앨리스와 밥 중에서 1명만 측정을 할 경우는 다소 까다롭다. 앨리스만 측정하고 밥은 측정하지 않는다고 가정하자. 앨리스의 관점에서 공통인수를 추출하면 텐서곱을 다음과 같이 다시 쓸 수 있다.

$$|a_0\rangle\left(\frac{1}{2\sqrt{2}}|b_0\rangle + \frac{\sqrt{3}}{2\sqrt{2}}|b_1\rangle\right) + |a_1\rangle\left(\frac{1}{2\sqrt{2}}|b_0\rangle + \frac{\sqrt{3}}{2\sqrt{2}}|b_1\rangle\right)$$

다음으로 괄호 내의 식을 단위 벡터로 만들기 위해서, 식의 길이만큼 괄호 내에서는 나누고 괄호 밖에서는 곱하면 다음과 같이 쓸 수 있다.

$$\frac{1}{\sqrt{2}}|a_0\rangle\left(\frac{1}{2}|b_0\rangle + \frac{\sqrt{3}}{2}|b_1\rangle\right) + \frac{1}{\sqrt{2}}|a_1\rangle\left(\frac{1}{2}|b_0\rangle + \frac{\sqrt{3}}{2}|b_1\rangle\right)$$

그리고 괄호 안의 공통인수를 추출할 수 있다(하지만 밥의 것이기 때문에 오른쪽에 위치해야 한다는 것을 잊지 말자).

$$\left(\frac{1}{\sqrt{2}}|a_0\rangle + \frac{1}{\sqrt{2}}|a_1\rangle\right)\left(\frac{1}{2}|b_0\rangle + \frac{\sqrt{3}}{2}|b_1\rangle\right)$$

이렇게 쓰고 보니 큐비트의 상태가 서로 얽혀 있지 않음이 분명히 보인다. 이렇게 해서 앨리스에 속하는 큐비트와 밥에 속하는 큐비트의 텐서곱을 구했다.

이 식을 보면 앨리스가 먼저 측정할 경우 앨리스는 0과 1을 같은 확률로 얻을 것임을 추론할 수 있다. 앨리스의 측정 행위는 밥의 큐비트의 상태에 영향을 미치지 않는다. 밥의 큐비트는 다음 상태를 유지한다.

$$\left(\frac{1}{2}|b_0\rangle + \frac{\sqrt{3}}{2}|b_1\rangle \right)$$

이로부터 밥이 먼저 측정할 경우 밥은 1/4의 확률로 0을 얻고, 3/4의 확률로 1을 얻는다는 것도 알 수 있다. 밥의 측정이 앨리스의 큐비트에 아무 영향을 미치지 않는다는 것도 분명하다.

이처럼 큐비트가 서로 얽혀 있지 않다면 그중 하나를 측정해도 다른 큐비트에 아무 영향도 미치지 않는다. 하지만 큐비트가 서로 얽혀 있을 때는 상황이 완전히 다르다. 큐비트 중 하나를 측정하면 다른 큐비트에 영향을 미치는 것이다. 예제를 통해 자세히 알아보자.

큐비트가 얽혀 있는 경우

앨리스와 밥의 큐비트가 다음과 같다고 하자.

$$\frac{1}{2}|a_0\rangle|b_0\rangle + \frac{1}{2}|a_0\rangle|b_1\rangle + \frac{1}{\sqrt{2}}|a_1\rangle|b_0\rangle + 0|a_1\rangle|b_1\rangle$$

외항 확률진폭과 내항 확률진폭의 곱을 계산해보자. 외항 확률진폭의 곱은 0인 반면 내항 확률진폭의 곱은 0이 아니다. 따라서 앨리스와 밥의 큐비트는 얽혀 있다.

일반적으로 앨리스도 측정을 하고 밥도 측정을 한다. 앞서의 예제처럼 확률 진폭을 통해서 앨리스와 밥이 자신들의 큐비트를 측정할 때 무슨 일이 발생하는지 알 수 있다. 앨리스와 밥은 1/4의 확률로 00, 1/4의 확률로 01, 1/2의 확률로 10, 0의 확률로 11을 얻을 것이다. 여기까지는 특별할 것이 없다. 큐비트들이 얽히지 않은 경우와 똑같이 계산하면 된다.

이번에는 앨리스와 밥 중에서 한 명만 측정을 수행할 때는 어떻게 되는지 알아보자. 앨리스만 측정하고 밥은 측정하지 않는다고 하자. 앨리스의 관점에서 공통인수를 추출하면 텐서곱을 다음과 같이 다시 쓸 수 있다.

$$|a_0\rangle\left(\frac{1}{2}|b_0\rangle + \frac{1}{2}|b_1\rangle\right) + |a_1\rangle\left(\frac{1}{\sqrt{2}}|b_0\rangle + 0|b_1\rangle\right)$$

이번에도 괄호 내의 식을 단위 벡터로 만들기 위해서, 식의 길이만큼 괄호 내의 식을 나누고 괄호 밖에서는 곱하면 다음과 같이 된다.

$$\frac{1}{\sqrt{2}}|a_0\rangle\left(\frac{1}{\sqrt{2}}|b_0\rangle + \frac{1}{\sqrt{2}}|b_1\rangle\right) + \frac{1}{\sqrt{2}}|a_1\rangle(1|b_0\rangle + 0|b_1\rangle)$$

이전 절의 예제에서는 괄호 내의 항이 같았기 때문에 공통인수를 추출할 수 있었다. 그러나 이번 경우에는 괄호 내의 항이 다르다. 이는 큐비트가 서로 얽혀 있음을 의미한다.

앨리스의 켓 앞의 확률 진폭을 통해서 앨리스가 측정할 때 0과 1을 동일한 확률로 얻을 것임을 알 수 있다. 그러나 앨리스가 0을 얻는 순간 앨리스의 큐비트는 $|a_0\rangle$으로 바뀐다. 그러면 물리계의 상태는 얽히지 않은 상태 $|a_0\rangle\left(\frac{1}{\sqrt{2}}|b_0\rangle + \frac{1}{\sqrt{2}}|b_1\rangle\right)$로 바뀌고, 밥의 큐비트는 앨리스의 큐비트와 더 이상 얽히지 않게 돼 $\left(\frac{1}{\sqrt{2}}|b_0\rangle + \frac{1}{\sqrt{2}}|b_1\rangle\right)$이 된다. 앨리스가 1을 얻는 경우에도 역시 밥의 큐비트는 앨리스의 큐비트와 얽히지 않게 되고 $|b_0\rangle$가 된다.

앨리스의 측정 결과는 밥의 큐비트에 영향을 미친다. 앨리스가 0을 얻을 때 밥의 큐비트는 $\left(\frac{1}{\sqrt{2}}|b_0\rangle + \frac{1}{\sqrt{2}}|b_1\rangle\right)$이 되고, 앨리스가 1을 얻을 때 밥의 큐비트는 $|b_0\rangle$이 된다. 이건 분명히 이상하다. 앨리스와 밥은 서로 멀리 떨어져 있을 수도 있는데도 앨리스가 측정을 하는 순간 밥의 큐비트는 얽히지 않게 되고, 그 상태는 앨리스의 측정 결과에 따라 달라지는 것이다.

이번에는 밥이 먼저 측정하는 경우를 알아보자.

처음에 텐서곱은 다음과 같았다.

$$\frac{1}{2}|a_0\rangle|b_0\rangle + \frac{1}{2}|a_0\rangle|b_1\rangle + \frac{1}{\sqrt{2}}|a_1\rangle|b_0\rangle + 0|a_1\rangle|b_1\rangle$$

이것을 밥의 관점에서 쓰면 다음과 같다.

$$\left(\frac{1}{2}|a_0\rangle + \frac{1}{\sqrt{2}}|a_1\rangle\right)|b_0\rangle + \left(\frac{1}{2}|a_0\rangle + 0|a_1\rangle\right)|b_1\rangle$$

이번에도 괄호 내의 식을 단위 벡터로 만들기 위해서 식의 길이만큼 괄호 내의 식을 나누고 괄호 밖에서는 곱한다. 그러면 다음과 같이 된다.

$$\left(\frac{1}{\sqrt{3}}|a_0\rangle + \frac{\sqrt{2}}{\sqrt{3}}|a_1\rangle\right)\frac{\sqrt{3}}{2}|b_0\rangle + (1|a_0\rangle + 0|a_1\rangle)\frac{1}{2}|b_1\rangle$$

밥이 자신의 큐비트를 측정하면 3/4의 확률로 0을 얻고 1/4의 확률로 1을 얻는다. 밥이 0을 얻는 순간 앨리스의 큐비트는 $\left(\frac{1}{\sqrt{3}}|a_0\rangle + \frac{\sqrt{2}}{\sqrt{3}}|a_1\rangle\right)$ 상태로 바뀌고, 밥이 1을 얻는 순간 앨리스의 큐비트는 $|a_0\rangle$이 된다.

한 사람이 먼저 자신의 큐비트를 측정하면 다른 사람의 큐비트는 두 상태 중 하나로 즉시 바뀐다. 어느 상태로 바뀌는지는 먼저 측정한 사람의 결과에 따라 달라진다. 이것은 우리의 상식과 매우 다르다. 나중에 큐비트의 얽힘을 영리하게 활용하는 방법을 배우는데, 일단 그중에서 초광속 통신을 알아보자.

초광속 통신

초광속 통신Superluminal Communication은 빛의 속도보다 빠른 통신이다. 초광속 통신이 가능한지에 관해서는 서로 모순되는 두 가지 추론이 가능하다. 아인슈타인의 특수상대성 이론에 따르면 속도가 빛의 속도에 근접할수록 시간이 느려진다. 만일 빛의 속도로 움직인다면 시간은 멈춘다. 그리고 빛의 속도보다 빠르게 움직이면 시간은 거꾸로 흐른다. 또 특수상대성 이론은 빛의 속도에 가까워지면 질량이 무한히 증가한다고 말하는데, 이는 우리가 결코 빛의 속도에 도달할 수 없음을 의미한다. 시간이 거슬러 흐르는 것도 가능해 보이지 않는다. 만일 이것이 가능하다면 SF 영화에 나오는 것처럼 역사를 변화시키는 사건의 발생을 미리 막을 수 있을 텐데, 시간 여행은 인과율을 위반한다. 물리적인 시간 여행뿐만 아니라 과거로 통신을 보내는 것도 불가능하기는 마찬가지다. 메시지를 과거로 보낼 수 있다면 역사의 흐름을 바꿀 수 있다. 과거로 보낸 메시지로 현재에 극적인 변화가 일어나는 시나리오를 설계할 수 있기 때문이다. 예를 들면 우리가 태어나지도 못하게 만들 수도 있을 것이다. 이렇게 보면 초광속 통신은 불가능하다고 일단 생각할 수 있다.

하지만 앨리스와 밥이 각각 우주의 반대편에 있으면서 여러 개의 서로 얽힌 큐비트를 갖고 있다고 가정하자. 이 큐비트들은 스핀 상태가 얽혀 있는 전자다. 얽힌 전자쌍 중에서 하나는 앨리스가, 다른 하나는 밥이 가지고 있다(전자가 얽혀 있다고 말하고 있지만 실제 전자들은 완전히 분리돼 있다는 점을 기억하자. 얽혀 있는 것은 전자 자체가 아니라 전자의 스핀 상태다).

이때 앨리스가 자신의 전자를 측정하면, 밥이 소유 중인 이에 대응되는 전자의 스핀 상태는 즉시 2개의 상태 중 하나로 바뀐다. '즉시'는 분명히 빛의 속도보다 빠르다! 이런 얽힘을 초광속 통신에 사용할 수는 없을까?

서로 얽힌 전자들의 스핀 상태가 앞서의 예제처럼 다음과 같다고 가정하자.

$$\frac{1}{2}|a_0\rangle|b_0\rangle + \frac{1}{2}|a_0\rangle|b_1\rangle + \frac{1}{\sqrt{2}}|a_1\rangle|b_0\rangle + 0|a_1\rangle|b_1\rangle$$

앨리스가 먼저 자신의 전자의 스핀을 측정한다고 하자. 앞서 앨리스가 0과 1이 무작위로 이뤄진 문자열을 얻게 되고 0과 1이 나타날 확률은 같다는 것을 이미 배웠다.

이번에는 밥이 앨리스보다 먼저 자신의 스핀을 측정한다고 하자. 밥이 측정한 다음에 앨리스가 스핀을 측정한다. 이번에 앨리스가 얻는 값은 무엇일까? 앨리스가 측정을 마치면 밥과 앨리스가 둘 다 측정을 마친 상태이므로, 우리는 최초 식의 확률 진폭을 사용할 수 있다. 즉, 앨리스와 밥은 1/4의 확률로 00과 01을, 1/2의 확률로 10을, 그리고 0의 확률로 11을 얻는다. 따라서 앨리스는 $\frac{1}{4} + \frac{1}{4} = \frac{1}{2}$의 확률로 0을 얻고, $\frac{1}{2} + 0 = \frac{1}{2}$의 확률로 1을 얻을 것이다. 그러므로 앨리스는 0과 1이 동일한 확률로 나타나는 무작위 문자열을 얻게 된다. 그러나 이것은 앨리스가 측정을 먼저 했을 경우와 똑같다. 따라서 앨리스는 자신의 측정 결과를 갖고 자신이 밥보다 먼저 측정을 했는지 나중에 했는지 알 수 없다. 상태 얽힘은 언제나 이런 식으로 작용한다. 측정 결과로부터 누가 먼저 측정했는지 판단할 수 없다면, 서로 간에 정보를 보내기는 명백히 불가능하다.

지금까지 앨리스와 밥의 큐비트들이 특정 얽힘 상태에 있을 때 앨리스와 밥이 정보를 보낼 수 없음을 살펴봤다. 하지만 이런 논의는 임의의 얽힘 상태에도 일반적으로 적용될 수 있다. 앨리스와 밥의 큐비트 상태가 무엇이든 간에 앨리스와 밥이 큐비트 측정만으로 정보를 보내는 것은 불가능하다.

초광속 통신이 불가능한 이유를 배웠다. 이제 표준 기저를 사용해 텐서곱을 나타내는 다소 지루한 주제로 넘어가자. 하지만 우리는 앞서 본 양자 시계의 예제를 사용해 큐비트의 얽힘이라는 주제로 다시 돌아올 것이다.

텐서곱의 표준 기저

$\mathbb{R}^2$의 표준 기저는 $\left(\begin{bmatrix} 1 \\ 0 \end{bmatrix}, \begin{bmatrix} 0 \\ 1 \end{bmatrix} \right)$이다. 앨리스와 밥이 모두 표준 기저를 사용할 때 텐서곱의 형태는 다음과 같다.

$$r \begin{bmatrix} 1 \\ 0 \end{bmatrix} \otimes \begin{bmatrix} 1 \\ 0 \end{bmatrix} + s \begin{bmatrix} 1 \\ 0 \end{bmatrix} \otimes \begin{bmatrix} 0 \\ 1 \end{bmatrix} + t \begin{bmatrix} 0 \\ 1 \end{bmatrix} \otimes \begin{bmatrix} 1 \\ 0 \end{bmatrix} + u \begin{bmatrix} 0 \\ 1 \end{bmatrix} \otimes \begin{bmatrix} 0 \\ 1 \end{bmatrix}$$

따라서 $\mathbb{R}^2 \otimes \mathbb{R}^2$의 표준 순서 기저는 다음과 같다.

$$\left(\begin{bmatrix} 1 \\ 0 \end{bmatrix} \otimes \begin{bmatrix} 1 \\ 0 \end{bmatrix}, \begin{bmatrix} 1 \\ 0 \end{bmatrix} \otimes \begin{bmatrix} 0 \\ 1 \end{bmatrix}, \begin{bmatrix} 0 \\ 1 \end{bmatrix} \otimes \begin{bmatrix} 1 \\ 0 \end{bmatrix}, \begin{bmatrix} 0 \\ 1 \end{bmatrix} \otimes \begin{bmatrix} 0 \\ 1 \end{bmatrix} \right)$$

기저에 4개의 벡터가 있으므로 4차원 공간이다. 4차원 공간의 표준 순서 기저는 $\mathbb{R}^4$이며 순서 기저는 다음과 같다.

$$\left(\begin{bmatrix} 1 \\ 0 \\ 0 \\ 0 \end{bmatrix}, \begin{bmatrix} 0 \\ 1 \\ 0 \\ 0 \end{bmatrix}, \begin{bmatrix} 0 \\ 0 \\ 1 \\ 0 \end{bmatrix}, \begin{bmatrix} 0 \\ 0 \\ 0 \\ 1 \end{bmatrix} \right)$$

다음과 같이 $\mathbb{R}^2 \otimes \mathbb{R}^2$의 기저 벡터와 $\mathbb{R}^4$의 기저 벡터를 동일하게 볼 수 있다. 다만 순서에 주의해야 한다.

$$\begin{bmatrix} 1 \\ 0 \\ 0 \\ 0 \end{bmatrix} = \begin{bmatrix} 1 \\ 0 \end{bmatrix} \otimes \begin{bmatrix} 1 \\ 0 \end{bmatrix}, \quad \begin{bmatrix} 0 \\ 1 \\ 0 \\ 0 \end{bmatrix} = \begin{bmatrix} 1 \\ 0 \end{bmatrix} \otimes \begin{bmatrix} 0 \\ 1 \end{bmatrix}, \quad \begin{bmatrix} 0 \\ 0 \\ 1 \\ 0 \end{bmatrix} = \begin{bmatrix} 0 \\ 1 \end{bmatrix} \otimes \begin{bmatrix} 1 \\ 0 \end{bmatrix}, \quad \begin{bmatrix} 0 \\ 0 \\ 0 \\ 1 \end{bmatrix} = \begin{bmatrix} 0 \\ 1 \end{bmatrix} \otimes \begin{bmatrix} 0 \\ 1 \end{bmatrix}$$

다음 구조를 외워두면 좀 더 쉽게 기억할 수 있을 것이다.

$$\begin{bmatrix} a_0 \\ a_1 \end{bmatrix} \otimes \begin{bmatrix} b_0 \\ b_1 \end{bmatrix} = \begin{bmatrix} a_0 \begin{bmatrix} b_0 \\ b_1 \end{bmatrix} \\ a_1 \begin{bmatrix} b_0 \\ b_1 \end{bmatrix} \end{bmatrix} = \begin{bmatrix} a_0 b_0 \\ a_0 b_1 \\ a_1 b_0 \\ a_1 b_1 \end{bmatrix}$$

아래첨자가 이진수의 표준 순서, 즉 $00, 01, 10, 11$을 따른다는 점에 주목하자.

큐비트를 얽는 방법

이 책은 양자 컴퓨팅을 위한 기초 수학을 설명하는 책이지, 양자 컴퓨터를 물리적으로 제작하는 방법에 관한 책이 아니다. 따라서 물리 실험의 세부 사항을 자세히 다루진 않지만, 물리학자들이 얽힌 입자를 생성하는 방법은 매우 중요하므로 이 책에서도 간략하게 설명할 것이다. 얽힌 큐비트는 얽힌 광자 또는 전자로 구현할 수 있다. 입자가 얽혀 있다는 말의 실제 의미는 입자의 상태를 기술하는 벡터, 즉 $\mathbb{R}^2 \otimes \mathbb{R}^2$ 공간의 텐서가 얽혀 있다는 것이다. 실제 입자는 물리적으로 별개이며, 서로 매우 멀리 떨어져 있을 수 있다. 그렇다면 상태 벡터가 얽혀 있는 입자 쌍을 어떻게 만들 수 있을까? 먼저 물리 실험을 통해서 얽힌 입자를 만드는 방법을 알아보자. 그다음에 양자 게이트로 얽힌 큐비트를 만드는 방법을 알아볼 것이다.

현재 가장 널리 사용되는 방법은 광자를 이용하는 것이다. 이 방법을 가리켜 자발적 매개 하향변환$^{spontaneous\ parametric\ down-conversion}$이라고 부른다. 레이저 빔이 특수한 결정을 통해 광자를 보낸다. 이때 대부분의 광자는 결정을 통과하지만, 일부 광자는 둘로 갈라진다. 에너지와 운동량은 보존돼야 하므로 둘로 갈라진 2개의 광자의 총 에너지와 운동량은 원래 광자의 에너지와 운동량과 같아야 한다. 보존법칙 때문에 두 광자의 편광을 기술하는 상태들은 확실히 얽히게 된다.

우주에 존재하는 전자들은 얽혀 있는 것이 많다. 1장에서 은 원자를 사용한 슈테른과 게를라흐의 실험을 설명할 때, 내부 궤도의 전자 스핀이 상쇄되므로 외부 궤도의 전자 스핀이 원자의 스핀이 된다는 것을 배운 바 있다. 가장 안쪽 궤도에는 2개의 전자가 있는데, 스핀이 상쇄되도록 이 전자들은 서로 얽혀 있다. 이 전자들의 스핀을 기술하는 상태 벡터를 다음과 같이 나타낼 수 있다.

$$\frac{1}{\sqrt{2}}\begin{bmatrix}1\\0\end{bmatrix}\otimes\begin{bmatrix}0\\1\end{bmatrix}-\frac{1}{\sqrt{2}}\begin{bmatrix}0\\1\end{bmatrix}\otimes\begin{bmatrix}1\\0\end{bmatrix}$$

전자의 얽힘은 초전도체에서도 발생하며, 이런 전자들이 실험에서 사용돼 왔다. 하지만 얽힌 입자들이 서로 멀리 떨어져 있어야 할 때가 있다. 나중에 보게 될 벨 테스트$^{Bell\ test}$의 경우가 그렇다.

서로 가까이서 얽힌 전자들을 사용한 뒤 멀리 떨어뜨릴 때의 문제점은 전자가 환경과 상호작용하기 쉽다는 점이다. 환경과의 상호작용을 막으면서 전자들을 떨어뜨리기는 어렵다. 반면 광자의 경우 얽힌 광자를 떨어뜨리기는 전자보다 훨씬 쉽지만 그 대신 측정하기가 어렵다. 다행인 것은 두 방법의 장점만 갖는 방법이 있다는 점이다. 델프트 기술대학$^{Delft\ University\ of\ Technology}$을 중심으로 하는 다국적 연구 팀은 '빈틈없는 $^{loophole-free}$ 벨 테스트'라고 부르는 방법을 개발했다. 연구팀은 1.3km 떨어진 약간의 결함을 포함하는 2개의 다이아몬드를 사용했다. 질소 원자로 탄소 원자의 격자 구조를 변화시켰고, 전자는 이 결함에 갇히게 된다. 레이저로 다이아몬드 내의 전자가 여기되고(들뜬 상태가 되어)^{excited} 이 전자들은 광자를 방출한다. 방출된 광자는 자신을 방출한 전자의 스핀과 얽혀 있고, 광섬유 케이블을 통해 서로를 향해서 이동해 빔 스플리터 내부에서 만난다(빔 스플리터는 광자의 빔을 2개로 분할하는 데 쓰이는 표준 장비이지만, 이 실험에서는 2개의 광자를 얽는 용도로 사용된다). 이제 광자들을 측정하고 그 결과 2개의 전자는 서로 얽히게 된다(연구 팀이 이 실험을 수행한 이유는 5장에서 설명한다).[1]

양자 컴퓨팅에서는 얽히지 않은 큐비트를 입력한 뒤 *CNOT* 게이트를 사용해 이 큐비트들이 얽히게 만든다. 게이트에 대해서는 나중에 설명하겠지만, 실제 계산은 행렬 곱셈만 하면 된다. 간단히 살펴보자.

CNOT 게이트를 사용해 큐비트 얽기

양자 게이트의 정의는 나중으로 미루고, 지금은 양자 게이트가 정규직교 기저 또는 직교행렬에 대응된다는 것만 알아두자.

$\mathbb{R}^4$ 4차원 공간의 표준 순서 기저는 다음과 같다.

$$\left(\begin{bmatrix} 1 \\ 0 \\ 0 \\ 0 \end{bmatrix}, \begin{bmatrix} 0 \\ 1 \\ 0 \\ 0 \end{bmatrix}, \begin{bmatrix} 0 \\ 0 \\ 1 \\ 0 \end{bmatrix}, \begin{bmatrix} 0 \\ 0 \\ 0 \\ 1 \end{bmatrix} \right)$$

CNOT 게이트는 여기서 마지막 두 요소의 순서를 바꿔서 얻을 수 있다. 따라서 *CNOT* 게이트의 행렬은 다음과 같다.

$$\begin{bmatrix} 1 & 0 & 0 & 0 \\ 0 & 1 & 0 & 0 \\ 0 & 0 & 0 & 1 \\ 0 & 0 & 1 & 0 \end{bmatrix}$$

이 게이트는 큐비트의 쌍에 대해 동작한다. 행렬을 사용하기 위해서 모든 것은 4차원 벡터를 사용해 표현돼야 한다. 예제를 보자.

먼저 얽히지 않은 텐서곱을 취한다.

---

1   https://www.youtube.com/watch?v=AE8MaQJkRcg/에서 소개 영상을 시청할 수 있다. – 지은이

$$\frac{1}{\sqrt{2}} \begin{bmatrix} 1 \\ 1 \end{bmatrix} \otimes \begin{bmatrix} 1 \\ 0 \end{bmatrix} = \frac{1}{\sqrt{2}} \begin{bmatrix} 1 \\ 0 \\ 1 \\ 0 \end{bmatrix}$$

게이트에 큐비트를 통과시키면 큐비트의 상태가 바뀐다. 큐비트의 바뀐 상태는 행렬 곱셈으로 구할 수 있다.

$$\begin{bmatrix} 1 & 0 & 0 & 0 \\ 0 & 1 & 0 & 0 \\ 0 & 0 & 0 & 1 \\ 0 & 0 & 1 & 0 \end{bmatrix} \begin{bmatrix} \frac{1}{\sqrt{2}} \\ 0 \\ \frac{1}{\sqrt{2}} \\ 0 \end{bmatrix} = \begin{bmatrix} \frac{1}{\sqrt{2}} \\ 0 \\ 0 \\ \frac{1}{\sqrt{2}} \end{bmatrix} = \frac{1}{\sqrt{2}} \begin{bmatrix} 1 \\ 0 \\ 0 \\ 1 \end{bmatrix}$$

마지막 벡터를 보면, 얽힌 큐비트 쌍에 해당하는 것을 알 수 있다. 내부 진폭의 곱은 0이고 외부 진폭의 곱과 같지 않기 때문이다. 이것을 다음과 같이 다시 쓸 수 있다.

$$\frac{1}{\sqrt{2}} \begin{bmatrix} 1 \\ 0 \end{bmatrix} \otimes \begin{bmatrix} 1 \\ 0 \end{bmatrix} + \frac{1}{\sqrt{2}} \begin{bmatrix} 0 \\ 1 \end{bmatrix} \otimes \begin{bmatrix} 0 \\ 1 \end{bmatrix}$$

우리는 앞으로 이 상태의 얽힌 큐비트를 자주 사용할 것이다. 이 큐비트는 매우 좋은 특성을 갖고 있는데, 앨리스와 밥이 표준 기저로 이것을 측정하면 둘 다 $\begin{bmatrix} 1 \\ 0 \end{bmatrix}$(0에 대응된다) 혹은 $\begin{bmatrix} 0 \\ 1 \end{bmatrix}$(1에 대응된다)을 얻기 때문이다. 두 경우가 일어날 확률은 똑같다.[2]

양자 시계의 비유를 통해서 더 자세히 알아보자.

얽힌 양자 시계

양자 시계를 간단히 요약하면 다음과 같다. 우리는 바늘이 특정 방향을 가리키는지만 물어볼 수 있다. 그러면 시계는 그 방향을 가리키는지 아니면 반대 방향을 가리키는

---

2   5장에서 앨리스와 밥이 꼭 표준 기저를 사용하지 않아도 된다는 것을 배울 것이다. 같은 정규직교 기저를 사용하기만 하면 앨리스와 밥은 동일한 결과를 얻을 수 있다. – 지은이

지만 대답해준다.

벡터 $\begin{bmatrix} 1 \\ 0 \end{bmatrix}$는 12시 방향에 해당하고, 벡터 $\begin{bmatrix} 0 \\ 1 \end{bmatrix}$가 6시 방향에 해당한다고 하자. 얽힌 상태 $\frac{1}{\sqrt{2}}\begin{bmatrix} 1 \\ 0 \end{bmatrix} \otimes \begin{bmatrix} 1 \\ 0 \end{bmatrix} + \frac{1}{\sqrt{2}}\begin{bmatrix} 0 \\ 1 \end{bmatrix} \otimes \begin{bmatrix} 0 \\ 1 \end{bmatrix}$의 양자 시계 100쌍이 있어서 여러분이 100개를 갖고 있고, 나도 100개를 갖고 있다고 하자. 그리고 우리는 둘 다 다음의 질문을 반복한다. '바늘이 12시를 향하고 있는가?'

우선, 우리가 서로 연락하지 않는 시나리오를 생각하자. 한 번에 하나의 시계에 질문을 하고, 그때마다 시계는 '예/아니요'로 응답한다. 시계의 응답이 '예'이면 1을 기록하고 그렇지 않으면 0을 기록하며, 질문이 모두 끝나면 0과 1로 이뤄진 순서열을 얻는다. 여러분과 내가 각자의 문자열을 분석하면, 두 문자열 모두 0과 1이 무작위로 나타나며 0과 1의 개수는 거의 같다. 그다음 연락을 취해서 상대방과 순서열을 비교하면 두 순서열이 동일한 것을 알 수 있다. 100개 모두에서 순서열은 동일하다.

이와 달리, 이번에는 여러분이 먼저 측정하기로 합의하는 시나리오를 생각해보자. 여러분은 정시에 질문하고 나는 30분 후에 질문하는 것이다. 이 30분 사이에 여러분은 나에게 전화를 걸어서 시계가 뭐라고 대답할지 알려준다. 실험이 끝나면, 각자 0과 1의 순서열을 갖게 되고 두 순서열은 모든 시계에서 똑같다. 여러분이 나에게 전화를 걸어 나의 측정 결과가 어떻게 될지 알려줬던 내용은 100% 정확했던 것이다. 이때 여러분의 측정이 내 측정에 영향을 미쳤다는 결론을 내릴 수 있을까?

음, 내가 부정행위를 했다고 여러분에게 말한다고 가정하자. 나는 규칙을 따르지 않았다. 사실 여러분이 질문하기 30분 전에 시계에게 질문을 했던 것이다. 여러분이 질문하기 전에 나는 이미 대답을 알고 있었다. 여러분이 내게 알려준 것은 내가 이미 아는 것을 확인했을 뿐이다.

내가 규칙을 따랐는지 아니면 부정행위를 했는지 여러분이 알아낼 방법은 없다. 내가 여러분보다 먼저 질문했는지 아니면 나중에 했는지 여러분은 알 수 없다.

여기에 인과관계는 없으며, 단지 상관관계가 있을 뿐이다. 앞서 봤듯이 우리는 이 얽힌 시계를 사용해 서로 간에 메시지를 보낼 수 없다. 그러나 그 과정은 여전히 신비

롭다. 아인슈타인은 얽힘을 가리켜 '도깨비 같은 원격 작용spooky action at a distance'이라고 불렀다. 오늘날 많은 사람들은 얽힘에는 아무 작용action이 없으며 단지 상관관계가 있을 뿐이라고 말한다. 물론 "작용"의 정의가 무엇인지 논란의 여지가 있지만, 설령 아무 작용이 없다는 데 동의하더라도 뭔가 도깨비 같은 일이 일어난다는 건 분명한 것 같다.

여러분과 내가 한 쌍의 서로 얽힌 양자 시계를 갖고 있고, 서로 전화로 이야기하고 있다고 하자. 우리 중 누구도 시계에게 질문하지 않았으므로, 여전히 얽힘 상태는 유지되고 있다. 이 상황에서 여러분이 시계에게 질문하면 시계는 바늘이 12시를 가리키고 있다는 대답과 6시를 가리키고 있다는 대답을 똑같은 확률로 할 것이다. 하지만 내가 먼저 시계에 질문을 하는 순간 여러분이 2개의 대답을 같은 확률로 얻을 가능성은 사라진다. 여러분은 단지 나와 똑같은 대답을 얻게 될 뿐이다.

만일 시계들이 얽힐 때 두 바늘이 12시를 가리키는지 또는 6시를 가리키는지 결정이 되며 다만 우리가 알 수 없을 뿐이라고 하면, 이 상관관계는 도깨비 같은 작용이 아니다. 단지 누군가 질문할 때까지 기다려야 할 뿐이고, 한 명이 답을 알게 되는 순간 다른 사람도 답을 알게 되는 것일 뿐이다.

하지만 이것은 양자역학의 모델이 말하는 것과 다르다. 시곗바늘이 어느 방향을 가리키는지는 미리 결정되지 않으며, 우리 중 한 명이 처음으로 질문할 때 결정된다. 이 때문에 얽힘이 도깨비처럼 느껴지는 것이다.

5장에서는 이 문제를 더 자세히 살펴볼 것이다. 먼저 직관적이고 도깨비 같지 않게 상관관계를 통합한 모델을 알아보는데 안타깝게도 이 모델은 잘못된 모델이다. 존 스튜어트 벨John Stewart Bell이 고안한 독창적인 검증 실험은 이 단순한 모델이 틀렸으며, 도깨비 같은 신비로움이 여전히 유효하다는 것을 보여준다.

벨의 부등식

지금까지 입자의 스핀 또는 광자의 편광을 다루고 큐비트를 나타내는 방법을 나타내는 양자역학의 수학적 모델을 살펴봤다. 이 표준 모델은 닐스 보어가 일했던 코펜하겐의 이름을 따서 코펜하겐 해석Copenhagen interpretation이라고 부른다.

알버트 아인슈타인과 에르빈 슈뢰딩거 등 20세기 초반 위대한 물리학자들 중 일부는 이 모델을 좋아하지 않았다. 특히 특정 확률로 기저 상태로 바뀐다는 개념에 동의하지 않았다. 아인슈타인 등의 과학자들은 확률의 사용과 원격 작용의 개념을 모두 반대하고, "숨은 변수hidden variables"와 "국소적 실재론local realism"을 사용하는 더 나은 모델이 있을 거라고 믿었다. 코펜하겐 모델을 사용해 계산을 수행하는 것에는 반대하지 않았지만, 코펜하겐 모델이 정확한 답을 산출하는 이유를 설명할 수 있는 더 깊은 이론, 즉 무작위성을 제거하고 신비로움을 설명하는 이론이 있어야 한다고 생각했다.

보어와 아인슈타인은 양자역학의 철학에 관심이 있었고, 진정한 이론의 의미를 놓고 논쟁을 벌였다. 5장에서는 이 두 사람의 서로 다른 관점을 살펴볼 것이다. 양자 컴퓨팅의 이해에 철학적 토대는 필요하지 않기 때문에 여러분은 5장의 내용이 불필요하다고 생각할지 모른다. 아인슈타인과 슈뢰딩거의 견해가 잘못됐으며, 코펜하겐 모델이 표준 설명으로 간주된다는 것을 알고 있기 때문이다. 그러나 아인슈타인과 슈뢰딩거는 둘 다 훌륭한 과학자였으며, 이들의 주장을 공부해야 할 몇 가지 이유가 있다.

첫 번째는 보어와 아인슈타인 간의 논쟁이 국소적 실재론에 초점을 뒀기 때문이다. 나중에 자세히 설명하겠지만, 국소적 실재론이란 입자는 그 주변에서 변화하는 무언가에 의해서만 영향받을 수 있다는 것을 의미한다. 실제로 우리 모두는 국소적 실재론자다. 하지만 양자역학은 우리가 틀렸다는 것을 보여준다. 우리에게는 아인슈타인의 모델이 자연스럽고 정확한 모델처럼 보인다. 적어도 내게는 그렇다. 내가 양자 얽힘의 개념을 처음 들었을 때, 나는 자연스럽게 아인슈타인과 유사한 모델을 떠올렸다. 여러분 역시 얽힘을 잘못 이해하고 있을 가능성이 높다. 이러한 논쟁은 물리 철학에 중요한 위치를 차지하며, 양자역학에서 불가사의함을 제거할 수 없다는 사실을 이해하는 데 도움이 된다.

아일랜드 물리학자 존 스튜어트 벨은 두 모델을 구별할 수 있는 독창적인 검증 실험을 고안했다. 많은 사람들은 이 모델이 단순히 철학이 아니라 검증 가능한 이론이었다는 사실에 놀랐다. 지금까지 양자역학에 필요한 수학의 아주 작은 부분만 배웠지만, 벨의 실험을 이해하는 데 꼭 필요한 것이었다. 벨의 검증 실험은 여러 차례에 걸쳐 이뤄졌다. 벨의 실험 설정에서 일어날 수 있는 편향^{bias}을 모두 제거하기는 쉽지 않았지만, 실험이 반복될 때마다 더 많은 편향이 꾸준히 제거됐다. 그리고 실험 결과는 언제나 코펜하겐 해석을 지지하는 것이었다. 벨의 실험은 20세기의 가장 중요한 업적 가운데 하나다. 이 실험을 이해하는 데 필요한 수학적 모델을 모두 배웠으므로 5장에서 자세히 살펴볼 것이다.

여러분은 이 모든 내용이 양자 컴퓨팅과 무슨 관계가 있냐고 생각할지 모르지만, 5장 후반에서 벨의 부등식을 암호 메시지를 보내는 데 사용할 수 있음을 보게 될 것이다. 또한 벨의 실험에서 사용되는 얽힌 큐비트는 나중에 양자 알고리즘을 배울 때 다시 등장한다. 따라서 5장은 양자 컴퓨팅과 관련이 있다. 하지만 5장의 주된 존재 이유는 내가 그 내용을 매우 좋아하고, 여러분도 그러기를 바라기 때문이다.

먼저 4장에서 소개했던 얽힌 큐비트를 살펴보고, 얽힌 큐비트를 다른 기저로 측정하면 어떻게 되는지 알아보자. 지금까지 배웠던 표준 모델(즉, 코펜하겐 모델)을 사용할 것이다.

다른 기저로 얽힌 큐비트 측정

4장에서 상태가 다음과 같은 2개의 얽힌 시계를 살펴봤다.

$$\frac{1}{\sqrt{2}}\begin{bmatrix}1\\0\end{bmatrix} \otimes \begin{bmatrix}1\\0\end{bmatrix} + \frac{1}{\sqrt{2}}\begin{bmatrix}0\\1\end{bmatrix} \otimes \begin{bmatrix}0\\1\end{bmatrix}$$

앨리스와 밥이 각자 시계를 하나 갖고 있고 시곗바늘이 12시를 가리키고 있는지 질문하면, 바늘이 12시를 가리키고 있거나 아니면 6시를 가리키고 있다는 대답을 얻는다. 각각의 확률은 같으며, 앨리스와 밥은 언제나 똑같은 대답을 얻는다. 이제 앨리스와 밥이 측정 방향을 바꾸면 어떻게 될지 생각해보자. 만약 바늘이 4시를 가리키고 있냐고 질문하면 어떻게 될까? 시계는 바늘이 4시를 가리키고 있거나 10시를 가리키고 있다고 대답할 것임은 당연하다. 하지만 이때도 앨리스와 밥이 같은 답을 얻을까? 그리고 두 경우의 확률이 같을까?

일단, 다음의 얽힌 상태에 있는 2개의 큐비트를 갖고 직관적인 논의를 해보자.

$$\frac{1}{\sqrt{2}}\begin{bmatrix}1\\0\end{bmatrix} \otimes \begin{bmatrix}0\\1\end{bmatrix} + \frac{1}{\sqrt{2}}\begin{bmatrix}0\\1\end{bmatrix} \otimes \begin{bmatrix}1\\0\end{bmatrix}$$

2개의 전자가 이 상태에 있고, 앨리스와 밥이 자신들의 전자의 스핀을 $0°$ 방향으로 측정한다고 하자. 앨리스가 N을 얻으면 밥은 S를 얻고, 앨리스가 S를 얻으면 밥은 N을 얻는다. 앞서 배웠듯이 이것은 원자 내에서 2개의 전자의 스핀이 상쇄되는 것을 의미한다. 그런데 스핀 상쇄는 모든 방향에서 일어날 것이라고 예상할 수 있으므로, 우리는 앨리스와 밥이 새로운 기저로 측정해도 여전히 서로 방향이 반대인 스핀을 얻을 것이라고 예상할 수 있다. 두 방향의 확률도 똑같을 것도 예상할 수 있다.

이런 직관적인 예상을 바탕으로 아래 상태의 얽힌 큐비트들이 주어지고,

$$\frac{1}{\sqrt{2}}\begin{bmatrix}1\\0\end{bmatrix}\otimes\begin{bmatrix}1\\0\end{bmatrix}+\frac{1}{\sqrt{2}}\begin{bmatrix}0\\1\end{bmatrix}\otimes\begin{bmatrix}0\\1\end{bmatrix}$$

이 상태를 새로운 정규직교 기저 $(|b_0\rangle, |b_1\rangle)$를 사용해 다시 쓴다면 $\frac{1}{\sqrt{2}}|b_0\rangle\otimes|b_0\rangle$ $+\frac{1}{\sqrt{2}}|b_1\rangle\otimes|b_1\rangle$이 된다고 추측할 수 있다. 물론 이것은 직관적인 추측이며, 반직관적인 양자역학에서 이렇게 직관적인 추측이 통한다고 주장하는 것은 설득력이 별로 없어 보이지만, 이 추측은 옳다. 지금부터 증명해보자.

$\frac{1}{\sqrt{2}}\begin{bmatrix}1\\0\end{bmatrix}\otimes\begin{bmatrix}1\\0\end{bmatrix}+\frac{1}{\sqrt{2}}\begin{bmatrix}0\\1\end{bmatrix}\otimes\begin{bmatrix}0\\1\end{bmatrix}$이 $\frac{1}{\sqrt{2}}|b_0\rangle\otimes|b_0\rangle+\frac{1}{\sqrt{2}}|b_1\rangle\otimes|b_1\rangle$와 같음을 증명

우선, 켓 $|b_0\rangle$과 $|b_1\rangle$을 열 벡터로 쓴다. $|b_0\rangle=\begin{bmatrix}a\\b\end{bmatrix}$과 $|b_1\rangle=\begin{bmatrix}c\\d\end{bmatrix}$이라고 하자. 그다음, 표준 기저 벡터를 새로운 기저 벡터의 선형 조합으로 표현하자. 표준적인 방법(2장 마지막의 두 번째 도구)으로 하면 된다. $\begin{bmatrix}1\\0\end{bmatrix}$부터 시작하자. 식 $\begin{bmatrix}a&b\\c&d\end{bmatrix}\begin{bmatrix}1\\0\end{bmatrix}=\begin{bmatrix}a\\c\end{bmatrix}$에서 $\begin{bmatrix}1\\0\end{bmatrix}=a\begin{bmatrix}a\\b\end{bmatrix}+c\begin{bmatrix}c\\d\end{bmatrix}$이므로

$$\begin{bmatrix}1\\0\end{bmatrix}\otimes\begin{bmatrix}1\\0\end{bmatrix}=\left(a\begin{bmatrix}a\\b\end{bmatrix}+c\begin{bmatrix}c\\d\end{bmatrix}\right)\otimes\begin{bmatrix}1\\0\end{bmatrix}$$

가 되는데 우변의 항들을 재배열하면 다음과 같다.

$$a\begin{bmatrix}a\\b\end{bmatrix}\otimes\begin{bmatrix}1\\0\end{bmatrix}+c\begin{bmatrix}c\\d\end{bmatrix}\otimes\begin{bmatrix}1\\0\end{bmatrix}$$

이를 다음과 같이 다시 쓸 수 있다.

$$\begin{bmatrix}a\\b\end{bmatrix}\otimes\begin{bmatrix}a\\0\end{bmatrix}+\begin{bmatrix}c\\d\end{bmatrix}\otimes\begin{bmatrix}c\\0\end{bmatrix}$$

따라서 $\begin{bmatrix}1\\0\end{bmatrix}\otimes\begin{bmatrix}1\\0\end{bmatrix}=\begin{bmatrix}a\\b\end{bmatrix}\otimes\begin{bmatrix}a\\0\end{bmatrix}+\begin{bmatrix}c\\d\end{bmatrix}\otimes\begin{bmatrix}c\\0\end{bmatrix}$이다.

비슷한 계산 과정을 통해서 다음 식을 얻을 수 있으므로,

$$\begin{bmatrix} 0 \\ 1 \end{bmatrix} \otimes \begin{bmatrix} 0 \\ 1 \end{bmatrix} = \begin{bmatrix} a \\ b \end{bmatrix} \otimes \begin{bmatrix} 0 \\ b \end{bmatrix} + \begin{bmatrix} c \\ d \end{bmatrix} \otimes \begin{bmatrix} 0 \\ d \end{bmatrix}$$

두 결과를 더하면 다음과 같다.

$$\begin{bmatrix} 1 \\ 0 \end{bmatrix} \otimes \begin{bmatrix} 1 \\ 0 \end{bmatrix} + \begin{bmatrix} 0 \\ 1 \end{bmatrix} \otimes \begin{bmatrix} 0 \\ 1 \end{bmatrix} = \begin{bmatrix} a \\ b \end{bmatrix} \otimes \left(\begin{bmatrix} a \\ 0 \end{bmatrix} + \begin{bmatrix} 0 \\ b \end{bmatrix} \right) + \begin{bmatrix} c \\ d \end{bmatrix} \otimes \left(\begin{bmatrix} c \\ 0 \end{bmatrix} + \begin{bmatrix} 0 \\ d \end{bmatrix} \right)$$

단순화하면 다음과 같이 된다.

$$\begin{bmatrix} a \\ b \end{bmatrix} \otimes \begin{bmatrix} a \\ b \end{bmatrix} + \begin{bmatrix} c \\ d \end{bmatrix} \otimes \begin{bmatrix} c \\ d \end{bmatrix}$$

이는 결국 $|b_0\rangle \otimes |b_0\rangle + |b_1\rangle \otimes |b_1\rangle$이다.

따라서 $\frac{1}{\sqrt{2}} \begin{bmatrix} 1 \\ 0 \end{bmatrix} \otimes \begin{bmatrix} 1 \\ 0 \end{bmatrix} + \frac{1}{\sqrt{2}} \begin{bmatrix} 0 \\ 1 \end{bmatrix} \otimes \begin{bmatrix} 0 \\ 1 \end{bmatrix}$은 $\frac{1}{\sqrt{2}} |b_0\rangle \otimes |b_0\rangle + \frac{1}{\sqrt{2}} |b_1\rangle \otimes |b_1\rangle$와 같다.

이러한 증명을 통해서 우리는 앨리스와 밥이 $\frac{1}{\sqrt{2}} \begin{bmatrix} 1 \\ 0 \end{bmatrix} \otimes \begin{bmatrix} 1 \\ 0 \end{bmatrix} + \frac{1}{\sqrt{2}} \begin{bmatrix} 0 \\ 1 \end{bmatrix} \otimes \begin{bmatrix} 0 \\ 1 \end{bmatrix}$ 상태로 얽힌 큐비트들을 갖고 있고 정규직교 기저 ($|b_0\rangle$, $|b_1\rangle$)에 대해서 자신들의 큐비트를 측정한다면, 얽힌 상태를 $\frac{1}{\sqrt{2}} |b_0\rangle|b_0\rangle + \frac{1}{\sqrt{2}} |b_1\rangle|b_1\rangle$으로 나타낼 수 있음을 알 수 있다. 첫 번째 측정이 수행되면 상태는 $|b_0\rangle|b_0\rangle$ 또는 $|b_1\rangle|b_1\rangle$로 바뀌며, (이제 얽히지 않게 된) 이 두 상태의 발생 확률은 같다. 따라서 앨리스와 밥은 자신들의 큐비트를 측정하면 둘 다 0을 얻거나 둘 다 1을 얻으며, 두 결과는 같은 확률로 일어난다.

벨 테스트를 하기 위해서는 3개의 서로 다른 기저를 사용해 얽힌 큐비트를 측정할 필요가 있다. 이 기저들은 측정 장치를 0°, 120°, 240° 회전시키는 것에 해당하고, 얽힌 시계의 경우에는 바늘이 12시, 4시, 8시를 가리키는지 묻는 것에 해당한다. 이 기저들을 각각 ($|\uparrow\rangle$, $|\downarrow\rangle$), ($|\searrow\rangle$, $|\nwarrow\rangle$), ($|\swarrow\rangle$, $|\nearrow\rangle$)으로 표시한다면, 다음 3개는 똑같은 얽힌 상태를 나타낸다.

$$\frac{1}{\sqrt{2}} |\uparrow\rangle|\uparrow\rangle + \frac{1}{\sqrt{2}} |\downarrow\rangle|\downarrow\rangle \quad \frac{1}{\sqrt{2}} |\searrow\rangle|\searrow\rangle + \frac{1}{\sqrt{2}} |\nwarrow\rangle|\nwarrow\rangle \quad \frac{1}{\sqrt{2}} |\swarrow\rangle|\swarrow\rangle + \frac{1}{\sqrt{2}} |\nearrow\rangle|\nearrow\rangle$$

잠시 아인슈타인이 얽힌 상태를 어떤 관점에서 바라봤는지 알아보자.

아인슈타인과 국소적 실재론

중력은 국소적 실재론을 설명하는 좋은 예다. 뉴턴의 중력 법칙은 두 덩어리 사이의 힘의 강도를 알려주는 공식을 제공한다. 질량의 크기, 두 덩어리 사이의 거리, 중력 상수가 주어지면 공식에 대입해 인력의 크기를 구할 수 있다. 뉴턴의 법칙은 물리학을 바꿔놓았다. 예를 들어 별의 주위를 도는 행성이 타원 궤도를 움직이고 있음을 증명했다. 그러나 뉴턴의 법칙은 힘의 크기는 알려주지만 행성과 별을 연결하는 메커니즘이 무엇인지는 알려주지 못한다.

뉴턴의 중력 법칙은 계산에는 유용하지만 중력이 어떻게 작용하는지는 설명하지 않았다. 뉴턴 자신도 이를 걱정했다. 모든 사람들이 중력의 작용을 설명하는 좀 더 심도 있는 이론이 있어야 한다고 생각했다. 다양한 가설이 제시됐으며, 그중에는 우주 공간을 "에테르"라는 물질이 채우고 있다는 가설도 있었다. 중력의 메커니즘이 무엇인지 합의는 없었지만, 중력이 기이한 원격 작용이 아니며 언젠가 어떤 설명이 발견될 것이라는 데는 과학자들의 의견이 일치했다. 즉, 우리가 지금 국소적 실재론이라고 부르는 것에 관한 믿음이 있었던 것이다.

뉴턴의 중력 법칙은 아인슈타인의 좀 더 일반적인 중력 이론으로 대체됐다. 아인슈타인의 이론은 뉴턴의 이론으로는 추론할 수 없는 천문학적 관측을 정확하게 예측할 뿐 아니라 중력이 어떻게 작용했는지 설명도 제공했다. 시공간의 뒤틀림을 설명한 것이다. 행성은 자신이 위치한 시공간의 모양에 따라 움직이며, 도깨비 같은 원격 작용은 없었다. 아인슈타인의 이론은 더 정확할 뿐만 아니라 중력의 작용 방식에 대한 설명을 제공했으며, 이 설명은 국소적이었다. 행성은 주변 공간의 모양에 따라 움직이는 것이다.

그런데 양자역학에 대한 코펜하겐 해석은 도깨비 같은 원격 작용이라는 개념을 다시 도입했다. 얽힌 큐비트의 쌍을 측정하면, 물리적으로 멀리 떨어져 있더라도 그 상태가 즉시 변경되기 때문이다. 분명히 아인슈타인의 생각이 더 자연스러워 보인다. 아인슈타인이 중력 이론에서 도깨비 같은 작용을 막 제거했는데, 코펜하겐 해석에서 다시 제안된 것이다. 아인슈타인과 달리 보어는 이런 작용의 메커니즘을 설명할 수 있는 세부적인 이론이 있다고 믿지 않았다. 하지만 아인슈타인은 이에 동의하지 않았다.

아인슈타인은 보어가 틀렸음을 증명할 수 있다고 믿었다. 보리스 포돌스키^{Boris} ^{Podolsky}, 네이선 로젠$^{Nathan\ Rosen}$과 함께 아인슈타인은 특수상대성 이론에 따르면 정보가 빛의 속도보다 빠르게 이동할 수 없음에도, (코펜하겐 해석에서 말하는) 원격 작용은 정보가 앨리스에서 밥으로 순간적으로 보내질 수 있음을 의미한다고 지적하는 논문을 발표했다. 이 문제는 아인슈타인-포돌스키-로젠의 이름 앞글자를 따서 EPR 역설로 부르게 됐다.

현대에 EPR 역설은 일반적으로 스핀의 관점에서 기술되며 이 책에서도 마찬가지다. 하지만 원래 아인슈타인 등의 논문에서는 2개의 얽힌 입자의 위치와 운동량을 사용해 이론을 전개했었다. 현대와 같이 스핀 관점에서 문제를 재구성한 사람은 데이비드 봄$^{David\ Bohm}$이다. 봄의 공식은 오늘날 거의 언제나 사용되는 공식이며, 벨이 그의 중요한 부등식을 계산할 때 사용한 공식이기도 하다. 봄이 EPR 역설을 기술하고 재구성하는 데 중요한 역할을 했음에도 일반적으로 그의 이름은 언급되지 않는다.

4장에서 코펜하겐 해석에서 정보는 빛의 속도보다 빠르게 전달될 수 없다고 배웠다. 따라서 EPR 역설은 사실은 역설이 아니지만, 도깨비 같은 원격 작용의 개념을 제거할 수 있는 이론이 가능할지를 놓고 여전히 많은 질문이 제기되고 있다.

아인슈타인과 숨은 변수

고전적인 관점에서 물리학은 결정론적이다. 모든 초기 조건을 무한한 정밀도로 알 수 있다면, 결과를 100% 확실하게 예측할 수 있다. 하지만 우리는 초기 조건을 유한한 정확도로만 알 수 있다. 그래서 측정된 값과 실제 값 사이에는 언제나 약간의 오차가 존재한다. 시간이 지남에 따라 이 오차는 앞으로 발생할 일에 대한 유의미한 예측이 불가능해질 만큼 커질 수 있다. 이를 가리켜 초기 조건에 관한 민감한 의존성이라고 부르며, 그렇기 때문에 일주일 뒤의 날씨에 대한 일기예보는 별로 믿을 만하지 못한 것이다. 그러나 기본적으로는 결정론적이라는 것을 기억하는 것이 중요하다. 날씨를 정확히 예측할 수 없는 것은 본질적인 무작위성 때문이 아니라 우리가 충분히 정확한 측정을 할 수 없기 때문이다.

고전 물리학에서 확률이 사용되는 다른 영역으로서 기체에 관한 이론(열역학 법칙)이 있다. 하지만 이것도 역시 기본적으로는 결정론적이다. 기체 내의 모든 분자의 속도와 질량을 정확히 알 수 있다면, 이론상 각 분자가 어떻게 움직일지 완전히 정확하게 예측할 수 있다. 물론, 실제로는 고려해야 할 분자가 너무나 많기 때문에 우리는 평균값을 취해서 통계적 관점에서 기체를 바라본다.

이러한 고전적이고 결정론적인 관점은 아인슈타인이 신은 우주를 놓고 주사위를 던지지 않는다고 말했던 그 유명한 문장에서 언급했던 관점이다. 아인슈타인은 양자역학에서 확률이 사용되는 것은 그 이론이 완전하지 않다는 것을 보여준다고 생각했다. 뭔가 더 자세한 이론이 있음이 분명하며, 그 이론은 새로운 변수를 포함하고 있지만 그 변수들을 전부 고려하지 않기 때문에 실제로는 결정론적이지만 겉보기에는 확률론적으로 보인다는 것이다. 이러한 아직 알려지지 않은 변수를 가리켜 숨은 변수hidden variable라고 부르게 됐다.

얽힘에 대한 고전 물리학적 설명

양자 시계의 상태가 $\frac{1}{\sqrt{2}}|\uparrow\rangle|\uparrow\rangle + \frac{1}{\sqrt{2}}|\downarrow\rangle|\downarrow\rangle$라고 가정하자. 앨리스와 밥은 바늘이 12시를 가리키고 있는지 질문하려고 한다. 양자 모델은 앨리스와 밥이 같은 답을 얻을 것이라고 말한다. 즉, 바늘은 12시를 가리키거나 6시를 가리킨다. 12시일 확률과 6시일 확률은 같다. 실제로 얽힌 전자들의 스핀을 측정하는 실험을 해보면, 결과는 양자 모델의 예측과 일치한다.

이에 대한 고전적인 해석은 매우 간단하다. 전자는 어느 방향으로든 명확한 스핀을 가지고 있다. 얽힌 전자들은 어떤 국소적인 상호작용을 통해 얽히는 것이다. 이번에도 역시 숨은 변수 및 더 자세한 이론에 의지하게 된다. 무슨 일이 일어나는지 정확히 알지 못하지만, 전자들을 같은 스핀 상태로 만드는 어떤 국소적 프로세스가 있다고 보는 것이다. 전자들이 얽힐 때 어떤 스핀 방향이 두 전자 모두에 대해서 선택된다.

이는 무작위로 섞인 카드 덱을 받는 일에 비교할 수 있다. 우리는 받은 카드가 무엇인지 보지 않은 채 한 장의 카드를 집는다. 그리고 그 카드를 둘로 자른 뒤 별도의 봉투에 넣는다. 무슨 카드가 선택됐는지는 전혀 알지 못한다. 그런 다음, 우주의 서로 다른 지역에 사는 밥과 앨리스에게 봉투를 보낸다. 이때까지 앨리스와 밥은 자신이 어떤 카드를 받았는지 전혀 알지 못한다. 하지만 앨리스가 봉투를 열고 그 안에 다이아몬드 잭이 들어 있음을 보는 순간, 앨리스는 밥의 카드도 역시 다이아몬드 잭이라는 것을 알게 된다. 이때 원격 작용은 없으며, 도깨비 같은 일도 일어나지 않는다.

벨 테스트의 결과를 얻기 위해서는 얽힌 큐비트를 3개의 방향으로 측정해야 한다. 얽힌 시계의 비유로 돌아가자. 우리는 바늘이 12시, 4시, 8시를 가리키는지 묻는 3개의 질문 중 하나를 물으려고 한다. 양자역학의 모델은 이 각각의 질문에 대해 바늘은 해당 방향을 가리킨다고 대답하거나 아니면 반대 방향을 가리킨다고 대답한다. 두 답변의 확률은 동일하다. 그러나 앨리스와 밥이 똑같은 질문을 하면 둘 다 똑같은 대답을 받는다. 이것을 조금 전과 기본적으로 동일한 방법으로 고전적으로 설명할 수 있다.

시계들을 얽는 어떤 국소적 프로세스가 있다고 보는 것이다. 구체적인 과정은 설명하지 않고, 그냥 숨은 변수에 호소한다. 이유를 설명할 수 있는 더욱 세부적인 이론이 있다고 가정하는 것이다. 하지만 시계들이 얽힐 때 3개의 질문에 대한 대답이 분명하게 정해진다고 본다. 이것은 뒷면 색깔이 서로 다른 3개의 카드 덱을 갖고 있는 것에 비교할 수 있다. 파란색 덱, 빨간색 덱, 초록색 덱에서 카드를 한 장씩 취하고, 이 3장의 카드를 반으로 자른다. 파란색 카드 절반, 빨간색 카드 절반, 초록색 카드 절반을 앨리스에게 우편으로 보내고, 나머지 절반은 밥에게 보낸다. 봉투를 열어서 자신의 초록색 카드가 다이아몬드 잭임을 본 앨리스는 밥의 초록색 카드도 다이아몬드 잭이라는 것을 알 수 있다.

이처럼 고전 이론은 우리가 질문하기 전에 그 질문에 대한 명확한 대답이 이미 결정돼 있다고 말한다. 반면 양자 이론은 우리가 질문하기 전에는 그 질문에 대한 대답이 결정돼 있지 않다고 말한다.

벨의 부등식

앨리스와 밥에게 보낼 큐비트 쌍의 스트림을 생성하고 있다고 하자. 각 큐비트 쌍은 얽힌 상태 $\frac{1}{\sqrt{2}}|{\uparrow}\rangle|{\uparrow}\rangle + \frac{1}{\sqrt{2}}|{\downarrow}\rangle|{\downarrow}\rangle$이다. 앨리스는 0°, 120°, 240° 중 무작위로 하나를 선택해서 그 방향으로 큐비트를 측정한다. 이 방향들이 선택될 확률은 각각 1/3이다. 앨리스는 어느 방향이 선택됐는지 그 내역을 관리하지 않지만, 답이 0인지 1인지는 기록한다(0은 첫 번째 기저 벡터, 1은 두 번째 기저 벡터에 해당한다는 점을 기억하자). 앨리스가 자신의 큐비트를 측정한 직후, 밥도 각각 1/3의 확률로 세 방향 중 하나를 임의로 선택해 큐비트를 측정한다. 앨리스와 마찬가지로 어느 방향이었는지는 기록하지 않고 단지 결과가 0이었는지 또는 1이었는지만 기록한다.

이런 식으로 앨리스와 밥은 0과 1로 이뤄진 긴 순서열을 생성한다. 그리고 서로의 순서열을 문자 단위로 비교한다. 첫 번째 문자가 일치하면 A라고 기록하고, 일치하지 않으면 D라고 기록한다. 두 번째 문자에 대해서도 서로 일치하는지 여부에 따라서 A 또는 D를 기록한다. 이런 비교 작업을 순서열 전체에 대해서 수행한다.

그러면 A와 D로 구성된 새로운 순서열이 생성될 것이다. 순서열 내에서 A의 비율이 얼마나 될까? 벨은 양자역학의 모델과 고전적 모델이 이에 대한 답을 다르게 내놓는다는 것을 깨달았다.

양자역학의 답

큐비트들은 얽힌 스핀 상태 $\frac{1}{\sqrt{2}}|{\uparrow}\rangle|{\uparrow}\rangle + \frac{1}{\sqrt{2}}|{\downarrow}\rangle|{\downarrow}\rangle$이다. 앨리스와 밥이 동일한 측정 방향을 선택하면 동일한 답을 얻을 것임은 이미 알고 있다. 문제는 앨리스와 밥이 다른 방향을 선택한 경우다.

앨리스가 $(|{\seararrow}\rangle, |{\nwarrow}\rangle)$를 선택하고 밥이 $(|{\swarrow}\rangle, |{\nearrow}\rangle)$를 선택했다고 하자. 얽힌 상태 $\frac{1}{\sqrt{2}}|{\uparrow}\rangle|{\uparrow}\rangle + \frac{1}{\sqrt{2}}|{\downarrow}\rangle|{\downarrow}\rangle$는 앨리스의 기저로는 $\frac{1}{\sqrt{2}}|{\searrow}\rangle|{\searrow}\rangle + \frac{1}{\sqrt{2}}|{\nwarrow}\rangle|{\nwarrow}\rangle$로 나타낼 수 있다. 앨리스가 측정하면 이 상태는 $(|{\searrow}\rangle, |{\searrow}\rangle)$ 또는 $(|{\nwarrow}\rangle, |{\nwarrow}\rangle)$로 바뀌고, 이때 각각의 확률은 같다. $(|{\searrow}\rangle, |{\searrow}\rangle)$로 바뀌면 앨리스는 0이라고 기록하고, $(|{\nwarrow}\rangle,$

$|\searrow\rangle$로 바뀌면 1이라고 기록한다.

이제 밥이 측정을 해야 한다. 앨리스가 측정을 한 후에 큐비트들의 상태가 $|\searrow\rangle|\searrow\rangle$이라고 가정하면, 밥의 큐비트의 상태는 $|\searrow\rangle$이다. 밥의 측정 결과를 계산하기 위해서는 밥의 기저를 사용해 다시 나타내야 한다.

2차원 켓을 사용하면 다음과 같다.

$$|\searrow\rangle = \begin{bmatrix} \dfrac{1}{2} \\ -\dfrac{\sqrt{3}}{2} \end{bmatrix} \qquad |\swarrow\rangle = \begin{bmatrix} -\dfrac{1}{2} \\ -\dfrac{\sqrt{3}}{2} \end{bmatrix} \qquad |\nearrow\rangle = \begin{bmatrix} \dfrac{\sqrt{3}}{2} \\ -\dfrac{1}{2} \end{bmatrix}$$

밥의 기저의 브라를 행으로 갖는 행렬에 $|\searrow\rangle$를 곱하자.

$$\begin{bmatrix} -\dfrac{1}{2} & -\dfrac{\sqrt{3}}{2} \\ \dfrac{\sqrt{3}}{2} & -\dfrac{1}{2} \end{bmatrix} \begin{bmatrix} \dfrac{1}{2} \\ -\dfrac{\sqrt{3}}{2} \end{bmatrix} = \begin{bmatrix} \dfrac{1}{2} \\ \dfrac{\sqrt{3}}{2} \end{bmatrix}$$

따라서 $|\searrow\rangle = \dfrac{1}{2}|\swarrow\rangle + \dfrac{\sqrt{3}}{2}|\nearrow\rangle$이다. 밥이 측정을 하면 1/4의 확률로 0을 얻고, 3/4의 확률로 1을 얻는 것이다. 따라서 앨리스가 0을 얻을 때 밥은 1/4의 확률로 0을 얻는다. 다른 경우도 쉽게 계산할 수 있다. 앨리스가 1을 얻을 때 밥이 1을 얻을 확률도 1/4이다.

다른 경우들도 모두 비슷하다. 밥과 앨리스가 서로 다른 방향으로 측정할 때, 1/4의 경우는 같은 결과를 얻고 3/4의 경우는 다른 결과를 얻는다.

지금까지의 설명을 요약하면, 앨리스와 밥이 같은 방향을 선택한 1/3의 경우 두 사람은 같은 결과를 얻고, 다른 방향을 선택한 2/3의 경우 중에서는 그중 1/4의 경우만 같은 결과를 얻는다. 따라서 A와 D로 이뤄진 문자열에서 A의 비율은 다음과 같다.

$$\frac{1}{3} \times 1 + \frac{2}{3} \times \frac{1}{4} = \frac{1}{2}$$

결론적으로, 양자역학의 모델은 장기적으로 A의 비율이 절반이 된다고 예측한다.

이번에는 고전적 모델을 살펴보자.

고전적 모델의 답

고전적 모델에서는 모든 방향에서의 측정 결과가 처음부터 정해진다고 본다. 3방향 각각에 대해서 측정 결과는 0 또는 1이므로, 000, 001, 010, 011, 100, 101, 110, 111 이렇게 8개의 구성이 가능하다. 왼쪽 자리의 숫자는 기저 ($|\uparrow\rangle$, $|\downarrow\rangle$)로 측정한 경우, 가운데 자리의 숫자는 기저 ($|\searrow\rangle$, $|\nwarrow\rangle$)로 측정한 경우, 오른쪽 자리의 숫자는 기저 ($|\swarrow\rangle$, $|\nearrow\rangle$)로 측정한 경우의 답이다.

얽힘은 단지 앨리스와 밥의 큐비트 구성이 동일하다는 것을 의미할 뿐이다. 앨리스의 큐비트 구성이 001이면 밥의 것도 001인 것이다. 이제 앨리스와 밥이 방향을 선택할 때 무슨 일이 일어나는지 이해해야 한다. 예를 들어 앨리스와 밥의 큐비트 구성이 001이고 앨리스는 기저 ($|\uparrow\rangle$, $|\downarrow\rangle$)을 사용해 측정하고 밥은 세 번째 기저를 사용해 측정한다면, 앨리스는 0을 얻고 밥은 1을 얻으므로 결과가 일치하지 않는다.

다음 표는 모든 경우의 수를 보여준다. 왼쪽 열은 큐비트 구성이고, 상단 행은 앨리스와 밥이 선택할 수 있는 기저다. 기저들은 문자로 표기돼 있다. ($|\uparrow\rangle$, $|\downarrow\rangle$)는 a, ($|\searrow\rangle$, $|\nwarrow\rangle$)는 b, ($|\swarrow\rangle$, $|\nearrow\rangle$)는 c이다. 앨리스의 기저가 먼저 나온다. 예를 들어 (b, c)는 앨리스는 ($|\searrow\rangle$, $|\nwarrow\rangle$)를 선택하고 밥은 ($|\swarrow\rangle$, $|\nearrow\rangle$)를 선택한 것이다. 테이블 내의 항목들은 앨리스와 밥의 측정 결과가 일치하는지(A) 아니면 불일치하는지(D) 보여준다.

구성	측정 방향								
	(a,a)	(a,b)	(a,c)	(b,a)	(b,b)	(b,c)	(c,a)	(c,b)	(c,c)
000	A	A	A	A	A	A	A	A	A
001	A	A	D	A	A	D	D	D	A
010	A	D	A	D	A	D	A	D	A
011	A	D	D	D	A	A	D	A	A
100	A	D	D	D	A	A	D	A	A
101	A	D	A	D	A	D	A	D	A
110	A	A	D	A	A	D	D	D	A
111	A	A	A	A	A	A	A	A	A

우리는 각각의 구성이 일어날 확률을 어떻게 지정해야 할지 모른다. 8개의 가능한 구성이 있으므로 각각 1/8의 확률로 발생한다고 보는 편이 그럴싸하지만, 아마도 전부 똑같지는 않을 것이다. 우리의 수학적 분석은 확률의 값이 얼마일지 아무 가정도 하지 않는다. 그러나 측정 방향에는 분명하게 확률을 지정할 수 있다. 밥과 앨리스는 자신들의 3개의 기저를 동일한 확률로 선택하므로, 9개의 기저 쌍은 각각 1/9의 확률로 선택된다.

모든 행이 최소 5개의 A를 포함하는 것에 주목하자. 따라서 어떤 구성이든 A를 얻을 확률은 적어도 5/9이다. 각각의 스핀 구성에 대해 A를 얻을 확률이 적어도 5/9이므로, 특정 구성의 비율이 얼마든 상관없이 전체 확률은 적어도 5/9라고 추론할 수 있다.

이렇게 벨의 결과가 유도됐다. 양자 이론 모델은 앨리스와 밥의 문자열이 정확히 절반만큼 일치할 것이라고 예측하고, 고전적 모델은 앨리스와 밥의 문자열이 적어도 5/9만큼 일치할 것이라고 예측한다. 이 차이를 사용해서 두 이론을 구별하는 테스트가 가능하게 됐다.

벨은 1964년에 이 이론을 발표했다. 아쉽게도 아인슈타인과 보어는 자신들의 논쟁에 결론을 낼 수 있는 실험 방법이 발표됐음을 모른 채 세상을 이미 떠난 상태였다.

실제로 이 실험을 수행하는 것은 쉽지 않다. 존 클라우저John Clauser와 스튜어트 프리드먼Stuart Freedman이 1972년에 처음으로 이 실험을 했으며, 양자역학의 예측이 올바른 것으로 나타났다. 그러나 실험자들은 확인할 수 없는 몇 가지 가정을 해야 했으므로, 고전적인 관점이 옳을 가능성이 여전히 남아 있었다. 이후 꾸준히 개선된 실험이 반복 수행됐으며, 실험 결과는 언제나 양자역학과 일치해서 이제는 고전적인 모델이 잘못됐다는 데 의심의 여지가 거의 없는 것 같다.

초기 실험에는 세 가지 잠재적인 문제가 있었다. 첫 번째는 앨리스와 밥이 서로 너무 가까웠다는 것이고, 두 번째는 너무 많은 수의 얽힌 입자들이 측정에서 누락됐다는 것이다. 그리고 세 번째는 앨리스와 밥의 측정 방향 선택이 실제로는 완전히 무작위가 아니었다는 것이다. 실험자들이 서로 가까이 있으면 이론상 측정 결과가 다른 원인으로 영향을 받을 수 있다. 예를 들어 첫 번째 측정이 이뤄지자마자 광자가 이동해 두 번째 측정에 영향을 줄 수 있다. 이것을 막으려면 2명의 측정자는 측정 사이의 시간 간격이 광자가 측정자들 사이에서 이동하는 데 걸리는 시간보다 짧다고 할 수 있을 만큼 충분히 떨어져 있어야 한다. 얽힌 광자를 사용하면 이 문제를 해결할 수 있다. 얽힌 전자와 달리 얽힌 광자는 외부 세계와 상호작용하지 않고 장거리를 이동할 수 있기 때문이다.

하지만 이렇게 외부 세계와 쉽게 상호작용하지 않는 특성으로 인해 광자를 측정하기는 어렵다. 광자를 포함하는 실험에서는 많은 수의 얽힌 광자들이 측정에서 누락되기 때문에 이론상 선택 편향selection bias의 문제가 발생할 수 있다. 즉, 대표성이 없는 표본들의 특성을 반영한 결과가 나오는 것이다. 이러한 선택 편향의 문제를 해결하려면 전자를 사용하면 된다. 하지만 전자를 사용한다면, 측정을 수행하기 전에 어떻게 얽힌 전자들을 충분히 멀리 떨어뜨릴 수 있을까?

이 문제는 앞서 4장에서 델프트 연구 팀이 광자로 얽혀서 다이아몬드에 갇힌 전자를 사용함으로써 해결했던 바로 그 문제다. 델프트 연구 팀의 실험은 2개의 문제점을 동시에 해결한 것으로 보인다.[1]

무작위성의 문제는 해결이 쉽지 않다. 코펜하겐 해석이 정확하다면 무작위 숫자들의 스트림을 생성하는 것은 쉬운 일이다. 하지만 지금 우리는 코펜하겐 해석의 무작위성에 대한 의문을 제기하고 있으므로, 숫자 문자열을 테스트해 실제로 무작위인지 확인해야 한다. 숫자들 간에 패턴이 있는지 찾기 위한 많은 테스트가 있지만, 안타깝게도 이러한 테스트는 네거티브만 입증할 수 있을 뿐이다. 즉, 문자열이 테스트에 실패하면 문자열이 무작위가 아님을 알 수 있을 뿐이다. 테스트를 통과하는 것은 좋은 일이지만 문자열이 무작위라는 증거는 되지 못한다. 우리가 말할 수 있는 것은 양자역학적으로 생성된 문자열이 무작위성 테스트를 실패한 적이 없다는 것이다.

앨리스가 선택한 측정 방향이 밥이 선택한 방향과 상관관계를 갖지 않도록 하기 위한 방법이 다양하게 제시돼왔다. 그러나 여전히 어떤 숨은 변수 때문에 겉보기에는 상관없어 보이는 결과를 만들어냈을 가능성을 완전히 배제하기란 불가능하다.

아인슈타인이 틀린 것으로 증명됐지만 많은 사람들은 그의 이론이 유의미하고 생

---

1   B. 헨슨 외의 논문 「Loophole-free Bell inequality violation using electron spins separated by 1.3 kilometres(1.3킬로미터 떨어진 전자 스핀을 사용한 빈틈없는 벨 부등식 위반)」는 2015년 「네이처」에 실렸다. – 지은이

각한다. 특히 벨은 실험 결과가 나오기 전까지 고전적 이론이 더 낫다고 믿었다. 그래서 벨은 이렇게 말했다. "아인슈타인의 주장은 매우 합리적이기 때문에 비록 다른 사람들은 거부했지만 저는 아인슈타인이 이성적인 사람이었다고 생각합니다. 다른 사람들은 비록 역사가 그들을 정당화하기는 했지만, 머리를 모래에 파묻고 있던 사람들이었습니다… 그래서 저로서는 아인슈타인의 생각대로 되지 않은 것이 유감입니다. 합리성이 유효하지 않았을 뿐인 거죠."[2]

벨의 의견에 전적으로 동의한다. 이러한 개념을 처음 접하면 아인슈타인의 견해에 동의하는 것이 자연스러워 보인다. 나는 보어가 아인슈타인의 생각이 틀렸다고 확신했다는 것이 놀랍다. '벨의 정리'라고도 부르는 벨의 결과 덕분에 벨은 노벨 물리학상 후보로 지명됐다. 많은 사람들은 벨이 비교적 젊은 나이인 60세에 뇌졸중으로 사망하지 않았다면 노벨 물리학상을 받았을 것이라고 생각한다. 흥미롭게도 벨파스트에는 벨의 정리를 따서 명명된 거리가 있다. 아마 벨의 정리는 구글맵에서 위치를 찾을 수 있는 유일한 정리일 것이다.

우리는 국소적 실재성이라는 표준적인 가정을 버려야 한다. 입자들이 얽혀 있고 서로 멀리 떨어져 있을 때, 스핀을 각 입자의 개별적인 국소적 특성으로 생각해서는 안 된다. 스핀은 입자 쌍의 관점에서 고려돼야 하는 전역적global 특성인 것이다.

양자역학에 관한 논의를 마치기 전에 양자역학의 다른 특징인 측정을 살펴보자.

측정

우리는 양자역학을 설명할 때, 측정 시에 상태 벡터가 기저 벡터로 도약jump한다고 말한다. 측정을 할 때까지 모든 것은 결정론적이며, 그 이후에 기저 벡터 중 하나로 도약한다. 각각의 기저 벡터로 도약할 확률은 정확히 알 수 있지만, 어쨌든 확률이다. 측정을 수행하는 순간 양자역학 이론은 결정론적에서 확률적으로 바뀌는 것이다.

양자역학의 일반적 이론에서는 측정이 수행될 때 슈뢰딩거의 파동 방정식의 해가 붕괴한다고 말한다. 막상 파동 방정식을 고안한 에르빈 슈뢰딩거는 파동이 확률적으

---

2   J. 번스타인 『Quantum Profiles(양자 프로파일)』, 프린스턴대학교 출판부, 1991, p84. - 지은이

로 어떤 상태로 붕괴된다는 개념을 매우 불편해했다.

중요한 문제는 측정의 정확한 의미가 정의되지 않는다는 점이다. 측정은 양자역학의 일부가 아니다. 측정으로 인해 상태 도약이 일어나는데, 측정이란 무엇인가? 때로는 측정 대신 관측^{observation}이라는 단어를 사용하는데, 이로 인해서 어떤 사람들은 의식적으로 도약을 일으킨다는 오해를 하기도 한다. 측정에 대한 표준적인 설명은 측정이 육안으로 보이는^{macroscopic} 장치와의 상호작용을 포함한다는 것이다. 측정 장치는 고전 물리학을 사용해 기술될 수 있을 만큼 충분히 크며, 양자 이론적 분석에 통합돼 있지 않다. 하지만 측정이 수행될 때 측정 대상과 물리적으로 상호작용이 일어나는데, 이 상호작용으로 인해 도약이 발생한다는 것이다. 그러나 이 설명은 완전히 만족스럽지는 않으며, 그럴듯해 보이지만 수학적인 정밀함이 부족하다.

코펜하겐 해석의 문제점을 제거하기 위해서 다양한 양자역학 해석이 제시돼왔다. 그중 다세계^{many-worlds} 해석은 상태 벡터가 여러 가능성 중 하나로 도약하는 것처럼 보일 뿐이고, 실제로는 수많은 우주가 존재하며 각각의 가능성은 그중 하나에서 실제로 발생한다고 주장함으로써 측정의 문제를 해결하려고 시도한다. 이 우주의 당신은 하나의 결과를 보지만, 다른 우주의 당신은 다른 결과를 본다는 것이다.

드브로이-봄 이론은 확률의 도입에 이의를 제기한다. 이 이론은 입자들이 고전적인 입자처럼 움직인다는 점에서 결정론적 이론이지만, 비국소적 특성을 제공하는 파일럿 파^{pilot wave}라는 새로운 실체를 주장한다.

각각의 이론에는 다수의 열렬한 지지자들이 있다. 나중에 보게 될 데이빗 도이치^{David Deutsch}는 다세계 해석을 믿는다. 그러나 벨의 부등식 실험에 의해 틀린 것으로 증명된 국소적 숨은 변수 이론과 달리, 현시점에서 어떤 해석이 다른 해석보다 더 낫다는 과학적 검증은 존재하지 않는다. 어느 해석이든 수학적 이론과 모순되지 않는다. 각각의 해석은 수학적 이론이 실재와 어떻게 관련되는지 설명하기 위한 시도인 것이다. 어쩌면 언젠가는 벨과 같이 서로 다른 해석들이 실험적으로 차별화될 수 있는 다른 결론으로 이어짐을 보여줌으로써, 어떤 해석을 다른 해석보다 우선적으로 선택해야 하는 이유를 제시해주는 통찰력 있는 천재가 나타날지도 모른다. 그러나 현시점에서 대부분의 물리학자들은 코펜하겐 해석을 믿는다. 이 해석을 사용하지 않아야 할 확실한 이유가 없으므로, 이 책에서도 지금부터 더 이상의 언급 없이 코펜하겐 해석을 따를 것이다.

마지막으로, 벨의 정리가 단순히 학술적인 관심의 대상이 아니며 암호학에서 사용되는 키를 공유할 수 있는 안전한 수단을 제공하는 데 사용될 수 있음을 살펴보자.

양자 키 배포를 위한 에커트 프로토콜

1991년 아르투르 에커트$^{Artur\ Ekert}$는 벨의 테스트에서 사용된 얽힌 큐비트에 기반한 방법을 하나 제안했다. 이 방법에는 다수의 변형이 존재한다. 여기서는 앞서 벨의 테스트를 설명할 때 사용했던 표현을 바탕으로 한다.

앨리스와 밥은 큐비트들의 스트림을 받는다. 각각의 큐비트 쌍에 대해서 앨리스가 하나, 밥이 다른 하나를 받는다. 스핀 상태는 얽혀 있으며, 언제나 $\frac{1}{\sqrt{2}}|\uparrow\rangle|\uparrow\rangle + \frac{1}{\sqrt{2}}|\downarrow\rangle|\downarrow\rangle$ 상태다.

앨리스와 밥이 자신들의 큐비트를 동일한 정규직교 기저를 사용해 측정할 경우, 앨리스와 밥이 같은 확률로 0 또는 1을 얻으며 두 사람이 언제나 같은 답을 얻는다는 것은 이미 배웠다.

앨리스와 밥이 항상 표준 기저로 큐비트를 측정하기로 한 프로토콜이 있다고 하자. 그러면 두 사람은 언제나 동일한 비트 순서열을 얻게 되며 이 순서열은 무작위로 0과 1로 이뤄져 있다. 따라서 키를 선택해서 통신하는 데 아주 좋은 방법처럼 보인다. 하지만 문제는 전혀 안전하지 않다는 것이다. 이브가 밥의 큐비트를 가로채서 표준 기저로 측정한 다음, 그 결과 서로 얽히지 않게 된 큐비트를 밥에게 보낼 수 있기 때문이다. 이때 앨리스, 밥, 이브는 모두 동일한 비트 문자열을 갖게 된다.

이 문제의 해결책은 벨 테스트처럼 3개의 기저를 무작위로 선택해 큐비트를 측정하는 것이다. BB84 프로토콜처럼 앨리스와 밥은 측정을 할 때마다 측정 결과 및 어느 기저를 선택했었는지 둘 다 그리고 $3n$번의 측정을 수행한 후, 자신들이 선택한 기저의 순서열을 서로 비교한다. 이 작업은 안전하지 않은 채널에서 해도 무방하다. 결과가 아니라 기저만 노출되기 때문이다. 비교해보면 약 n개가 일치할 것이다. 같은 기저를 선택한 위치에서는 같은 측정 결과를 얻으므로, 둘 다 0을 얻거나 둘 다 1을 얻는다. 결과적으로, 총 n개의 0과 1로 이뤄진 순서열이 얻어진다. 이브가 도청을 하고 있지 않을 경우 이것이 앨리스와 밥의 키가 된다.

앨리스와 밥은 이제 이브에 대한 테스트를 한다. 이브가 도청을 하고 있다면, 측정도 해야만 한다. 이브가 측정을 할 때마다 얽힌 상태는 얽히지 않은 상태로 바뀐다. 앨리스와 밥은 서로 다른 기저를 선택했을 때 얻어지는 0과 1의 문자열을 살펴보고, 길이가 약 $2n$인 0과 1로 이뤄진 문자열 2개를 얻는다. 벨의 부등식으로부터 앨리스와 밥은 상태가 얽혀 있다면 1/4의 경우만 일치한다는 것을 알고 있다. 그러나 이브가 큐비트 중 하나를 측정했다면 이 비율은 달라진다. 예를 들어 앨리스와 밥이 측정을 완료하기 전에 이브가 큐비트를 먼저 측정했다면, 앨리스와 밥의 일치 비율은 3/8으로 증가한다는 것을 쉽게 계산할 수 있다. 따라서 앨리스와 밥은 이브가 도청했는지 여부를 쉽게 테스트할 수 있다. 일치 비율을 계산하면 되는 것이다. 그 값이 1/4이면 아무도 키를 가로채지 않았다고 결론을 내리고 그 키를 사용해도 된다.

에커트 프로토콜의 장점은 프로세스 자체가 키를 생성한다는 점이다. 사전에 숫자를 생성하고 저장할 필요가 없으므로, 암호화의 주요 보안 위협 중 하나가 제거된다. 이 프로토콜은 얽힌 광자를 사용해 연구실에서 성공적으로 수행됐다.

양자 개념에 관한 소개가 끝났으니, 이제 고전적인 컴퓨팅을 다룰 때가 됐다. 6장에서 알아보도록 하자.

06

고전적 논리, 게이트, 회로

6장에서는 고전적인 컴퓨터 개념들을 시간 순서로 알아본다. 먼저, 19세기 후반 조지 부울George Boole이 처음 소개한 부울함수와 논리를 설명하는 것으로 시작한다. 1930년대 클로드 섀넌Claude Shannon은 부울 대수를 연구해 부울함수를 전기 스위치로 기술할 수 있음을 알았다. 부울함수에 대응하는 전기 부품을 논리 게이트라고 부르며, 부울함수를 구성하는 것은 논리 게이트를 포함하는 회로에 대한 연구와 같다. 우리는 논리 관점에서 부울함수를 공부하고, 이어서 회로와 게이트로 변환하는 방법을 살펴볼 것이다. 이 지점까지의 내용은 컴퓨터 과학 개론서에 빠짐없이 포함되는 표준 내용이지만, 그다음부터는 일반적인 개론서에는 들어 있지 않은 개념을 다루게 된다.

1970년대에 노벨 물리학상 수상자인 리차드 파인만은 컴퓨팅에 관심을 갖게 되고, 1980년대 초반에 캘리포니아 공대에 컴퓨팅 강의를 개설했다. 수업 내용은 훗날 『파인만의 엉뚱 발랄한 컴퓨터 강의(Feynman Lectures on Computation)』(한빛미디어, 2006)라는 제목으로 출간됐다. 파인만의 컴퓨팅에 대한 관심은 부분적으로 에드워드 프레드킨과의 교류와 그의 물리학 및 컴퓨팅에 대한 특유의 시각에 바탕을 두고 있다. 프레드킨은 우주가 컴퓨터라고 믿었고, 물리학의 법칙들은 가역적이므로 인류는 가역적 컴퓨팅과 가역적 게이트를 연구해야 한다고 생각했다. 프레드킨의 주요 논지들이 물리학 커뮤니티에서 널리 받아들여지지는 않지만, 그중 일부는 훌륭하고 독창적인 아이디어로 인정받고 있다. 그중 하나는 당구공 컴퓨터다. 파인만의 책에 실려 있는 가역 게이트에 대한 논의는 공의 산란^{bounce}으로 컴퓨팅을 어떻게 수행할 수 있는지 보여준다.

우리는 파인만의 접근 방식을 따른다. 가역 게이트는 양자 컴퓨팅에 꼭 필요한 것으로 드러나고 있다. 당구공 컴퓨터로 파인만은 공이 아닌 입자의 상호작용을 구상할 수 있었다. 당구공 컴퓨터는 파인만의 양자 컴퓨팅 연구에 영감을 주었지만, 이 책에서 소개하는 이유는 그 단순함과 독창성 때문이다.

논리

19세기 후반 조지 부울은 논리의 어떤 부분은 대수학적으로 취급할 수 있다는 것, 즉 대수학의 관점에서 표현할 수 있는 3개의 논리 법칙이 존재함을 발견했다. 이 책에서는 3개의 기본 연산 NOT, AND, OR의 진리표를 사용해 부울 논리를 소개하는 최근의 표준 방식을 사용할 것이다.

NOT

어떤 문장이 참이면 그 문장의 부정^{Negation}은 거짓이며, 반대로 어떤 문장이 거짓이면 그 부정은 참이다. 예를 들어 $2 + 2 = 4$는 참이고 그 부정 $2 + 2 \neq 4$는 거짓이다. 일반적으로 구체적인 문장 대신에 P, Q, R 등의 기호를 사용한다. 예를 들어 $2 + 2 = 4$를 P로 표현할 수 있다. 기호 $\neg$는 부정을 나타내므로, P가 문장 $2 + 2 = 4$라면 $\neg P$는 $2 + 2 \neq 4$를 나타낸다. 따라서 기호를 사용해 부정 연산의 특징을 다음과 같이 기술할 수 있다. 'P가 참이면 $\neg P$는 거짓이다. P가 거짓이면 $\neg P$는 참이다.'

더욱 간결하게 T와 F를 사용해 각각 참^{true}과 거짓^{false}을 나타낼 수 있다. 그리고 다음과 같은 진리표로 정의할 수 있다.

P	¬P
T	F
F	T

AND

AND를 나타내는 기호는 ∧이다. 2개의 문장 P와 Q가 있을 때, P와 Q를 결합해 P∧Q를 만들 수 있고 P∧Q는 P와 Q가 모두 참일 때만 참이다. 다음 진리표로 AND 연산을 정의할 수 있다. 처음 2개의 열은 P와 Q가 가질 수 있는 진리값이고, 세 번째 열은 이때 P∧Q의 진리값이다.

P	Q	P∧Q
T	T	T
T	F	F
F	T	F
F	F	F

OR

OR의 기호는 ∨이고, 다음 진리표로 정의할 수 있다.

P	Q	P∨Q
T	T	T
T	F	T
F	T	T
F	F	F

P∨Q는 P와 Q 둘 중에 하나만 참일 때도 참이고 P와 Q 둘 다 참일 때도 참이다. 이것이 수학에서 OR의 의미로서, 포괄적Inclusive OR라고 부르기도 한다. 이와 달리 배타적Exclusive OR는 P와 Q 둘 중 하나만 참일 때만 참이다. 그리고 둘 다 거짓이면 거짓이고 둘 다 참일 때도 거짓이다. 배타적 OR의 기호는 ⊕이고 진리표는 다음과 같다.

P	Q	P⊕Q
T	T	F
T	F	T
F	T	T
F	F	F

(배타적 OR의 기호가 덧셈 부호와 비슷하게 생긴 이유를 나중에 자세히 배운다. 배타적 OR는 모듈러−2 덧셈에 해당한다.)

부울 대수

임의의 2진 표현식의 진리표를 작성하는 방법을 알기 위해서 $\neg(\neg P \wedge \neg Q)$의 진리표를 작성해보자. 단계별로 차근차근 하면 된다. 먼저, P와 Q의 진리값이 가질 수 있는 모든 진리값을 작성한다.

P	Q
T	T
T	F
F	T
F	F

$\neg P$와 $\neg Q$열을 추가한다. 그리고 경우별로 진리값을 적는다.

P	Q	¬P	¬Q
T	T	F	F
T	F	F	T
F	T	T	F
F	F	T	T

$\neg P \wedge \neg Q$열을 추가한다. $\neg P$와 $\neg Q$가 모두 참인 경우에만 참이다.

P	Q	¬P	¬Q	¬P∧¬Q
T	T	F	F	F
T	F	F	T	F
F	T	T	F	F
F	F	T	T	T

마지막으로, ¬(¬P∧¬Q)열을 추가한다. ¬P∧¬Q가 거짓일 때만 참이다.

P	Q	¬P	¬Q	¬P∧¬Q	¬(¬P∧¬Q)
T	T	F	F	F	T
T	F	F	T	F	T
F	T	T	F	F	T
F	F	T	T	T	F

중간 단계의 열들을 생략하면, 최종적으로 다음 진리표를 얻는다.

P	Q	¬(¬P∧¬Q)
T	T	T
T	F	T
F	T	T
F	F	F

논리적 동치

¬(¬P∧¬Q) 진리표의 진리값이 $P \lor Q$ 진리표의 진리값과 같다는 것에 주목하자. 모든 경우에 대해서 똑같은 진리값을 갖고 있다. 이를 $P \lor Q$와 ¬(¬P∧¬Q) 간에 논리적 동치가 성립한다^{logically equivalent}고 말한다. 그리고 다음과 같이 쓴다.

$$P \lor Q \equiv \neg(\neg P \land \neg Q)$$

이것은 OR를 사용할 필요가 없음을 의미한다. OR가 나타나는 경우를 언제나 ¬와 ∧를 포함하는 식으로 대체할 수 있기 때문이다.

⊕으로 표기되는 배타적 OR는 어떨까? ¬와 ∧만 사용하는 식으로 대체할 수 있을까? 가능하다. 지금부터 방법을 알아보자.

⊕의 진리표는 다음과 같다.

P	Q	P⊕Q
T	T	F
T	F	T
F	T	T
F	F	F

세 번째 열이 T인 경우는 우선 P가 T이고 Q가 F인 경우다. 이것은 ¬와 ∧를 사용하는 식 $P \wedge \neg Q$와 결과가 같다.

그다음은 P가 F이고 Q가 T인 경우다. 이것을 ¬와 ∧를 사용하는 식 $\neg P \wedge Q$와 결과가 같다.

이 두 경우에만 세 번째 열은 T이다. 우리가 원하는 동치 표현식을 얻으려면 지금까지 얻은 식을 ∨을 사용해 결합한다. 그러면 다음과 같다.

$$P \oplus Q \equiv (P \wedge \neg Q) \vee (\neg P \wedge Q)$$

다음 식이 성립하는 것은 이미 알고 있으므로,

$$P \vee Q \equiv \neg(\neg P \wedge \neg Q)$$

다음과 같이 바꿔 쓸 수 있다.

$$P \oplus Q \equiv \neg(\neg(P \wedge \neg Q) \wedge (\neg(\neg P \wedge Q)))$$

따라서 ⊕ 역시 사용할 필요가 없다. ⊕가 사용되는 경우 언제나 ¬와 ∧를 포함하는 식으로 바꿀 수 있기 때문이다. 지금 ¬와 ∧를 사용해 ⊕를 대체한 방법은 일반적으로 적용된다.

함수 완전성

지금까지 배운 논리 연산자를 함수처럼 취급할 수 있다. 예를 들어 ∧는 2개의 값 P와 Q를 입력받아서 1개의 출력을 제공하는 함수고, ¬는 1개의 입력과 1개의 출력을 갖는 함수다.

T 또는 F값을 갖는 다수의 입력과 그 각각의 경우마다 T 또는 F값을 제공하는 자신만의 함수를 작성할 수 있다. 이러한 함수를 **부울함수**boolean function라고 한다. P, Q, R 3개의 입력을 받는 함수를 작성해보자. 이 함수는 $f(P, Q, R)$로 쓸 수 있다. 함수를 정의하려면 다음 진리표의 세 번째 열을 채워야 한다.

P	Q	R	$f(P, Q, R)$
T	T	T	
T	T	F	
T	F	T	
T	F	F	
F	T	T	
F	T	F	
F	F	T	
F	F	F	

8개의 값을 채워야 하는데 각 경우마다 T 또는 F값을 가질 수 있으므로 총 2^8개의 함수가 가능하다. 어떤 함수든 간에 $\neg$와 $\wedge$만을 사용하는 동치식을 구할 수 있음을 지금부터 알아보자.

앞서 $P \oplus Q \equiv (P \wedge \neg Q) \vee (\neg P \wedge Q)$를 증명할 때 사용했던 방법을 이번에도 사용한다.

먼저, 마지막 열의 T인 경우를 찾는다. 편의상 다음 진리표로 정의되는 특정 함수를 사용하지만 우리의 방법은 모든 부울함수에 적용된다.

P	Q	R	$f(P, Q, R)$
T	T	T	F
T	T	F	F
T	F	T	T
T	F	F	F
F	T	T	F
F	T	F	T
F	F	T	F
F	F	F	T

첫 번째 T는 P와 R이 T이고 Q가 F인 경우인데 $P \land \neg Q \land R$로 나타낼 수 있다. 다음 T는 P와 R이 F고 Q가 T인 경우인데 $\neg P \land Q \land \neg R$로 나타낼 수 있다. 마지막 T는 P, Q, R이 모두 F인 경우인데 $\neg P \land \neg Q \land \neg R$로 나타낼 수 있다.

이 세 경우에 T가 되는 식은 다음과 같다.

$$(P \land \neg Q \land R) \lor (\neg P \land Q \land \neg R) \lor (\neg P \land \neg Q \land \neg R)$$

따라서 함수를 다음과 같이 쓸 수 있다.

$$f(P,Q,R) \equiv (P \land \neg Q \land R) \lor (\neg P \land Q \land \neg R) \lor (\neg P \land \neg Q \land \neg R)$$

이제, $P \lor Q \equiv \neg(\neg P \land \neg Q)$임을 사용해서 $\lor$를 교체한다.

첫 번째 $\lor$를 교체하면

$$f(P,Q,R) \equiv \neg(\neg(P \land \neg Q \land R) \land \neg(\neg P \land Q \land \neg R)) \lor (\neg P \land \neg Q \land \neg R)$$

두 번째 $\lor$도 교체하면 $f(P, Q, R)$은 아래 식과 논리적 동치임을 알 수 있다.

$$\neg(\neg[\neg(\neg(P \land \neg Q \land R) \land \neg(\neg P \land Q \land \neg R))] \land \neg[\neg P \land \neg Q \land \neg R])$$

이 방법은 일반적으로 적용된다. f가 어떤 진리표로 정의된 함수일 때, f는 함수 $\neg$와 $\land$만 포함하는 표현식과 논리적 동치이다. 이 2개의 함수만 사용해 임의의 부울함수를 작성할 수 있으므로, $\{\neg, \land\}$를 함수 완전한^{functionally complete} 부울 연산자 집합이라고 부른다.

진리표로 정의되는 모든 함수를 $\neg$와 $\land$만으로 작성할 수 있다는 것에 놀랄 수 있다. 하지만 더 놀라운 것이 있다. NAND라는 2진 연산자가 있는데, 임의의 부울함수는 NAND 연산자만을 사용하는 표현식과 논리적 동치다.

NAND

NAND는 NOT과 AND가 합쳐진 단어로서 ↑로 표기된다. 다음과 같이 정의할 수 있다.

$$P \uparrow Q = \neg(P \land Q)$$

진리표로는 다음과 같이 정의된다.

P	Q	P↑Q
T	T	F
T	F	T
F	T	T
F	F	T

{¬, ∧}이 함수 완전한 연산자 집합이라는 것을 이미 알고 있으므로, NAND가 함수 완전함(즉, 임의의 부울 연산자가 NAND만을 사용하는 동치 함수로서 표현될 수 있음)을 보여주기 위해서는 AND와 NOT이 NAND만으로 표현되는 동치식을 갖는다는 것만 보여주면 된다.

다음 진리표를 보자. P, $P \land P$, $\neg(P \land P)$의 진리값이다.

P	P∧P	¬(P∧P)
T	T	F
F	F	T

마지막 열의 진리값이 $\neg P$와 같다는 점에 주목하자. 즉

$$\neg(P \land P) \equiv \neg P$$

그런데 $\neg(P \land P)$는 $P \uparrow P$이므로 다음과 같다.

$$P \uparrow P \equiv \neg P$$

이는 NOT을 언제나 NAND로 바꿀 수 있음을 보여준다. 이번에는 AND로 관심을 돌리자.

다음 식은 항상 성립한다.

$$P \land Q \equiv \neg\neg(P \land Q)$$

$\neg(P \land P) \equiv P \uparrow P$이므로

$$P \land Q \equiv \neg(P \uparrow Q)$$

여기서 NOT을 조금 전의 등식을 사용해 교체하면 다음과 같다.

$$P \wedge Q \equiv (P \uparrow Q) \uparrow (P \uparrow Q)$$

1913년 헨리 셰퍼Henry M. Sheffer는 NAND 단독으로 함수 완전하다는 사실을 처음으로 발표했다. 찰스 샌더스 피어스Charles Sanders Pierce도 19세기 후반에 이를 알아냈지만, 그의 다른 독창적인 논문들과 마찬가지로 한참 뒤에야 발표됐다(셰퍼는 NAND를 기호 |로 표기했다. 많은 책에서 ↑ 대신 셰퍼의 기호를 사용하며 이를 셰퍼 스트로크Sheffer stroke라고 부른다).

부울 변수는 2개의 값 중 하나를 가질 수 있다. 지금까지 T와 F를 사용했지만, 서로 다른 2개의 기호이기만 하면 뭐든 사용할 수 있다. 특히, 0과 1을 사용할 수 있다. T와 F 대신에 0과 1을 사용할 때의 장점은 부울함수를 비트에 대해서 동작하는 함수로 취급할 수 있다는 것이다. 앞으로 우리는 0과 1을 사용할 것이다.

T와 F 대신에 0과 1을 사용하는 방법은 두 가지다. 관습적으로 0이 F를 대체하고 1이 T를 대체한다. 우리도 이 규칙을 따를 것이다. 또, 관습적으로 T를 F보다 앞에 두지만, 0을 1보다 앞에 둔다. 그래서 0과 1로 작성된 진리표와 T와 F로 작성된 진리표를 비교하면 행의 순서가 바뀐다. 아주 혼란스러운 것은 아니지만, 확인을 위해서 두 방법으로 $P \vee Q$에 대한 진리표를 작성하면 다음과 같다.

P	Q	$P \vee Q$
T	T	T
T	F	T
F	T	T
F	F	F

P	Q	$P \vee Q$
0	0	0
0	1	1
1	0	1
1	1	1

게이트

논리를 대수로 표현할 수 있다면 논리 연산을 수행하는 기계를 설계할 수 있음을 여러 사람들이 깨달았다. 그 가운데 클로드 섀넌이 가장 널리 알려진 사람이다. 섀넌은 모든 부울 대수를 전기 스위치를 사용해 수행할 수 있음을 보였으며, 이것은 현대 컴퓨터의 회로 설계의 근간이 되는 기본 개념 중 하나다. 놀랍게도 섀넌은 MIT 대학원생 시절에 이 이론을 발표했다.

불연속적 간격으로 전기 펄스가 전송되거나 전송되지 않는다고 하자. 적절한 시간 간격으로 전기 펄스가 수신됐을 때 우리는 이를 진리값 T 또는 이와 동치인 비트 1로 간주할 수 있다. 적절한 시간 간격으로 전기 펄스가 수신되지 않을 경우, 이를 진리값 F 또는 이와 동치인 비트 0으로 간주할 수 있다.

이러한 2진 연산자에 대응되는 스위치의 조합을 게이트gates라고 부른다. 자주 사용되는 게이트는 고유한 다이어그램이 지정돼 있다. 중요한 것 몇 개를 살펴보자.

NOT 게이트

그림 6.1은 NOT 게이트의 기호를 보여준다. 선이 왼쪽에서 들어와 오른쪽으로 나가는 것으로 생각할 수 있으며, 1이 입력되면 0이 출력되고 0이 입력되면 1이 출력된다.

AND 게이트

그림 6.2는 AND 게이트의 기호를 보여준다. 역시 왼쪽에서 오른쪽으로 읽는다. 0 또는 1인 입력 2개와 출력 1개가 있다. 그림 6.3은 4가지 경우를 보여준다.

그림 6.1 NOT 게이트

그림 6.2 AND 게이트

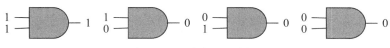

그림 6.3 AND 게이트의 4가지 경우

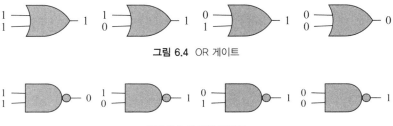

그림 6.4 OR 게이트

그림 6.5 NAND 게이트

OR 게이트

그림 6.4는 OR 게이트의 기호를 보여준다. 4가지 입출력 경우를 볼 수 있다.

NAND 게이트

그림 6.5는 NAND 게이트의 기호를 보여준다. 4가지 입출력 경우를 볼 수 있다.

회로

각 게이트를 연결해 회로를 구성할 수 있다. 이름이 회로^{circuit}이지만, 순환형^{circular}이 아니다. 회로는 선형^{linear}이고, 왼쪽에서 오른쪽으로 읽는다. 왼쪽 선에 비트값을 입력하고 오른쪽 선으로 나오는 출력을 읽는다. 지금까지 배운 부울함수에 대응되는 예제들을 살펴보자.

먼저, 부울식 $\neg(\neg P \wedge \neg Q)$이다. 대응 회로를 게이트로 나타내면 그림 6.6과 같으며, 게이트에 들어가는 선과 나오는 선에 식이 표시돼 있다. 이므로 그림 6.6의 회로는 OR 게이트와 논리적 동치다.

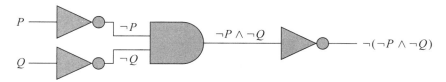

그림 6.6 $\neg(\neg P \wedge \neg Q)$의 회로

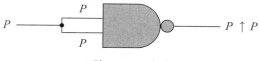

그림 6.7 $P{\uparrow}P$의 회로

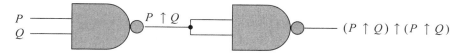

그림 6.8 $(P{\uparrow}Q){\uparrow}(P{\uparrow}Q)$의 회로

다음은 $P{\uparrow}P$이다. NAND 게이트의 입력 2개에 모두 P를 입력하려면 추가로 선을 연결해서 입력 신호를 둘로 분할하면 된다. 이런 신호 분할을 **팬아웃**^{fan-out}이라고 한다. 그림 6.7은 회로를 보여준다.

$P{\uparrow}P \equiv \neg P$이므로 그림 6.7의 회로는 NOT 게이트와 논리적 동치다.

마지막으로 $(P{\uparrow}Q){\uparrow}(P{\uparrow}Q)$이다. $P{\uparrow}Q$을 2개 얻기 위해서 이번에도 팬아웃을 사용한다. 그림 6.8은 회로를 보여준다.

$P \wedge Q \equiv (P{\uparrow}Q){\uparrow}(P{\uparrow}Q)$이므로, 그림 6.8의 회로는 AND 게이트와 논리적 동치다.

NAND는 범용 게이트다

앞서 부울함수 NAND가 함수 완전하다고 했다. 이번 절에서는 게이트를 사용해 이를 다시 확인하자.

NAND의 함수 완전성을 보일 때, 다음 식을 사용해서 OR를 대체할 수 있음을 증명하는 것부터 시작했다.

$$P \vee Q \equiv \neg(\neg P \wedge \neg Q)$$

그림 6.6의 회로를 보면, OR 게이트를 사용할 필요가 없음을 알 수 있다.

다음으로, 모든 부울함수를 NOT과 AND의 조합으로 구성할 수 있음을 증명했다. 따라서 NOT과 AND 게이트만 사용해 임의의 부울함수를 계산하는 회로를 구성할 수 있다.

그다음에 NAND가 자체적으로 함수 완전하다는 것을 보임으로써 NAND가 NOT 과 AND를 생성할 수 있다는 것을 증명했는데, NAND 게이트에 대해서도 비슷하게 말할 수 있다. NAND 게이트만 사용하는 회로를 사용해 임의의 부울함수를 구현할 수 있는 것이다. 다만 이번에는 함수 완전성 대신에 범용^{universal} 게이트라는 단어가 사용된다. 즉 NAND는 범용 게이트다. 이에 대해서 더 자세히 살펴보자.

그림 6.7과 6.8의 회로는 NOT과 AND 게이트를 제거하고 NAND 게이트로 대체하는 방법을 보여준다. 하지만 팬아웃도 사용해야 한다는 것에 주목하자. 팬아웃 연산은 1비트의 정보를 입력받아서 이 입력 비트와 값이 동일한 2개의 비트를 출력한다. 여러분은 배선만 추가하면 되니까 어려울 것이 없다고 생각할지 모른다. 하지만 나중에 양자 비트에 대해서는 팬아웃을 할 수 없음을 배울 것이다.

게이트와 컴퓨팅

게이트는 현대 컴퓨터의 기본적인 구성 요소다. 게이트를 사용하면 논리 연산뿐만 아니라 계산도 할 수 있다. 게이트를 사용하는 계산에 대해서 이 책은 자세히 다루지 않는다(관심 있는 독자는 찰스 펫졸드^{Charles Petzold}의 명저 『Code(코드)』를 보자. 스위치부터 시작해서 컴퓨터를 구성하는 방법을 보여준다). 하지만 덧셈의 구현 방법을 보여주는 간단한 예제를 보자.

⊕기호로 표기되는 배타적 OR는 다음과 같이 정의된다.

$$0 \oplus 0 = 0, \qquad 0 \oplus 1 = 1, \qquad 1 \oplus 0 = 1, \qquad 1 \oplus 1 = 0$$

이것은 홀수와 짝수를 더하는 것과 비교할 수 있다.

짝수 + 짝수 = 짝수, 짝수 + 홀수 = 홀수, 홀수 + 짝수 = 홀수, 홀수 + 홀수 = 짝수

그림 6.9 XOR 게이트

이처럼 "홀수성"과 "짝수성"을 더하는 것을 모듈러-2 덧셈이라고 한다. 0이 "짝수성"을 나타내고 1이 "홀수성"를 나타내다면, 모듈러-2는 ⊕로 정의될 수 있다. 그래서 ⊕에 덧셈 기호가 포함된 것이다.

배타적 OR 게이트를 XOR라고도 부르며 그림 6.9와 같이 표기한다.

이 게이트를 사용해 소위 반가산기$^{Half-adder}$를 구성할 수 있다. 이 회로는 2개의 이진수를 더한다. 이해를 돕기 위해서 십진수 반가산기와 비교하자. 합이 10보다 작은 숫자 2개가 주어졌을 때는 더하기만 하면 된다. 예를 들어 2 + 4 = 6이고 3 + 5 = 8이다.

그러나 합이 10보다 크면, 십의 자리에 1을 올려서 계산해야 한다. 예를 들어 7 + 5 = 2이고 자리올림^{carry}은 1이다.

2진 반가산기는 비슷한 계산을 수행하며, XOR 게이트와 AND 게이트로 구성할 수 있다. XOR 게이트는 숫자를 계산하고 AND 게이트는 자리올림을 계산한다.

$$0 + 0 = 0, \text{자리올림 } 0$$
$$0 + 1 = 1, \text{자리올림 } 0$$
$$1 + 0 = 1, \text{자리올림 } 0$$
$$1 + 1 = 0, \text{자리올림 } 1$$

이 계산을 하는 회로가 그림 6.10에 나와 있다(이 그림에서 점에서 선이 갈라지는 것은 팬아웃을 의미한다. 반면에 점이 없으면 선이 교차해도 서로 연결되지 않음을 의미한다).

가산기가 아니라 반가산기라고 부르는 이유는 전 단계의 계산으로부터 자리올림을 받을 수 없기 때문이다. 십진수를 더하는 예제를 보자. 아래의 4자리 숫자들을 더하고자 하는데, 여기서 별 기호는 미지의 숫자를 의미한다.

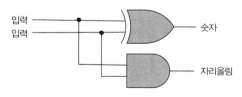

그림 6.10 반가산기 회로

$$**6*$$
$$+ \quad **5*$$

6과 5를 더하면 숫자 1과 자리올림 1을 얻을 수 있다. 하지만 계산의 첫 단계에서 자리올림 1이 발생했다면 이 단계에서는 숫자 2와 자리올림 1이 되어야 맞다. 전가산기$^{full-adder}$는 전 단계에서 들어오는 자리올림을 고려하는 가산기를 의미한다.

전가산기의 회로를 여기서 보여주지는 않지만, 그리는 방법은 어렵지 않다. 임의의 게이트는 NAND 게이트로 대체할 수 있으므로, NAND 게이트와 팬아웃만 사용해 가산기를 구성할 수 있다. 사실 이 2개만 사용해서 컴퓨터 전체를 구성할 수도 있다.

메모리

지금까지 논리 게이트의 사용법과 게이트를 사용해 계산을 수행하는 방법을 살폈다. 하지만 컴퓨터를 구성하려면 데이터를 저장할 수도 있어야 한다. 이것도 게이트를 사용해 수행할 수 있다. 방법을 자세히 설명하려면 너무 많은 지면이 필요하지만, 핵심은 **플립플롭**$^{flip-flop}$을 구성하는 것이다. 플립플롭은 피드백^{feedback}을 사용하는 게이트들로 구성할 수 있다. 게이트의 출력이 다시 입력으로 공급되는 것이다. 2개의 NAND 게이트를 사용하는 예제가 그림 6.11에 나와 있다. 구현 방법은 자세히 설명하지 않겠지만, 주의할 것은 피드백을 사용할 때 입력과 출력 타이밍을 정확하게 맞추는 것이 매우 중요하다는 점이다. 이를 위해 클록^{clock}을 사용한다. 클록은 전기 펄스를 일정한 시간 간격으로 보내주는 역할을 한다.

가역 컴퓨팅

지금까지 고전적인 게이트로 컴퓨터를 어떻게 구성할 수 있는지 어느 정도 개념을 잡았으니, 이제 가역 게이트$^{reversible\ gate}$에 대해서 알아보자.

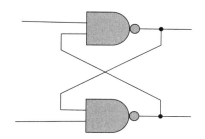

그림 6.11 2개의 NAND 게이트를 사용하는 플립플롭

우리는 게이트를 부울함수로서 취급할 수 있다. 예를 들어 AND 게이트는 2개의 부울 입력을 받아서 1개의 부울 출력값을 제공한다. 이것을 나타내는 가장 쉬운 방법은 테이블을 사용하는 것이다(이 테이블은 앞서 우리가 진리표라고 불렀던 것과 똑같다).

AND		
입력		출력
0	0	0
0	1	0
1	0	0
1	1	1

반가산기도 테이블을 사용해 나타낼 수 있다. 이번에는 입력과 출력이 각각 2개다.

반가산기			
입력		출력	
		숫자	캐리
0	0	0	0
0	1	1	0
1	0	1	0
1	1	0	1

이번 절에서 우리가 살펴볼 가역 게이트는 역함수$^{invertible\ function}$에 해당한다. 출력이 주어졌을 때 입력이 무엇이었는지 알 수 있는가? 모든 경우에 가능하다면 그 함수는 역함수이고, 게이트는 가역 게이트다.

AND의 경우 출력이 1이면 입력이 모두 1임을 알 수 있지만, 출력값이 0이면 3가지 입력쌍이 존재하므로 추가 정보가 없는 한 입력을 정확히 알 수 없다. 따라서

AND는 가역 게이트가 아니다.

반가산기도 가역적이지 않다. 숫자 1과 캐리 0을 제공하는 입력 쌍이 2가지이기 때문이다. 이 두 경우에서 입력 정보의 2비트를 알고 있지만 출력 정보의 2비트는 알지 못한다. 계산 과정에서 뭔가 정보가 손실된 것이다.

가역 게이트 및 가역 컴퓨팅 연구는 컴퓨팅의 열역학 연구에서 시작됐다. 섀넌은 정보에 대해서 엔트로피entropy를 정의했다. 엔트로피는 열역학에도 정의되어 있는데, 사실 섀넌은 열역학에서 엔트로피의 개념을 가져온 것이다. 이 두 엔트로피는 서로 얼마나 밀접한 관련이 있을까? 컴퓨팅 이론을 열역학의 관점으로 표현할 수 있을까? 특히 계산 수행에 요구되는 최소 에너지를 다룰 수 있을까? 존 폰 노이만John von Neumann은 정보가 손실될 때 에너지가 소비된다고, 즉 열이 발산된다고 가정했다. 롤프 란다우어Rolf Landauer는 이를 증명하고, 1비트 정보를 지우는 데 필요한 최소한의 에너지 양을 정의했다. 이 에너지 양을 란다우어 한계Landauer limit라고 부른다.

하지만 계산이 가역적이라면 정보는 손실되지 않으며 이론적으로는 에너지 손실 없이 계산이 수행될 수 있다.

지금부터 3가지 가역 게이트인 CNOT, 토폴리, 프레드킨 게이트를 살펴보자.

제어 NOT 게이트

CNOT 혹은 제어controlled NOT 게이트는 2개의 값을 입력받아서 2개의 값을 출력한다. 첫 번째 입력을 제어 비트라고 하며, 이 비트가 0이면 두 번째 비트에 영향을 미치지 않는다. 하지만 제어 비트가 1이면 두 번째 비트에 대해서 NOT 게이트처럼 동작한다. 제어 비트는 첫 번째 입력 비트이며 x로 표시된다. 이 비트는 변경되지 않으며 첫 번째 출력이 된다. 제어 비트가 0인 경우, 두 번째 출력은 두 번째 입력과 동일하지만 제어 비트가 1인 경우 두 번째 출력은 반전된다. 이 함수는 $f(x, y) = (x, x \oplus y)$ 또는 다음의 진리표로 정의된다.

CNOT			
입력		출력	
x	y	x	x ⊕ y
0	0	0	0
0	1	0	1
1	0	1	1
1	1	1	0

이 연산이 가역적이라는 것에 주목하자. 출력쌍에 대해서 그에 대응하는 입력쌍이 정확히 1개 존재한다.

팬아웃과 XOR 게이트를 사용해 이 연산을 수행하는 회로를 만들 수 있다. 그림 6.12에 나와 있다.

하지만 이 그림은 널리 사용되지 않는다. 대신에 그림 6.13과 같은 단순 버전이 주로 사용된다.

CNOT 게이트는 가역적일 뿐만 아니라 그 자체가 역이라는 좋은 특징을 갖고 있다. 즉, 2개의 CNOT 게이트를 직렬로 연결하면 (즉. 첫 번째 게이트의 출력이 두 번째 게이트의 입력이 되도록 연결하면) 두 번째 게이트의 출력이 첫 번째 게이트의 입력과 같다. 즉, 두 번째 게이트는 첫 번째 게이트가 한 일을 취소한다. CNOT 게이트를 1번 적용하는 것을 다음과 같이 나타낼 수 있다.

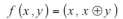

$$f(x,y) = (x, x \oplus y)$$

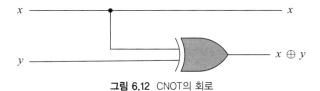

그림 6.12 CNOT의 회로

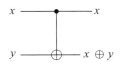

그림 6.13 CNOT 게이트의 일반적인 표현

이 출력을 다른 CNOT 게이트의 입력으로 사용하면 다음과 같이 된다.

$$f(x, x \oplus y) = (x, x \oplus x \oplus y) = (x, y)$$

이 결과를 유도하는 과정에서 $x \oplus x = 0$이고 $0 \oplus y = y$인 성질이 이용됐다.

최초 입력이 (x, y)였는데, 게이트를 2번 통과한 후 다시 (x, y)가 출력된 것을 볼 수 있다.

토폴리 게이트

토마소 토폴리Tommaso Toffoli가 고안한 토폴리 게이트는 3개의 입력과 3개의 출력을 사용한다. 처음 2개의 입력은 제어 비트로서, 둘 다 1이면 세 번째 비트를 반전시키고 그렇지 않으면 세 번째 비트는 그대로 유지된다. 이 게이트는 CNOT 게이트와 비슷하게 동작하지만 제어 비트가 2개이기 때문에 CCNOT 게이트라고 부르기도 한다. 이 게이트를 나타내는 함수는 다음과 같이 쓸 수 있다.

$$T(x, y, z) = (x, y, (x \wedge y) \oplus z)$$

테이블로 나타내면 다음과 같다.

토폴리 게이트					
입력			출력		
x	y	z	x	y	$(x \wedge y) \oplus z$
0	0	0	0	0	0
0	0	1	0	0	1
0	1	0	0	1	0
0	1	1	0	1	1
1	0	0	1	0	0
1	0	1	1	0	1
1	1	0	1	1	1
1	1	1	1	1	0

이 게이트의 표준적인 다이어그램(그림 6.14)은 CNOT 게이트의 다이어그램에서 비롯한 것이다.

테이블을 자세히 보면 토폴리 게이트가 가역 게이트임을 알 수 있다(각 출력쌍은 1개의 입력쌍에 대응한다). CNOT 게이트처럼 이 게이트도 자체적으로 역이다.

$T(x, y, z) = (x, y, (x \wedge y) \oplus z)$이므로, 출력을 새로운 입력으로 사용한 뒤 T를 다시 적용하면 다음과 같이 된다.

$$T(x, y, (x \wedge y) \oplus z) = (x, y, (x \wedge y) \oplus (x \wedge y) \oplus z) = (x, y, z)$$

이 결과를 유도하는 과정에서는 $(x \wedge y) \oplus (x \wedge y) = 0$이고 $0 \oplus z = z$인 성질이 이용됐다.

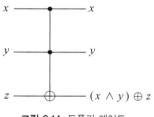

그림 6.14 토폴리 게이트

토폴리 게이트도 범용 게이트다. 앞서 NAND 게이트와 팬아웃만으로 임의의 부울 회로를 구성할 수 있음을 배웠다. 따라서 토폴리 게이트가 범용 게이트라는 것을 보여주려면 토폴리 게이트를 사용해서 NAND 게이트와 팬아웃을 계산할 수 있음을 보여주면 된다.

NAND 게이트는 $f(x, y) = \neg(x \wedge y)$로 기술되므로, x와 y를 입력해서 $\neg(x \wedge y)$의 출력을 얻는 방법이 필요하다. 지금 우리는 토폴리 게이트를 사용할 것이기 때문에 3개의 값을 입력하고 3개의 값을 출력할 것이다. $\neg(x \wedge y)$는 논리적으로 $(x \wedge y) \oplus 1$과 동치이다. 이렇게 세 번째 입력 값을 항상 1로 하면, 추가적인 출력 값을 무시할 수 있다. 따라서

$$T(x, y, 1) = (x, y, (x \wedge y) \oplus 1) = (x, y, \neg(x \wedge y))$$

를 사용하면, x와 y를 입력하고 출력의 세 번째 항목을 읽어서 NAND 게이트를 흉내 낼 수 있음을 보일 수 있다.

팬아웃에 대해서도 비슷한 아이디어를 사용할 수 있다. 1개의 값 x를 입력해서 둘 다 x인 2개의 출력을 얻고 싶다. 토폴리 게이트는 3개의 입력과 3개의 출력을 가지므로, x가 아닌 두 개의 입력은 고정시킬 수 있고, 출력 중에서 2개가 x가 되면 세 번째 출력은 무시할 수 있다. 이는 다음과 같이 나타낼 수 있다.

$$T(x,1,0) = (x,1,x)$$

결론적으로 임의의 부울 회로를 토폴리 게이트만 사용해 구성할 수 있다.

이런 구성은 가역 게이트를 사용할 때 자주 볼 수 있다. 입력의 수가 출력의 수와 같아야 하지만, 설령 입력과 출력의 수가 다르더라도 보조 비트^{ancilla bit}라고 부르는 여분의 비트를 입력에 추가하거나 혹은 출력 비트를 무시하는 방법을 사용하는 것이다. 이때 무시되는 출력 비트를 가비지 비트^{garbage bit}라고 부르기도 한다. 조금 전에 토폴리 게이트를 사용해 팬아웃을 수행할 수 있음을 보여주는 예에서 사용한 $T(x,1,0) = (x,1,x)$의 경우, 입력의 1과 0은 보조 비트이고 출력의 1은 가비지 비트다.

프레드킨 게이트

프레드킨^{Fredkin} 게이트도 3개의 입력과 3개의 출력이 있다. 첫 번째 입력은 제어 비트로서 0이면 두 번째와 세 번째 입력은 변경되지 않는다. 반면에 제어 비트가 1이면 두 번째와 세 번째 입력을 맞바꾼다. 즉, 두 번째 출력은 세 번째 입력이고, 세 번째 출력은 두 번째 입력이 된다. 다음과 같이 정의될 수 있다.

$$F(0, y, z) = (0, y, z), F(1, y, z) = (1, z, y)$$

테이블로는 다음과 같이 정의된다.

프레드킨 게이트					
입력			출력		
x	y	z	x		
0	0	0	0	0	0
0	0	1	0	0	1
0	1	0	0	1	0
0	1	1	0	1	1
1	0	0	1	0	0
1	0	1	1	1	0
1	1	0	1	0	1
1	1	1	1	1	1

이 테이블에서 확인할 수 있듯이 프레드킨 게이트는 가역 게이트이며, CNOT 및 토폴리 게이트처럼 자체적으로 역이다. 또, 각 입력의 1의 개수가 이에 대응하는 출력의 1의 개수와 같다는 성질을 갖고 있다. 우리는 나중에 당구공을 사용해 프레드킨 게이트를 구성할 때 이 성질을 이용할 것이다(당구공 게이트를 구성할 때 게이트에 들어오는 공과 게이트를 나가는 공의 수가 같아야 한다). 그림 6.15는 이 게이트의 다이어그램을 보여준다.

$F(0,0,1) = (0,0,1)$ 이고 $F(1,0,1) = (1,1,0)$이므로 x가 가질 수 있는 모든 값에 대해서 다음 식이 성립한다.

$$F(x,0,1) = (x,x,\neg\, x)$$

그림 6.15 프레드킨 게이트

이것은 프레드킨 게이트를 팬아웃과 부정^{negation} 모두에 사용할 수 있음을 의미한다. 팬아웃의 경우 ¬x를 가비지 비트로 취급하고, 반전의 경우 x를 가비지 비트로 취급하면 된다.

z를 0으로 두면 다음을 얻을 수 있다.

$$F(0,0,0) = (0,0,0), \quad F(0,1,0)=(0,1,0), \quad F(1,0,0) = (1,0,0), \quad F(1,1,0) = (1,0,1)$$

이것을 더 간결하게 아래처럼 쓸 수 있다.

$$F(x,y,0) = (x, \neg x \wedge y, x \wedge y)$$

이것은 프레드킨 게이트를 사용해서 AND 게이트를 구성할 수 있음을 알려준다(0은 보조 비트, x와 ¬$x \wedge y$는 가비지 비트).

임의의 부울 회로를 NOT 게이트, AND 게이트, 팬아웃으로 구성할 수 있으므로 프레드킨 게이트만 사용해 임의의 부울 회로를 구성할 수 있다. 토폴리 게이트와 마찬가지로 프레드킨 게이트도 범용 게이트다.

앞서 프레드킨 게이트를 다음과 같이 정의했는데,

$$F(0, y, z) = (0, y, z), F(1, y, z) = (1, z, y)$$

지금부터 이와 논리적으로 동치인 다른 정의를 유도해보자.

이 게이트는 3개의 숫자를 출력한다. 첫 번째 출력은 항상 첫 번째 입력 x와 같다. 두 번째 출력은 $x = 0$이고 $y = 1$ 또는 $x = 1$이고 $z = 1$이면 1이고 이를 $(\neg x \wedge y) \vee (x \wedge z)$로 표현할 수 있다. 세 번째 출력은 $x = 0$이고 $z = 1$ 또는 $x = 1$이고 $y = 1$이면 1이고 이를 $(\neg x \wedge z) \vee (x \wedge y)$로 표현할 수 있다. 따라서 다음과 같이 정의할 수 있다.

$$F(x,y,z) = (x, (\neg x \wedge y) \vee (x \wedge z), (\neg x \wedge z) \vee (x \wedge y))$$

이 정의는 너무 복잡하다. $x = 0$이면 y와 z가 바뀌지 않고 $x = 1$이면 y와 z가 바뀐다고 정의하는 것보다 훨씬 기억하기 어렵다. 하지만 이 복잡한 정의가 유용할 때가 있는데, 당구공을 사용해서 프레드킨 게이트를 구성하는 방법을 보여주는 다음 절에서 그 유용성을 확인할 수 있다.

당구공 컴퓨팅

지금까지 실제로 게이트를 제작하는 방법을 논의한 적이 없다. 전압의 유무로 비트 1과 0을 나타내는 스위치와 와이어로 게이트를 제작할 수 있다. 하지만 프레드킨은 서로 튕기는 당구공과 의도적으로 배치된 거울을 사용해서 게이트를 구축할 수도 있음을 보여줬다. 거울은 공이 튀는 벽을 의미한다(입사각이 반사각과 같으므로 거울이라고 한다). 당구공 게이트는 이론상의 장치로서 모든 충돌이 완전탄성충돌로서 에너지 손실이 없는 이상적인 상황을 가정한다. 스위치 게이트라고 부르는 간단한 게이트의 예가 그림 6.16에 나와 있다. 이 그림에서 실선은 벽을 나타내고, 점선은 공의 중심의 궤적을 나타낸다.

왼쪽 그림에서 1개의 공이 입력 1을 통해 들어온다. 입력 2에 아직 공을 넣지 않았으므로, 이 공은 아무 방해 없이 출력 1을 통해서 밖으로 나온다. 오른쪽 그림에서는 입력 2를 통해 1개의 공이 들어오고 입력 1로는 공을 보내지 않고 있다. 이 공은 출력 2A로 나온다.

2개의 입력 슬롯을 통해 공을 보내는 방법은 2가지 더 있다. 당연하지만, 공을 넣지 않으면 나오는 공도 없다. 가장 복잡한 경우는 공이 2개의 입력 모두로 들어오는 경우다. 2개의 공은 크기, 질량, 속도가 동일하며, 공이 동시에 들어온다고 가정한다. 그림 6.17은 이때 무슨 일이 일어나는지 보여준다.

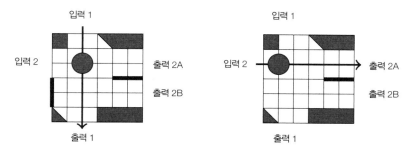

그림 6.16 당구공 스위치 게이트

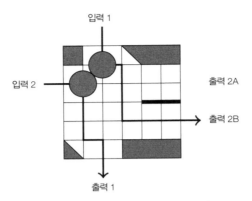

그림 6.17 스위치 게이트로 들어가는 2개의 공

    처음에 공들이 서로 충돌하고, 대각선 벽(즉 거울)에서 반사된 뒤 다시 충돌한다. 그리고 결국에는 밖으로 나오는데 하나는 출력 1로, 다른 하나는 출력 2를 통해서 나온다(공의 중심의 이동 경로가 굵은 화살표로 표시돼 있다).

    공의 존재를 1로, 공의 부재를 0으로 나타내면 게이트의 동작을 다음 테이블로 정리할 수 있다.

스위치 게이트				
입력		출력		
1	2	1	2A	2B
0	0	0	0	0
0	1	0	1	0
1	0	1	0	0
1	1	1	0	1

x, y, $\neg x \wedge y$, $x \wedge y$를 사용해 테이블을 다음과 같이 재구성할 수 있다.

x	y	x	$\neg x \wedge y$	$x \wedge y$
0	0	0	0	0
0	1	0	1	0
1	0	1	0	0
1	1	1	0	1

이렇게 하면 스위치 게이트를 그림 6.18과 같이 입력과 출력에 이름이 부여된 블랙박스처럼 취급할 수 있다.

그림 6.18은 공이 어디서 들어오고 나가는지 알려준다. 1개의 공이 x를 통해서 들어오면, 1개의 공은 반드시 x를 통해 공을 나가야 한다. 1개의 공이 y를 통해 들어오면, x를 통해 들어오는 공이 없을 경우 1개의 공이 $\neg x \wedge y$을 통해 나가고, x를 통해 들어오는 공이 있을 경우 $x \wedge y$를 통해서 나간다. 이 시점에서 여러분은 2개의 공이 들어오는 경우 공이 서로 바뀐다는 걱정을 할지 모른다. x를 통해 나가는 공이 y를 통해 들어온 공이고, $x \wedge y$로 나가는 공은 x로 들어온 공이기 때문이다. 그러나 이것은 문제가 되지 않는다. 우리는 공을 서로 구별할 수 없다고 간주하기 때문이다. 공의 위치를 추적할 뿐, 공이 어디에서 온 것인지는 추적하지 않는다.

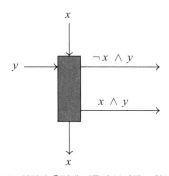

그림 6.18 입력과 출력에 이름이 부여된 스위치 게이트

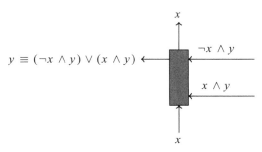

그림 6.19 입력과 출력이 바뀐 스위치 게이트

그림 6.19와 같이 게이트를 뒤집을 수도 있다. 이 그림을 해석할 때 조심할 것이 있다. 공이 $\neg x \wedge y$를 통해 들어오면 x를 통해 들어오는 공이 없으므로, 공은 곧바로 가로질러 간다. 반면에 $x \wedge y$를 통해 공이 들어오면 x를 통해 들어오는 공이 있으므로 서로 충돌한다. 그래서 하나는 게이트 상단으로, 다른 하나는 왼쪽으로 나온다. 이것은 $\neg x \wedge y$ 또는 $x \wedge y$이면 공이 왼쪽으로 나간다는 의미이므로 이 출구를 $(\neg x \wedge y) \vee (x \wedge y)$로 나타낼 수 있다. 그러나 $(\neg x \wedge y) \vee (x \wedge y)$는 논리적으로 y와 동치이므로, 게이트를 반전해도 화살표가 반대로 바뀔 뿐 이름은 그대로 유지된다.

이제 프레드킨 게이트를 구성할 수 있다.

$$F(x, y, z) = (x, (\neg x \wedge y) \vee (x \wedge z), (\neg x \wedge z) \vee (x \wedge y)).$$

x, y, z를 입력해서 x, $(\neg x \wedge y) \vee (x \wedge z)$, $(\neg x \wedge z) \vee (x \wedge y)$가 출력되도록 구성해야 하는데, 4개의 스위치 게이트를 사용해 그림 6.20과 같이 구성할 수 있다.

이 그림에서 경로 내의 90° 이동은 대각선으로 배치된 거울에서 반사될 때 일어난다. 그 밖의 상호작용은 오직 스위치 게이트에서만 발생한다. 교차 경로가 충돌을 의미하는 것이 아님에 주의하자. 공들은 서로 다른 타이밍에 교차점을 지난다. 공의 충돌 타이밍을 조절하기 위해서 거울을 사용해 경로에 작은 우회로를 추가함으로써 지연 시간^{delay}을 설정할 수 있다. 예를 들어 직선 경로를 그림 6.21과 같은 경로로 변경해서 약간의 지연을 추가할 수 있다.

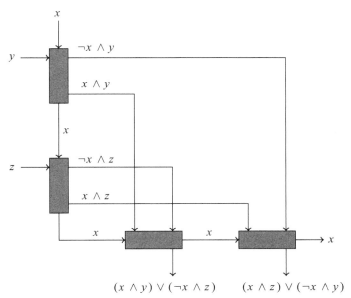

그림 6.20 스위치 게이트로 구성된 프레드킨 게이트

그림 6.21 직선 경로에 추가된 지연

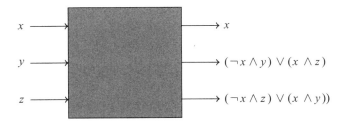

그림 6.22 회로에서 사용되는 당구공 프레드킨 게이트

적절한 장소에 거울을 배치하고 지연을 추가함으로써 출력을 입력과 정렬시켜서 공들이 동시에 들어오고 동시에 나가도록 게이트를 구성할 수 있다(그림 6.22). 그다음 둘 이상의 프레드킨 게이트를 포함하는 회로를 구성할 수 있다.[1] 프레드킨 게이트는 범용 게이트이므로 임의의 부울 회로를 구성할 수 있다. 따라서 당구공과 거울만을 사용해 임의의 부울 회로를 구성할 수 있다.

프레드킨은 우주가 컴퓨터라고 믿는다. 프레드킨이 자신의 이런 믿음을 파인만에게 설득하지는 않았지만, 프레드킨의 당구공 컴퓨터는 파인만에게 확실히 깊은 인상을 남겼다. 프레드킨과 파인만은 공의 위치나 속도의 약간의 오차도 주변에 전파되고 증폭돼 큰 오차가 발생한다는 것을 알고 있었다. 또 현실에서의 충돌은 결코 완전탄성이 아니다. 마찰 시 열 손실이 항상 발생하기 때문이다. 당구공 컴퓨터는 분명히 이론적인 기계일 뿐이며, 실제로 만들 수 있는 것이 아니다. 그러나 이 기계는 서로 부딪히는 원자들의 이미지를 연상시키며, 파인만이 고전역학이 아닌 양자역학에 기반한 게이트를 고안하는 데 많은 기여를 했다. 7장에서 이 개념을 더 자세히 알아볼 것이다.

---

1 http://www.bubblycloud.com/billiard/fredkin-from-switches.html에서 공이 들어오고 나가는 게이트의 동작을 보여주는 애니메이션을 볼 수 있다. - 지은이

양자 게이트와 양자 회로

양자 게이트와 양자 회로는 고전적인 논리 게이트와 논리 회로의 자연스러운 확장이다. 앨리스에서 밥에게 전송되는 큐비트를 기술하기 위해 수학을 다르게 접근하는 방식이기도 하다.

나는 열차를 타고 출퇴근한다. 가끔 내가 탄 열차가 정지해 있고, 창문에서 불과 1인치 떨어진 위치에 다른 열차가 정지해 있을 때가 있다. 이 상황에서 열차 한 대가 천천히 움직이기 시작한다고 하자. 그러면 내가 탄 열차가 움직이는지, 아니면 다른 열차가 움직이는지 분간이 안 갈 때가 있다. 내가 앞으로 이동하는 것일 수도 있고, 다른 열차가 반대 방향으로 이동하는 것일 수도 있다. 두 시나리오 모두 가능하다. 밥의 큐비트 측정도 같은 해석이 가능한데, 밥이 자신의 측정 장치를 회전시킨다고 생각할 수도 있고, (밥의 측정 장치 방향은 그대로지만) 앨리스가 밥으로 보내는 큐비트가 회전한다고 생각할 수도 있다. 앨리스와 밥이 멀리 떨어져 있을 때는 밥의 측정 장치가 회전한다고 생각하는 편이 낫다. 그러나 큐비트를 자기 자신에게 보낸다면, 큐비트가 이동하는 동안에 측정 장치가 회전한다고 생각하는 것보다 장치는 고정돼 있고 큐비트가 회전한다고 생각하는 편이 더 자연스럽다. 큐비트가 전송된 시점과 측정된 시점

사이에 회전이 일어났다고 보는 것이다. 양자 게이트를 통해서 큐비트를 전송하면 이러한 회전이 일어난다. 앞서 큐비트의 측정 방향을 선택하는 것이 직교행렬을 선택하는 것에 대응한다고 배웠는데, 이번에는 측정 방향은 고정돼 있고 직교행렬은 큐비트가 통과하는 게이트에 대응한다고 취급할 것이다. 예제를 살펴보기 전에 기저 켓의 새로운 이름을 알아보자.

큐비트

지금 우리는 측정 장치가 고정됐다고 가정하므로, 큐비트의 전송과 수신에 대해서 1개의 순서 기저만 사용해야 한다. 따라서 표준 기저 $\left(\begin{bmatrix} 1 \\ 0 \end{bmatrix}, \begin{bmatrix} 0 \\ 1 \end{bmatrix} \right)$을 선택하는 것이 자연스럽다. 앞서 이 표준 기저를 $(|\uparrow\rangle, |\downarrow\rangle)$로 나타내기도 했고, 첫 번째 벡터를 비트 0에, 두 번째 벡터를 비트 1에 연관시키기도 했다. 지금 이 기저만 사용할 것이니 비트와의 관련성을 반영하는 새로운 이름을 켓에 부여하는 편이 좋다. 그래서 $|0\rangle$은 $\begin{bmatrix} 1 \\ 0 \end{bmatrix}$, $1\rangle$은 $\begin{bmatrix} 0 \\ 1 \end{bmatrix}$을 나타내는 것으로 하자.

일반적으로 큐비트는 $a_0|0\rangle + a_1|1\rangle$ 형식을 가지며, $a_0^2 + a_1^2 = 1$이다. 큐비트를 측정해 큐비트의 상태가 $|0\rangle$으로 도약하면 0이 읽히고, 큐비트의 상태가 $|1\rangle$로 도약하면 1로 읽힌다. 첫 번째 경우가 일어날 확률은 a_0^2이고 두 번째 경우가 일어날 확률은 a_1^2이다.

일반적으로 우리가 다루는 시스템은 둘 이상의 큐비트를 사용하므로 텐서곱을 만들어야 한다. 큐비트가 2개일 때, 순서 기저는 기본적으로 다음과 같다.

$$\left(\begin{bmatrix} 1 \\ 0 \end{bmatrix} \otimes \begin{bmatrix} 1 \\ 0 \end{bmatrix}, \begin{bmatrix} 1 \\ 0 \end{bmatrix} \otimes \begin{bmatrix} 0 \\ 1 \end{bmatrix}, \begin{bmatrix} 0 \\ 1 \end{bmatrix} \otimes \begin{bmatrix} 1 \\ 0 \end{bmatrix}, \begin{bmatrix} 0 \\ 1 \end{bmatrix} \otimes \begin{bmatrix} 0 \\ 1 \end{bmatrix} \right)$$

이것을 $(|0\rangle \otimes |0\rangle, |0\rangle \otimes |1\rangle, |1\rangle \otimes |0\rangle, |1\rangle \otimes |1\rangle)$로 쓸 수 있다. 텐서곱 기호를 생략할 수 있으므로 $(|0\rangle|0\rangle, |0\rangle|1\rangle, |1\rangle|0\rangle, |1\rangle|1\rangle)$로 더욱 단순화할 수 있다. 추가로, $|ab\rangle$가 $|a\rangle|b\rangle$을 의미한다고 정하면, 더욱 짧게 $(|00\rangle, |01\rangle, |10\rangle, |11\rangle)$로 표현할 수 있다.

이런 내용이 게이트와 어떤 관련이 있을까? 먼저 CNOT 게이트를 복습하자.

CNOT 게이트

고전적인 CNOT 게이트는 2개의 비트를 입력받아서 2개의 비트를 출력한다. 다음 테이블로 정의할 수 있다.

CNOT			
입력		출력	
x	y	x	$x \oplus y$
0	0	0	0
0	1	0	1
1	0	1	1
1	1	1	0

0을 $|0\rangle$으로, 1을 $|1\rangle$로 대체하면 자연스럽게 큐비트로 확장할 수 있다. 그러면 테이블은 다음과 같아진다.

CNOT			
입력		출력	
x	y	x	$x \oplus y$
$|0\rangle$	$|0\rangle$	$|0\rangle$	$|0\rangle$
$|0\rangle$	$|1\rangle$	$|0\rangle$	$|1\rangle$
$|1\rangle$	$|0\rangle$	$|1\rangle$	$|1\rangle$
$|1\rangle$	$|1\rangle$	$|1\rangle$	$|0\rangle$

조금 전의 단순 표기법을 사용하면 더욱 간결하게 나타낼 수 있다.

CNOT	
입력	출력
$|00\rangle$	$|00\rangle$
$|01\rangle$	$|01\rangle$
$|10\rangle$	$|11\rangle$
$|11\rangle$	$|10\rangle$

이 테이블을 통해서 기저 벡터가 어떻게 되는지 알 수 있다. 그리고 기저 벡터들의 선형 조합으로 확장할 수 있다.

$$CNOT\ (r|00\rangle + s|01\rangle + t|10\rangle + u|11\rangle) = r|00\rangle + s|01\rangle + u|10\rangle + t|11\rangle$$

$|10\rangle$과 $|11\rangle$의 확률 진폭이 서로 바뀐 것을 알 수 있다.

앞서 배운 CNOT 게이트의 다이어그램은 그대로 사용할 것이지만 해석 방법에 주의해야 한다. 고전적 비트의 경우, 왼쪽 상단에서 들어오는 비트가 오른쪽 상단으로 나갈 때 값이 변경되지 않는다. 이런 특성은 상단의 큐비트가 $|0\rangle$ 또는 $|1\rangle$일 때는 그대로지만, 그 밖의 다른 큐비트일 경우에는 적용되지 않는다.

예를 들어 상단에서 $\frac{1}{\sqrt{2}}|0\rangle + \frac{1}{\sqrt{2}}|1\rangle$가 들어오고 하단에서 $|0\rangle$가 들어온다고 하자.

입력 큐비트는 $\left(\frac{1}{\sqrt{2}}|0\rangle + \frac{1}{\sqrt{2}}|1\rangle\right) \otimes |0\rangle = \frac{1}{\sqrt{2}}|00\rangle + \frac{1}{\sqrt{2}}|10\rangle$이고, CNOT 게이트를 통과하면 $\frac{1}{\sqrt{2}}|00\rangle + \frac{1}{\sqrt{2}}|11\rangle$가 된다.

이 상태는 얽힌 상태다. 따라서 다이어그램 우측 상단과 하단에 개별적으로 상태를 지정할 수 없다. 그래서 다음과 같이 다이어그램을 그려야 한다.

$$\frac{1}{\sqrt{2}}|0\rangle + \frac{1}{\sqrt{2}}|1\rangle \quad\quad\quad \Big\} \ \frac{1}{\sqrt{2}}|00\rangle + \frac{1}{\sqrt{2}}|11\rangle$$
$$|0\rangle$$

각각의 선^{wire}은 전자 또는 광자로서 별개의 객체이며 떨어져 있을 수 있다. 우리는 상단 큐비트와 하단 큐비트를 논의할 때 서로 떨어져 있다고 취급할 때가 많다. 하지만 상태가 얽혀 있을 경우, 한쪽을 측정하면 다른 쪽의 상태에 영향을 미친다는 것을 잊어서는 안 된다.

이 예제는 우리가 CNOT 게이트를 주로 어떤 용도로 사용할지 보여주고 있다. 얽히지 않은 2개의 큐비트를 CNOT 게이트를 이용해 얽을 수 있다.

양자 게이트

CNOT 게이트가 기저 벡터들의 순서를 바꾼다는 것에 주목하자. 순서 정규직교 기저 내의 벡터들의 순서를 바꾸면 다른 순서 정규직교 기저를 얻는다. 그리고 이런 기저마다 그에 대응하는 직교행렬이 존재한다. 따라서 CNOT 게이트에 대응하는 행렬은 직교행렬이다. 실제로 6장에서 소개했던 모든 가역 게이트는 기저 벡터들의 순서를 바꾼다. 그리고 모두 직교행렬에 대응한다.

따라서 양자 회로를 직교행렬로 표현될 수 있는 연산이라고 정의할 수 있다.

고전적 컴퓨터와 마찬가지로 양자 게이트들이 연결돼 양자 회로가 구성된다. 1개의 큐비트에 대해서 동작하는 간단한 게이트부터 살펴보자.

1개의 큐비트에 대해서 동작하는 양자 게이트

고전적인 가역 컴퓨터에서 1개의 비트에 대해서 동작하는 부울 연산자는 2개뿐이다. 하나는 비트의 값을 그대로 유지하는 항등^{identity} 연산자이고, 다른 하나는 0과 1의 값을 반전시키는 NOT이다. 하지만 큐비트의 경우, 무수히 많은 수의 게이트가 존재한다!

먼저 고전적인 항등 연산자에 대응하는 양자 게이트와 큐비트 $|0\rangle$과 $|1\rangle$을 그대로 유지하는 양자 게이트를 알아본다. 그런 다음 큐비트 $|0\rangle$과 $|1\rangle$을 반전시키는 2개의 양자 게이트를 알아본다. 이 4개의 게이트는 볼프강 파울리$^{Wolfgang\ Pauli}$의 이름을 따서 파울리 변환$^{Pauli\ Transformation}$을 수행한다고 한다.

I와 Z 게이트

I 게이트는 항등행렬 $\begin{bmatrix} 1 & 0 \\ 0 & 1 \end{bmatrix}$이다.

I가 임의의 큐비트 $a_0|0\rangle + a_1|1\rangle$에 어떻게 동작하는지 보자.

$$I(a_0|0\rangle + a_1|1\rangle) = \begin{bmatrix} 1 & 0 \\ 0 & 1 \end{bmatrix}\begin{bmatrix} a_0 \\ a_1 \end{bmatrix} = \begin{bmatrix} a_0 \\ a_1 \end{bmatrix} = a_0|0\rangle + a_1|1\rangle$$

I는 항등연산자처럼 동작하므로 큐비트를 전혀 바꾸지 않는다.

Z 게이트는 행렬 $\begin{bmatrix} 1 & 0 \\ 0 & -1 \end{bmatrix}$로 정의된다.

Z 게이트가 임의의 큐비트 $a_0|0\rangle + a_1|1\rangle$에 대해서 어떻게 동작하는지 보자.

$$Z\left(a_0|0\rangle + a_1|1\rangle\right) = \begin{bmatrix} 1 & 0 \\ 0 & -1 \end{bmatrix} \begin{bmatrix} a_0 \\ a_1 \end{bmatrix} = \begin{bmatrix} a_0 \\ -a_1 \end{bmatrix} = a_0|0\rangle - a_1|1\rangle$$

$|0\rangle$의 확률 진폭은 그대로지만 $|1\rangle$의 확률 진폭의 부호가 바뀐 것을 볼 수 있다. Z가 무슨 일을 하는지 조금 더 자세히 살펴보자.

우선, 기저 벡터에 어떻게 동작하는지 보자. $Z(|0\rangle) = |0\rangle$이고 $Z(|1\rangle) = -|1\rangle$인데, 상태 벡터에 -1을 곱해도 원래 벡터와 논리적으로 동치이므로 $-|1\rangle$은 $|1\rangle$과 논리적 동치 관계이다. 따라서 Z는 기저 벡터를 유지하지만 항등연산자는 아니다. 큐비트 $\frac{1}{\sqrt{2}}|0\rangle + \frac{1}{\sqrt{2}}|1\rangle$에 Z를 적용하면 $\frac{1}{\sqrt{2}}|0\rangle - \frac{1}{\sqrt{2}}|1\rangle$가 되는데, $\frac{1}{\sqrt{2}}|0\rangle + \frac{1}{\sqrt{2}}|1\rangle$와 $\frac{1}{\sqrt{2}}|0\rangle - \frac{1}{\sqrt{2}}|1\rangle$는 서로 다르며 논리적 동치 관계가 아니다.

즉, Z 변환은 기저 벡터만 유지하고 그 밖의 다른 큐비트는 모두 바꾼다! 이처럼 확률 진폭의 부호를 변경하는 것을 가리켜 큐비트의 상대 위상을 변경한다고 말한다.

X와 Y 게이트

X 게이트와 Y 게이트는 다음의 행렬로 주어진다.[1]

$$X = \begin{bmatrix} 0 & 1 \\ 1 & 0 \end{bmatrix} \qquad\qquad Y = \begin{bmatrix} 0 & 1 \\ -1 & 0 \end{bmatrix}$$

X 게이트와 Y 게이트는 $|0\rangle$과 $|1\rangle$을 맞바꾼다는 점에서 NOT에 대응한다. 다만, X는 $|0\rangle$과 $|1\rangle$을 맞바꾸기만 하는데 반해, Y는 $|0\rangle$과 $|1\rangle$ 맞바꾸기와 함께 상대 위상도 변경한다.

---

[1] 대부분의 책에서 행렬 Y는 주어진 행렬에 $-i$를 곱하는 행렬이라고 정의한다. 하지만 이 책에서는 복소수를 사용하지 않는다. 덕분에 초고밀도 코딩과 양자 순간 이동의 설명이 약간 단순해진다. – 지은이

아다마르 게이트

1개의 비트에 동작하는 게이트 중에서 가장 중요한 것이 아다마르 게이트 H이다. H는 다음과 같이 정의된다.

$$H = \begin{bmatrix} \dfrac{1}{\sqrt{2}} & \dfrac{1}{\sqrt{2}} \\ \dfrac{1}{\sqrt{2}} & -\dfrac{1}{\sqrt{2}} \end{bmatrix} = \frac{1}{\sqrt{2}} \begin{bmatrix} 1 & 1 \\ 1 & -1 \end{bmatrix}$$

이 게이트는 표준 기저 벡터들을 중첩 상태로 만드는 데 사용된다.

$$H(|0\rangle) = \frac{1}{\sqrt{2}}(|0\rangle + |1\rangle) \qquad\qquad H(|1\rangle) = \frac{1}{\sqrt{2}}(|0\rangle - |1\rangle)$$

1개의 큐비트에 동작하는 게이트들은 내부에 문자가 표기된 사각형으로 그려진다. 예를 들어 아다마르 게이트의 다이어그램은 다음과 같다.

$$———\boxed{H}———$$

지금까지 1개의 큐비트에 동작하는 양자 게이트를 5개 소개했다. 물론, 1개의 큐비트에 동작하는 양자 게이트는 그 밖에도 무한히 많다. 임의의 회전에 대응하는 직교 행렬이 존재하고, 회전의 수는 무한히 많으며 그 모든 것을 게이트로 취급할 수 있다.

범용 양자 게이트가 존재하는가?

고전적 컴퓨팅에서 모든 부울함수를 오직 프레드킨 게이트만 사용하는 회로로 정의할 수 있음을 배웠다. 즉 프레드킨 게이트는 범용universal 게이트다. 팬아웃과 함께 사용되는 NAND도 범용 게이트라는 것도 배웠다. 그렇다면 범용 양자 게이트는 존재할까?

고전적 컴퓨팅에서는 특정 개수의 변수를 갖는 부울함수의 수는 유한하다. 예를 들어 변수가 1개인 부울함수는 2개 존재하고, 변수가 2개인 부울함수는 4개 존재한다. 일반적으로 표현하면 변수가 n개인 부울함수의 수는 2^n개다. 하지만 양자 게이트는 상황이 매우 다르다. 앞서 보았듯이 1개의 큐비트에 대해서 동작하는 게이트의 수는 무한히 많다. 그런데 유한 개수의 게이트들을 유한 개수의 방법들로 연결해서 얻을 수 있는 회로의 개수는 유한하므로, 유한 개수의 게이트들로 무한히 많은 회로를 생성하는 것은 불가능하다.

유한 개수의 범용 양자 게이트 집합이 존재하느냐는 질문에 대한 대답은 "아니오" 다. 하지만, 무한히 많은 양자 회로를 생성할 수 있는 유한 개수의 양자 게이트는 존재하지 않지만, 모든 가능한 회로를 "근사적으로 추정"할 수 있는 유한 개수의 게이트 집합이 존재한다는 것은 밝혀졌다. 다만 이 주제에 대해서 깊이 들어가지는 않을 것이다. 우리에게 필요한 모든 회로는 지금까지 배운 게이트를 사용해서 구성할 수 있다. 1개의 큐비트에 동작하는 5개의 양자 게이트와 2개의 큐비트에 동작하는 CNOT 게이트만 있으면 충분하다.

복제 불가 정리

앞서 고전적 회로를 살펴볼 때 팬아웃 연산을 처음 배웠다. 팬아웃 연산에서는 1개의 입력선이 2개의 출력선에 연결되고, 입력 신호는 2개의 동일한 신호로 분할된다.

그다음 가역 게이트를 배웠다. 가역 게이트를 구성할 때는 2개의 출력이 있을 경우 입력도 반드시 2개 있어야 한다. 보조 비트를 사용해 팬아웃 연산을 구현할 수 있는데, 두 번째 입력을 항상 0으로 하는 것이다. 이때 사용되는 방법이 CNOT 게이트다.

$CNOT(|0\rangle|0\rangle) = |0\rangle|0\rangle$이고 $CNOT(|1\rangle|0\rangle) = |1\rangle|1\rangle$이므로 $CNOT(|x\rangle|0\rangle) = |x\rangle|x\rangle$로 쓸 수 있다($|x\rangle$가 $|0\rangle$또는 $|1\rangle$일 경우). 하지만 $|x\rangle$가 $|0\rangle$ 또는 $|1\rangle$이 아니면 2개의 동일 사본을 얻을 수 없다. 이 사실은 앞서 CNOT 게이트에 $\left(\frac{1}{\sqrt{2}}|0\rangle + \frac{1}{\sqrt{2}}|1\rangle \right)|0\rangle$를 입력했을 때 이미 확인했다. 왼쪽 큐비트의 복사본 2개가 아니라, 얽힌 상태가 얻어졌기 때문이다. 즉, CNOT 게이트로 고전적 비트는 복사할 수 있지만 큐비트는 복사할 수 없다.

그래서 팬아웃은 고전적 컴퓨팅에서만 사용된다. 양자 컴퓨팅에서는 대신에 복제 cloning라는 단어가 사용된다. 복제는 팬아웃과 유사하지만 큐비트에 대해서 사용된다. 지금, 고전적 비트뿐 아니라 큐비트의 복사본도 만들고 싶다고 하자. 일반적인 큐비트 $|x\rangle$와 두 번째 입력 $|0\rangle$(보조 비트)을 입력받아서, $|x\rangle$의 복사본 2개를 출력하는 게이트가 필요한 것이다. 이 게이트를 그림으로 나타내면 다음과 같다.

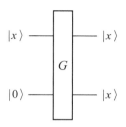

결국 복제가 가능하느냐는 게이트 G가 존재하느냐와 같다. 지금부터 G 게이트가 존재할 수 없음을, 즉 일반적인 큐비트를 복제하는 것은 불가능하다는 것을 보여줄 것이다. G 게이트가 존재한다고 가정하고, 그러면 논리적으로 모순인 2개의 결과가 나오게 됨을 보게 된다. 따라서 게이트 G가 존재한다는 가정은 거짓이라는 결론을 얻을 것이다.

만일 G가 존재한다면, 다음 식이 성립할 것이다.

1. $G(|0\rangle|0\rangle) = |0\rangle|0\rangle$
2. $G(|1\rangle|0\rangle) = |1\rangle|1\rangle$
3. $G\left(\left(\dfrac{1}{\sqrt{2}}|0\rangle + \dfrac{1}{\sqrt{2}}|1\rangle\right)|0\rangle\right) = \left(\dfrac{1}{\sqrt{2}}|0\rangle + \dfrac{1}{\sqrt{2}}|1\rangle\right)\left(\dfrac{1}{\sqrt{2}}|0\rangle + \dfrac{1}{\sqrt{2}}|1\rangle\right)$

이 세 식을 다음과 같이 다시 쓸 수 있다.

1. $G(|00\rangle) = |00\rangle$
2. $G(|10\rangle) = |11\rangle$
3. $G\left(\dfrac{1}{\sqrt{2}}|00\rangle + \dfrac{1}{\sqrt{2}}|10\rangle\right) = \dfrac{1}{2}(|00\rangle + |01\rangle + |10\rangle + |11\rangle)$

게이트 G는 모든 행렬 연산자들처럼 선형이어야 하므로 다음 식이 성립해야 한다.

$$G\left(\frac{1}{\sqrt{2}}|00\rangle + \frac{1}{\sqrt{2}}|10\rangle\right) = \frac{1}{\sqrt{2}}G(|00\rangle) + \frac{1}{\sqrt{2}}G(|10\rangle)$$

$G(|00\rangle)$과 $G(|10\rangle)$를 바꿔 쓰면

$$G\left(\frac{1}{\sqrt{2}}|00\rangle + \frac{1}{\sqrt{2}}|10\rangle\right) = \frac{1}{\sqrt{2}}|00\rangle + \frac{1}{\sqrt{2}}|11\rangle$$

그런데 식 3에 따르면 다음의 등식이 성립하는데

$$G\left(\frac{1}{\sqrt{2}}|00\rangle + \frac{1}{\sqrt{2}}|10\rangle\right) = \frac{1}{2}(|00\rangle + |01\rangle + |10\rangle + |11\rangle)$$

다음 식의 좌변과 우변은 같지 않다.

$$\frac{1}{\sqrt{2}}|00\rangle + \frac{1}{\sqrt{2}}|11\rangle \neq \frac{1}{2}(|00\rangle + |01\rangle + |10\rangle + |11\rangle)$$

이렇게 만일 G가 존재한다면 서로 같지 않은 두 식이 같아야 한다는 것을 알 수 있다. 이것은 모순이므로 논리적으로 G는 존재할 수 없고 일반적인 큐비트를 복제하는 게이트를 구성하는 것은 불가능하다. 위 과정에서 보조 비트로 $|0\rangle$을 사용했는데 꼭 이 값을 사용할 필요는 없다. 다른 값을 보조 비트로 선택해도 같은 방법으로 증명할 수 있다.

큐비트를 복제할 수 없다는 것은 중요한 의미를 갖는다. 파일을 백업하고, 다른 사람에게 파일의 복사본을 보내고 싶을 때가 많다. 복사는 어디서나 필요하다. 일상적인 컴퓨터는 폰 노이만 아키텍처에 바탕을 둔다. 이 아키텍처는 복사 능력에 크게 의존한다. 프로그램을 실행하는 것은 한 곳에서 다른 곳으로 비트를 복사하는 것이다. 하지만 양자 컴퓨팅에서는 일반적인 큐비트를 복사할 수 없다. 따라서 언젠가 프로그래밍 가능한 양자 컴퓨터가 설계된다면 그 컴퓨터는 현재의 아키텍처를 기반으로 할 수 없다.

언뜻 큐비트를 복제할 수 없다는 사실은 심각한 단점처럼 보이지만, 꼭 그런 것만은 아니다.

우리는 복사를 방지하고 싶을 때가 자주 있다. 데이터를 안전하게 보호하고, 커뮤니케이션이 가로채기당하지 않기 위해서다. 앞서 밥-앨리스-이브의 예제에서 보았듯이, 큐비트를 복제할 수 없다는 것은 원치 않는 복사를 미리 막을 수 있다는 뜻이기도 하다.

복제 불가가 꼭 단점이 아닌 두 번째 이유는 다음 절에서 따로 설명하기로 한다.

양자 컴퓨팅 대 고전적 컴퓨팅

큐비트 $|0\rangle$과 $|1\rangle$은 비트 0과 1에 대응한다. 만일 (중첩을 사용하지 않고) 큐비트 $|0\rangle$과 $|1\rangle$만 사용해서 양자 CNOT 게이트를 실행하면, 0과 1을 사용해서 고전적 CNOT 게이트를 실행하는 것과 똑같다. 프레드킨 게이트의 양자 버전도 마찬가지다. 고전적 프레드킨 게이트는 범용 게이트이고 큐비트 $|0\rangle$과 $|1\rangle$만 사용하는 양자 프레드킨 게이트는 고전적 프레드킨 게이트와 같으므로, 고전적 회로가 계산할 수 있는 것은 모두 양자 회로도 계산할 수 있음을 알 수 있다. 따라서 복제 금지 때문에 제약이 많은 것처럼 보이지만, 적어도 고전적인 계산을 제한하진 않는다는 것을 알 수 있다.

이것은 우리가 고전적 컴퓨팅과 양자 컴퓨팅을 서로 다른 컴퓨팅으로 생각할 이유가 없음을 보여준다. 양자 컴퓨팅은 모든 고전적 컴퓨팅을 포함한다. 더 일반적인 컴퓨팅인 것이다. 계산의 기본 단위는 비트가 아니라 큐비트다.

지금까지 기초적인 게이트를 살펴봤으니, 이제 게이트를 연결해서 회로를 구성하자.

벨 회로

다음 양자 회로를 벨 회로라고 부른다.

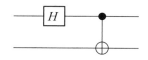

이 회로의 동작을 살펴보기 위해서, 표준 기저를 구성하는 4쌍의 큐비트를 입력해보자. 먼저 $|00\rangle = |0\rangle|0\rangle$부터 시작하자. 첫 번째 큐비트는 아다마르 게이트에 의해서 $\frac{1}{\sqrt{2}}|0\rangle + \frac{1}{\sqrt{2}}|1\rangle$로 바뀌므로, 2개의 큐비트로 이뤄진 물리계의 상태는 다음과 같게 된다.

$$\left(\frac{1}{\sqrt{2}}|0\rangle + \frac{1}{\sqrt{2}}|1\rangle\right)|0\rangle = \frac{1}{\sqrt{2}}|00\rangle + \frac{1}{\sqrt{2}}|10\rangle$$

CNOT 게이트를 적용하면 $|10\rangle$이 $|11\rangle$로 반전되므로 최종 상태는 $\frac{1}{\sqrt{2}}|00\rangle + \frac{1}{\sqrt{2}}|11\rangle$ 이 된다.

이 상황을 다음 그림으로 나타낼 수 있다.

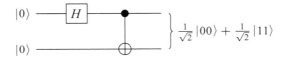

이것을 다음과 같이 요약할 수 있다.

$$B(|00\rangle) = \frac{1}{\sqrt{2}}|00\rangle + \frac{1}{\sqrt{2}}|11\rangle$$

나머지 경우에 대해서는 여러분이 직접 유도해보자.

$$B(|01\rangle) = \frac{1}{\sqrt{2}}|01\rangle + \frac{1}{\sqrt{2}}|10\rangle$$

$$B(|10\rangle) = \frac{1}{\sqrt{2}}|00\rangle - \frac{1}{\sqrt{2}}|11\rangle$$

$$B(|11\rangle) = \frac{1}{\sqrt{2}}|01\rangle - \frac{1}{\sqrt{2}}|10\rangle$$

출력값은 모두 얽힌 상태다. 입력값들이 $\mathbb{R}^4$에 대한 정규직교 기저를 형성하므로, 출력값들도 정규직교 기저를 형성해야 한다. 4개의 얽힌 켓으로 구성되는 이 기저를 벨 기저Bell basis라고 한다.

정방행렬 A가 직교행렬인지 알아내는 방법이 A^TA를 계산하는 것이었다(A^T는 A의 행과 열을 바꿔서 얻어지는 전치행렬). 그 결괏값이 항등행렬 I이면 A는 직교행렬이고 행렬의 열은 직교정규 기저다. 계산 결과가 항등행렬 I가 아니면 A는 직교행렬이 아니다. 지금까지 우리는 게이트를 직교행렬로 정의했기 때문에 모두 이 속성을 갖는다. 실제로 7장에서 소개된 게이트들은 파울리 행렬 Y를 제외하고 모두 전치행렬과 원래의 행렬이 같다.[2] 따라서 이 게이트들은 모두 $AA = I$이다. 이것은 게이트를 2번 연속으로 적용하면 입력값과 똑같은 출력값이 나옴을 의미한다. 게이트를 두 번째로 적용할 때 첫 번째 적용의 결과가 취소되는 것이다.

벨 회로의 몇 가지 용도를 조금 뒤에 알아보겠지만, 일단 아다마르 게이트와 CNOT 게이트가 자기 자신의 역이라는 사실을 이용할 것이다. 다음 회로를 보자.

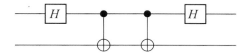

이 회로를 통해서 한 쌍의 큐비트를 보내면, 먼저 아다마르 게이트가 적용되고 그다음에 CNOT 게이트가 적용된다. 그런데 CNOT 게이트의 두 번째 적용에 의해서 즉시 되돌려진다. 그리고 마지막으로 아다마르 게이트의 두 번째 적용으로 최초의 아다마르 게이트가 수행한 동작이 되돌려진다. 결과적으로 이 회로는 아무 일도 하지 않는다. 입력과 출력이 같은 것이다. 회로의 오른쪽 절반 부분이 왼쪽 절반 부분이 한 일을 되돌리기 때문이다.

따라서 다음의 벨 회로(리버스^{reverse} 벨 회로라고 부른다)는 벨 회로의 동작을 되돌린다.

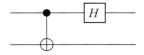

특히, 벨 기저의 벡터를 입력하면 무슨 일이 발생하는지 알고 있다. 다음과 같이 표준기저의 벡터를 얻을 수 있다.

---

2   $A^T = A$인 행렬을 대칭(symmetric)행렬이라고 한다. 대칭행렬은 주대각선에 대해 서로 대칭이다. - 지은이

$$\frac{1}{\sqrt{2}}|00\rangle + \frac{1}{\sqrt{2}}|11\rangle$$를 입력하면 $|00\rangle$가 출력된다.

$$\frac{1}{\sqrt{2}}|01\rangle + \frac{1}{\sqrt{2}}|10\rangle$$를 입력하면 $|01\rangle$가 출력된다.

$$\frac{1}{\sqrt{2}}|00\rangle - \frac{1}{\sqrt{2}}|11\rangle$$를 입력하면 $|10\rangle$가 출력된다.

$$\frac{1}{\sqrt{2}}|01\rangle - \frac{1}{\sqrt{2}}|10\rangle$$를 입력하면 $|11\rangle$가 출력된다.

이와 같은 벨 회로의 특성을 활용하면 매우 흥미로운 일이 가능하다. 지금부터 초고밀도 코딩과 양자 순간 이동을 살펴보자.

초고밀도 코딩

초고밀도 코딩과 양자 순간 이동의 초기 설정은 같다. 2개의 전자가 서로 얽힌 스핀 상태 $\frac{1}{\sqrt{2}}|00\rangle + \frac{1}{\sqrt{2}}|11\rangle$를 갖고 있다. 이 전자 가운데 하나는 앨리스에게, 다른 하나는 밥에게 주어진다. 그리고 앨리스와 밥은 서로 멀리 이동하는데, 각자의 전자를 측정하지 않도록 (그래서 얽힌 상태가 유지되도록) 주의하면서 이동한다.

초고밀도 코딩에서 앨리스는 밥에게 2개의 고전적인 비트를 보내고 싶어 한다. 따라서 앨리스가 보내려는 비트는 00, 01, 10, 11 중 하나다. 이를 위해서 앨리스는 밥에게 1개의 큐비트, 즉 자신의 전자를 보내려 한다. 구체적인 과정은 조금 뒤에 보겠지만, 일어날 수 있는 문제점을 먼저 알아보자.

처음에는 문제될 것이 없어 보인다. 앨리스는 밥에게 큐비트 $a_0|0\rangle + a_1|1\rangle$을 보내려 하는데, $a_0^2 + a_1^2 = 1$만 만족하면 되므로 무한히 많은 선택이 가능하다. 만일 무한히 많은 선택 중의 하나일 수 있는 무언가를 보내는 것이 허용된다면, 2비트 정보(00, 01, 10, 11)를 전송할 방법을 구성하는 것은 쉽다. 문제는 밥이 그 큐비트가 무엇인지 알 수 없다는 것이다. 밥은 측정을 해야만 정보를 얻을 수 있다. 밥이 표준 기저로 스핀을 측정하면 $|0\rangle$ 또는 $|1\rangle$을 얻는데, 앨리스가 밥에게 보낸 큐비트가 $a_0|0\rangle + a_1|1\rangle$라면 밥은 a_0^2의 확률로 $|0\rangle$을 얻고, a_1^2의 확률로 $|1\rangle$을 얻는다. 그런데 $|0\rangle$을 얻은 밥

은 a_0이 얼마인지 알 수 없다(단지 0이 아니라는 것만 알 수 있다). 밥은 각각의 큐비트로부터 최대 1비트의 정보만 얻을 수 있다. 2비트 정보를 얻기 위해서는 밥은 앨리스가 보내는 입자에서 1비트를 추출할 뿐 아니라 자신이 갖고 있는 입자에서도 1비트를 추출해야 한다.

앨리스와 밥은 처음에 각각 1개의 전자를 가지고 있다. 밥은 나중에 2개의 전자를 모두 갖게 되고 그 스핀을 측정할 것이다. 이것은 밥이 출력선이 2개인 양자 회로를 갖게 되는 것과 같다. 따라서 만일 앨리스가 00을 보내고자 한다면, 밥이 측정을 시작하기 직전에 상단 전자는 상태 $|0\rangle$, 하단 전자도 상태 $|0\rangle$에 있도록 설정해야 한다. 즉, 밥이 스핀을 측정하기 직전에 전자쌍이 서로 얽히지 않은 $|00\rangle$ 상태에 있어야 한다. 마찬가지로 앨리스가 01을 보내고자 한다면 밥이 측정하기 직전에 전자쌍은 $|01\rangle$ 상태에 있어야 한다. 또 앨리스가 10을 보내고자 한다면 최종 상태는 $|10\rangle$이어야 하고, 앨리스가 11을 보내고자 한다면 최종 상태는 $|11\rangle$이어야 한다.

결국 밥은 자신이 받은 모든 전자쌍에 대해서 같은 작업을 해야 한다. 밥은 앨리스가 전송하려는 값이 무엇이냐에 따라서 다르게 작업을 할 수 없다. 앨리스가 무엇을 보내려고 하는지 모르기 때문이다. 이것이 초고밀도 코딩의 핵심이다.

앨리스는 자신의 전자에 4가지 방법 중 하나를 적용할 것이다. 각각의 방법을 통해서 큐비트의 상태는 벨 기저의 기저 벡터 중 하나가 된다. 다음에 밥은 리버스 벨 회로에 큐비트 쌍을 넣어서 얽히지 않은 상태를 얻는 것이다.

앨리스는 2비트 정보 각각에 대해서 하나의 양자 회로를 갖고 있다. 각 회로는 파울리 게이트를 사용하며, 다음과 같다.

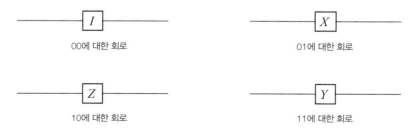

I	X
00에 대한 회로	01에 대한 회로
Z	Y
10에 대한 회로	11에 대한 회로

각 경우마다 큐비트가 어떻게 되는지 살펴보자. 최초에 앨리스와 밥의 큐비트는 서로

얽혀 있다. $\frac{1}{\sqrt{2}}|00\rangle + \frac{1}{\sqrt{2}}|11\rangle$ 상태에 있는데, 이를 다음과 같이 쓸 것이다.

$$\frac{1}{\sqrt{2}}|0\rangle \otimes |0\rangle + \frac{1}{\sqrt{2}}|1\rangle \otimes |1\rangle$$

앨리스가 자신의 전자를 회로를 통해서 보내면 앨리스의 켓은 변경된다. 앨리스의 회로가 밥의 전자는 전혀 영향을 미치지 않는다는 점에 주의하면서 계산해보자.

00을 보내고 싶으면 앨리스는 아무 일도 하지 않는다. 큐비트의 상태는 $\frac{1}{\sqrt{2}}|00\rangle + \frac{1}{\sqrt{2}}|11\rangle$를 그대로 유지한다.

01을 보내고 싶으면 앨리스는 X를 적용한다. 그러면 앨리스의 $|0\rangle$과 $|1\rangle$이 교환된다. 새로운 상태는 $\frac{1}{\sqrt{2}}|1\rangle \otimes |0\rangle + \frac{1}{\sqrt{2}}|0\rangle \otimes |1\rangle$가 되며, 이것을 $\frac{1}{\sqrt{2}}|10\rangle + \frac{1}{\sqrt{2}}|01\rangle$로 쓸 수 있다.

10을 보내고 싶으면 앨리스는 Z를 적용한다. 그러면 $|0\rangle$은 유지되고 $|1\rangle$은 $|-1\rangle$로 바뀐다. 새로운 상태는 $\frac{1}{\sqrt{2}}|0\rangle \otimes |0\rangle + \frac{1}{\sqrt{2}}(-|1\rangle) \otimes |1\rangle$가 되고 이것을 $\frac{1}{\sqrt{2}}|00\rangle - \frac{1}{\sqrt{2}}|11\rangle$로 쓸 수 있다.

11을 보내고 싶으면 앨리스는 Y를 적용한다. 큐비트들은 얽힌 상태 $\frac{1}{\sqrt{2}}|10\rangle - \frac{1}{\sqrt{2}}|01\rangle$가 된다.

이러한 결과 상태들이 바로 앨리스가 원하는 것이라는 점에 주목하자. 이 상태들은 모두 벨 기저 벡터이기 때문이다. 이제 앨리스는 밥에게 자신의 전자를 보낸다. 전자를 수신한 밥은 앨리스가 보낸 큐비트와 자신이 소유 중인 큐비트를 회로에 입력한다. 이때 리버스 벨 회로를 사용한다.

앨리스가 00을 보내고 있다면, 밥이 큐비트를 수신했을 때 큐비트의 상태는 $\frac{1}{\sqrt{2}}|00\rangle + \frac{1}{\sqrt{2}}|11\rangle$일 것이다. 밥이 이 큐비트를 리버스 벨 회로에 넣으면 상태는 $|00\rangle$으로 바뀐다. 이것은 얽히지 않은 상태로서 상단 비트와 하단 비트가 모두 $|0\rangle$이다. 밥이 측정을 하면 00을 얻는다.

앨리스가 01을 보내고 있다면, 밥이 큐비트를 수신했을 때 큐비트의 상태는

$\frac{1}{\sqrt{2}}|10\rangle + \frac{1}{\sqrt{2}}|01\rangle$일 것이다. 밥이 이 큐비트를 리버스 벨 회로에 넣으면 상태는 $|01\rangle$로 바뀐다. 이것은 얽히지 않은 상태로서 상단 비트는 $|0\rangle$이고 하단 비트는 $|1\rangle$이다. 밥이 측정을 하면 01을 얻는다.

다른 경우도 비슷하다. 어느 경우든 앨리스가 밥에게 보내고자 했던 2비트를 얻을 수 있다.

양자 순간 이동

초고밀도 코딩과 마찬가지로 앨리스와 밥은 서로 떨어져 있다. 그리고 각자 하나의 전자를 가지고 있다. 이 전자들은 얽힌 상태 $\frac{1}{\sqrt{2}}|00\rangle + \frac{1}{\sqrt{2}}|11\rangle$를 공유한다. 그런데 앨리스는 또 하나의 전자를 갖고 있고, 이 전자의 상태는 $a|0\rangle + b|1\rangle$이다. 앨리스는 확률 진폭 a와 b의 값을 모른다. 하지만 앨리스와 밥은 밥의 전자 상태를 $a|0\rangle + b|1\rangle$로 바꾸고 싶다. 즉, 앨리스의 전자 상태를 밥의 전자에게 순간 이동시키고 싶은 것이다. 이를 위해서는 앨리스가 2개의 고전적 비트를 전송해야 함을 배울 것이다. 그런데 앨리스의 전자의 초기 상태는 무한히 많은 경우가 가능하다는 점에 주의하자. 2개의 고전적 비트만 사용해 무한히 많은 경우의 수 중 하나를 보낼 수 있다는 것은 매우 인상적이다. 앨리스가 큐비트를 보내고 밥이 이를 받지만 앨리스와 밥이 큐비트의 상태를 알 수 없다는 점도 흥미롭다. 알기 위해서는 측정을 해야 하는데 측정을 수행하면 $|0\rangle$ 또는 $|1\rangle$만 얻을 뿐이다.

양자 순간 이동의 동작에 관해 몇 가지 추론이 가능하다. 밥은 최종적으로 얽히지 않은 상태 $a|0\rangle + b|1\rangle$의 전자를 얻는다. 최초에 밥과 앨리스의 전자는 얽힌 상태를 공유하고 있는데 얽힘을 풀려면 누군가 측정을 해야 한다. 그런데 밥은 명백히 그 누군가가 될 수 없다. 밥이 측정을 수행하면 $a|0\rangle + b|1\rangle$이 아니라 $|0\rangle$ 또는 $|1\rangle$ 상태의 전자를 얻기 때문이다. 따라서 앨리스가 측정해야 함을 알 수 있다. 또, 세 번째 전자의 상태를 고려해야 한다. 앨리스는 이 전자의 상태와 (현재 밥의 전자와 얽혀 있는) 자신의 다른 전자의 상태를 얽기 위해서 무언가 해야 한다. 이를 수행할 수 있는 확실한

방법은 CNOT 게이트를 통해서 앨리스가 제어하는 2개의 큐비트를 보내는 것이다. 따라서 이 과정이 1단계다. 2단계는 상단 큐비트에 아다마르 게이트를 적용하는 것이다. 따라서 앨리스는 자신이 제어하는 2개의 큐비트를 리버스 벨 회로에 입력하는 것이다. 이 상황을 그림으로 나타내면 다음과 같다. 앨리스의 큐비트가 밥의 큐비트보다 위에 표시돼 있다. 두 번째와 세 번째 행은 얽혀 있는 큐비트다.

3개의 큐비트가 있는데 이 3개의 전자를 기술하는 초기 상태는 다음과 같다.

$$(a|0\rangle + b|1\rangle) \otimes \left(\frac{1}{\sqrt{2}}|00\rangle + \frac{1}{\sqrt{2}}|11\rangle\right)$$

이것을 다음과 같이 쓸 수 있다.

$$\frac{a}{\sqrt{2}}|000\rangle + \frac{a}{\sqrt{2}}|011\rangle + \frac{b}{\sqrt{2}}|100\rangle + \frac{b}{\sqrt{2}}|111\rangle$$

앨리스는 자신의 큐비트에 작용을 가할 것이므로, 이를 강조해서 다음과 같이 쓸 수 있다.

$$\frac{a}{\sqrt{2}}|00\rangle \otimes |0\rangle + \frac{a}{\sqrt{2}}|01\rangle \otimes |1\rangle + \frac{b}{\sqrt{2}}|10\rangle \otimes |0\rangle + \frac{b}{\sqrt{2}}|11\rangle \otimes |1\rangle$$

이제 앨리스는 리버스 벨 회로를 적용할 것이다. 2단계로 나눠서 생각할 수 있는데, 먼저 처음 2개의 큐비트에 CNOT 게이트를 적용하고, 다음에 상단 비트에 아다마르 게이트를 적용한다. CNOT 게이트를 적용하면 다음과 같다.

$$\frac{a}{\sqrt{2}}|00\rangle \otimes |0\rangle + \frac{a}{\sqrt{2}}|01\rangle \otimes |1\rangle + \frac{b}{\sqrt{2}}|11\rangle \otimes |0\rangle + \frac{b}{\sqrt{2}}|10\rangle \otimes |1\rangle$$

이제 첫 번째 큐비트에 작용을 가하므로, 이를 강조해서 다음과 같이 상태를 쓸 수 있다.

$$\frac{a}{\sqrt{2}}|0\rangle\otimes|0\rangle\otimes|0\rangle + \frac{a}{\sqrt{2}}|0\rangle\otimes|1\rangle\otimes|1\rangle + \frac{b}{\sqrt{2}}|1\rangle\otimes|1\rangle\otimes|0\rangle + \frac{b}{\sqrt{2}}|1\rangle\otimes|0\rangle\otimes|1\rangle$$

첫 번째 큐비트에 아다마르 게이트를 적용하면 $|0\rangle$은 $\frac{1}{\sqrt{2}}|0\rangle + \frac{1}{\sqrt{2}}|1\rangle$로 바뀌고 $|1\rangle$은 $\frac{1}{\sqrt{2}}|0\rangle - \frac{1}{\sqrt{2}}|1\rangle$로 바뀐다.

따라서 상태는 다음과 같이 된다.

$$\frac{a}{2}|0\rangle\otimes|0\rangle\otimes|0\rangle + \frac{a}{2}|1\rangle\otimes|0\rangle\otimes|0\rangle + \frac{a}{2}|0\rangle\otimes|1\rangle\otimes|1\rangle$$
$$+ \frac{a}{2}|1\rangle\otimes|1\rangle\otimes|1\rangle + \frac{b}{2}|0\rangle\otimes|1\rangle\otimes|0\rangle - \frac{b}{2}|1\rangle\otimes|1\rangle\otimes|0\rangle$$
$$+ \frac{b}{2}|0\rangle\otimes|0\rangle\otimes|1\rangle - \frac{b}{2}|1\rangle\otimes|0\rangle\otimes|1\rangle$$

약간 단순화하면 다음과 같다.

$$\frac{1}{2}|00\rangle\otimes(a|0\rangle + b|1\rangle) + \frac{1}{2}|01\rangle\otimes(a|1\rangle + b|0\rangle)$$
$$+ \frac{1}{2}|10\rangle\otimes(a|0\rangle - b|1\rangle) + \frac{1}{2}|11\rangle\otimes(a|1\rangle - b|0\rangle)$$

앨리스가 이제 자신의 2개의 전자를 표준 기저로 측정한다. 그러면 각각 1/4의 확률로 $|00\rangle$, $|01\rangle$, $|10\rangle$, $|11\rangle$ 중 하나를 얻는다.

앨리스가 $|00\rangle$을 얻으면, 밥의 큐비트는 $a|0\rangle + b|1\rangle$ 상태로 도약한다.
앨리스가 $|01\rangle$을 얻으면, 밥의 큐비트는 $a|1\rangle + b|0\rangle$ 상태로 도약한다.
앨리스가 $|10\rangle$을 얻으면, 밥의 큐비트는 $a|0\rangle - b|1\rangle$ 상태로 도약한다.
앨리스가 $|11\rangle$을 얻으면, 밥의 큐비트는 $a|1\rangle - b|0\rangle$ 상태로 도약한다.

앨리스와 밥은 밥의 큐비트가 $a|0\rangle + b|1\rangle$ 상태가 되기를 원한다. 목표에 거의 왔지만 아직 완전하지는 않다. 원하는 상태로 확실히 만들려면 앨리스는 밥이 4가지 경우 중 어느 경우에 있는지 밥에게 알려야 한다. 앨리스는 자신의 측정 결과에 대응해

서 00, 01, 10, 11의 2비트 정보를 밥에게 보내서 이를 알려준다. 이 비트 정보는 어떤 형식으로 전송돼도 상관없다. 예를 들어 텍스트로 전송돼도 된다.

00을 수신하면, 밥은 자신의 큐비트가 맞다는 것을 알고 아무 일도 하지 않는다.

01을 수신하면, 밥은 자신의 큐비트가 $a|1\rangle + b|0\rangle$임을 알고 게이트 X를 적용한다.

10을 수신하면, 밥은 자신의 큐비트가 $a|0\rangle - b|1\rangle$임을 알고 게이트 Z를 적용한다.

11을 수신하면, 밥은 자신의 큐비트가 $a|1\rangle - b|0\rangle$임을 알고 게이트 Y를 적용한다.

어느 경우든 밥의 큐비트는 $a|0\rangle + b|1\rangle$가 되며, 이것은 앨리스가 애초에 원했던 바와 같다.

이 과정이 진행되는 동안에 특정 시점에 상태가 $a|0\rangle + b|1\rangle$인 큐비트는 단 1개뿐이라는 점에 주목하자. 최초에는 앨리스가 이것을 갖고 있다. 나중에는 밥이 갖게 되지만, 복제 불가 정리에 의해서 복사를 할 수 없으므로 한 번에 한 사람만이 가질 수 있다.

앨리스가 자신의 회로를 통해서 자신의 큐비트를 보낼 때, 밥의 큐비트가 즉각적으로 4개의 상태 중 하나로 도약하는 것도 흥미롭다. 하지만 4개의 큐비트 중 어느 것이 앨리스의 원래 큐비트에 해당하는지 알 수 있으려면 밥은 앨리스가 2개의 고전적 비트를 보내기까지 기다려야 한다. 어떤 식으로든 2비트가 전송돼야 하므로 즉각적인 정보 전송은 불가능하다.

양자 순간 이동과 초고밀도 코딩은 서로 역산^{reverse operation} 관계라고 부르기도 한다. 초고밀도 코딩에서는 고전적인 2비트 정보를 전달하기 위해서 앨리스는 밥에게 1개의 큐비트를 보낸다. 양자 순간 이동에서는 1개의 큐비트를 순간 이동시키기 위해서 앨리스는 밥에게 2개의 고전적 비트 정보를 보낸다. 초고밀도 코딩의 경우에 앨리스는 파울리 변환을 사용해 인코딩하고 밥은 리버스 벨 회로를 사용해 디코딩하는 반면, 양자 순간 이동의 경우 앨리스는 리버스 벨 회로를 사용해 인코딩하고 밥은 파울리 변환을 사용해 디코딩한다.

양자 순간 이동은 실제로 수행되고 있다. 일반적으로 얽힌 전자 대신에 얽힌 광자가 사용되는데, 거리가 멀어도 사용할 수 있기 때문이다. 이 글을 쓰는 현재, 중국의 연구 팀이 지구에서 저궤도 위성으로의 큐비트 순간 이동에 성공했다고 발표했다. 이런 실험은 방송에 자주 보도된다. SF 영화 〈스타트렉〉을 연상시키는 "순간 이동"이라는 단어 때문이다. 하지만 안타깝게도 양자 순간 이동은 간단한 개념이 아니어서 많은 사람들은 정확히 무엇이 순간 이동되는지 이해하지 못한다.

양자 순간 이동은 큐비트를 나타내는 입자를 실제로 전송하지 않고도 큐비트를 한 곳에서 다른 곳으로 보내는 방법을 제공한다. 오류 정정을 위해서 다양한 방법으로 사용되는데, 오류 정정은 양자 컴퓨팅에서 매우 중요하다. 큐비트는 환경과의 상호작용으로 손상을 입기 쉽기 때문이다. 오류 정정에 관해 간단히 알아보자.

오류 정정

CD가 세상에 나오기 전에 나는 학생이었다. 당시는 비닐 레코드를 들었다. 레코드를 재생할 때마다 나는 정교한 의식을 거쳐야 했다. 레코드의 가장자리를 잡고 표면에 지문이 묻지 않도록 주의하면서 부드럽게 커버에서 꺼낸다. 그리고 나서 턴테이블 위에 레코드를 올려둔다.

그리고 레코드에서 먼지를 청소한다. 정전기 방지 스프레이와 특수한 청소용 브러시를 사용했었다. 이 모든 것이 끝난 뒤에 스타일러스를 레코드 위에 조심스럽게 내렸다.

이처럼 눈물겨운 노력에도, 보이지 않는 먼지나 미세한 긁힘으로 인해 소리가 자주 튀곤 했다. 실수로 레코드를 긁기라도 하면 1분에 33번이나 소리가 튀어서 음악을 거의 들을 수 없는 지경이 됐다. 그러다가 CD가 등장했다. 소리가 튀는 일은 사라졌다. 표면이 긁혀도 소리는 완벽하게 재생됐다. 믿을 수 없을 정도였다.

비닐 레코드에는 오류 정정 기능이 내장돼 있지 않았다. 그래서 손상되면 원래의 소리를 복구할 수 없었다. 반면 CD는 오류 정정을 할 수 있다. 그래서 약간의 불완전한 결함이 있더라도 디지털 오류 정정 코드는 오류를 계산해 정정할 수 있다.

디지털 정보의 인코딩에는 두 가지 필수 개념이 포함된다. 첫 번째는 중복 데이터를 제거해 정보를 최대한 압축하는 것이다. 덕분에 메시지 길이를 최소화할 수 있다. 압축의 좋은 예는 문서 파일을 ZIP 파일로 압축하는 것이다(음악이 너무 압축돼 비닐 레코드에서 느껴지는 온기를 잃어버린다고 생각하기 때문에 CD를 좋아하지 않는 사람들도 있다). 두 번째는 중복 데이터를 오히려 추가해 중복성을 유용하게 쓰는 것이다. 중복 데이터는 오류 정정에 큰 도움이 된다.

오늘날 거의 모든 디지털 정보 전송은 어떤 형태로든 오류 정정 코드를 사용한다. 메시지는 수많은 이유로 손상을 입기 쉽고, 약간의 손상된 메시지를 정정하는 방법이 필요하기 마련이다.

오류 정정은 큐비트 전송에 필수적이다. 큐비트 인코딩에 광자와 전자가 사용되는데, 이 입자들이 환경과 상호작용할 때 큐비트의 상태가 바뀌기 쉽기 때문이다.

이번 절에서는 가장 기초적인 고전적 오류 정정 코드를 살펴본 후, 이 코드를 큐비트 전송에 활용하는 방법을 배울 것이다.

반복 코드

간단한 오류 정정 코드는 단순히 보내는 기호를 반복하는 것이다. 가장 간단한 경우는 3번 반복한다. 예를 들어 앨리스가 0을 보내고 싶다면 000을 보내고, 1을 보내고 싶다면 111을 보낸다. 밥은 3개의 0과 3개의 1로 이루어진 문자열이 수신되면 아무 문제가 없다고 생각한다. 하지만 다른 문자열이 수신되면(예를 들면 101) 밥은 오류가 발생했음을 알 수 있다. 문자열이 000 또는 111이 아니기 때문이다. 앨리스가 원래 보낸 문자열이 000이었으면 2개의 오류가 발생한 것이고, 앨리스가 보낸 문자열이 111이었으면 1개의 오류가 발생한 것이다. 오류 발생 확률이 매우 낮다고 가정하면, 2개보다는 1개의 오류가 발생했을 확률이 높으므로 밥은 101을 111로 정정한다.

밥이 수신하는 3비트 문자열이 가능한 경우는 8가지다. 밥은 000, 001, 010, 100일 경우는 000로 디코딩하고, 111, 110, 101, 011일 경우는 111로 디코딩할 것이다. 오류 발생 확률이 매우 낮다면, 이 반복 코드 방식은 효율적으로 전반적인 오류율을 낮출 수 있다. 이 방식은 매우 간단하지만 큐비트에 적용하려면 밥은 어떻게 해야 할지 지금부터 분석해보자. 큐비트의 문제는 큐비트를 읽으려면 측정을 해야 하는데, 측정을 수행하면 상태가 바뀐다는 점이다. 따라서 밥이 어떻게 해야 할지 알아내려면 새로운 방법이 필요하다. 바로 패리티 검사다.

밥이 3비트 $b_0 b_1 b_2$를 수신했다고 하자. 이 가운데 어느 비트를 변경해야 하는지 알기 위한 계산을 수행할 것이다. 밥은 $b_0 \oplus b_1$과 $b_0 \oplus b_2$를 계산한다.

$b_0 \oplus b_1$은 처음 두 비트의 패리티를 검사한다(즉, 두 비트가 같은지 다른지 검사한다). $b_0 \oplus b_2$은 첫 번째와 세 번째 비트에 패리티 검사를 수행한다.

3비트가 모두 0이거나 모두 1이면, $b_0 \oplus b_1$과 $b_0 \oplus b_2$는 모두 0이다. 그렇지 않을 경우는 2개는 같고 나머지 하나는 다르다. 이 나머지 하나가 0에서 1로, 또는 1에서 0으로 바뀌어야 한다.

$$b_0 = b_1 \neq b_2 \text{이면, } b_0 \oplus b_1 = 0 \text{이고 } b_0 \oplus b_2 = 1 \text{이다.}$$
$$b_0 = b_2 \neq b_1 \text{이면, } b_0 \oplus b_1 = 1 \text{이고 } b_0 \oplus b_2 = 0 \text{이다.}$$
$$b_0 \neq b_1 = b_2 \text{이면, } b_0 \oplus b_1 = 1 \text{이고 } b_0 \oplus b_2 = 1 \text{이다.}$$

이것은 밥이 $b_0 \oplus b_1$과 $b_0 \oplus b_2$ 비트의 쌍을 볼 수 있음을 의미한다.

밥이 00을 얻는다면, 정정할 것이 없고 밥은 아무 일도 하지 않는다.
밥이 01을 얻는다면, 밥은 b_2를 바꾼다.
밥이 10을 얻는다면, 밥은 b_1을 바꾼다.
밥이 11을 얻는다면, 밥은 b_0을 바꾼다.

이 오류 정정 방식이 큐비트에 어떻게 적용될 수 있는지 살펴볼 것이다. 하지만 그 전에 한 가지 살펴볼 것이 있다. 사소해 보이지만, 양자 비트플립 정정 코드가 동작하도록 만드는 원리이기 때문이다.

밥이 수신한 문자열의 첫 번째 비트에 오류가 있다고 하자. 그렇다면 밥이 수신한 문자열은 011 또는 100일 것이다. 패리티 검사를 통해서 밥은 011이든 100이든 11을 얻게 되고 첫 번째 비트에 오류가 있음을 알게 된다. 중요한 것은 패리티 검사는 오류가 발생한 위치만 알려준다는 점이다. 0을 1로 바꿔야 할지, 아니면 1을 0으로 바꿔야 할지 알려주지 않는다.

양자 비트플립 정정(Quantum Bit-Flip Correction)

앨리스가 큐비트 a|0⟩+b|1⟩을 밥에게 보내려고 한다. 다양한 종류의 오류가 발생할 수 있지만, 여기서는 비트가 반전^{flip} 경우에만 집중하자. 그래서 $a|0⟩ + b|1⟩$가 $a|1⟩ + b|0⟩$으로 반전된 경우를 예로 든다.

앨리스는 자신의 큐비트를 3개의 복사본으로 보내고 싶다. 물론, 이것은 불가능하다. 복제 금지 정리를 위반하기 때문이다. 그러나 고전적인 팬아웃을 수행해서 |0⟩을 |000⟩으로, |1⟩을 |111⟩로 바꿀 수는 있다. 2개의 CNOT 게이트를 사용하면 되며, 다음 회로도에 표시돼 있다.

처음에 3개의 큐비트가 있다. 하나는 앨리스가 인코딩하는 큐비트이고, 나머지 2개의 보조 비트는 둘 다 |0⟩이다. 따라서 초기 상태는 $(a|0⟩ + b|1⟩)|0⟩|0⟩ = a|0⟩|0⟩|0⟩ + b|1⟩|0⟩|0⟩$이다. 첫 번째 CNOT 게이트는 이것을 $a|0⟩|0⟩|0⟩ + b|1⟩|1⟩|0⟩$으로 바꾸고, 두 번째 CNOT 게이트는 $a|0⟩|0⟩|0⟩ + b|1⟩|1⟩|1⟩$을 출력한다.

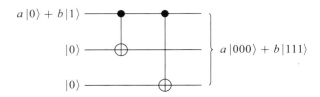

그리고 앨리스는 3개의 큐비트를 밥에게 보낸다. 그러나 통신 채널에 잡음이 있어서 1개의 큐비트가 반전될 가능성이 있다. 따라서 밥은 제대로 $a|000⟩ + b|111⟩$을 받을 수도 있고, 오류가 발생한 $a|100⟩ + b|011⟩$, $a|010⟩ + b|101⟩$, $a|001⟩ + b|110⟩$ 중 하나를 받을 수도 있다. 이 오류 발생 큐비트는 각각 첫 번째, 두 번째, 세 번째 큐비트에 오류가 발생한 것이다. 밥은 오류 탐지와 오류 정정 둘 다 원한다. 하지만 밥은 얽힌 상태를 측정해서는 안 된다. 측정을 하면 상태 얽힘이 즉시 풀리고, 밥은 |0⟩과 |1⟩로 이뤄진 3개의 큐비트를 얻게 될 뿐이다. 그러면 a와 b의 값은 사라지고, 다시 알아낼 방법은 없다.

앨리스가 보낸 3개의 큐비트를 측정하지 않고도 어느 비트가 바뀌었는지 밥이 탐지하고 정정할 수 있을까? 놀랍게도 가능하다. 앞서 고전적 비트에 적용했던 패리티 검사를 사용하면 된다.

　밥은 패리티 검사가 수행될 2개의 큐비트를 추가한다. 회로는 다음과 같다. 4개의 CNOT 게이트를 사용하는데, 네 번째 선의 큐비트 2개는 $b_0 \oplus b_1$ 패리티 계산에 쓰이고 다섯 번째 선의 큐비트 2개는 $b_0 \oplus b_2$ 패리티 계산에 쓰인다. 큐비트가 5개나 얽혀 있는 것처럼 보이지만, 사실은 하단의 큐비트 2개는 상단의 큐비트 3개와 얽혀 있지 않다.

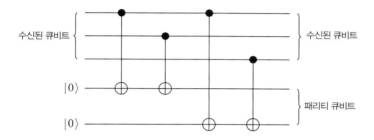

　밥이 $a|c_0 c_1 c_2\rangle + b|d_0 d_1 d_2\rangle$를 수신했다고 하자. 만일 오류가 발생했다면, $c_0 c_1 c_2$와 $d_0 d_1 d_2$ 모두에 오류가 발생했으며 발생 위치도 같다. 패리티 검사를 적용하면 둘 다 같은 결과를 제공하는 것이다.

　설명의 편의상 잠시 다섯 번째 선을 무시하자. 처음 4개의 큐비트에 대한 입력은 다음과 같다.

$$(a|c_0 c_1 c_2\rangle + b|d_0 d_1 d_2\rangle)|0\rangle = a|c_0 c_1 c_2\rangle|0\rangle + b|d_0 d_1 d_2\rangle|0\rangle$$

네 번째 선에 연결된 2개의 CNOT 게이트는 처음 2개의 숫자에 패리티 검사를 수행한다. 그러나 $c_0 \oplus c_1 = d_0 \oplus d_1$이므로, 회로 우측의 4개의 큐비트는 두 상태 중 하나가 된다. 우선, $c_0 \oplus c_1 = d_0 \oplus d_1 = 0$이면

$$a|c_0 c_1 c_2\rangle|0\rangle + b|d_0 d_1 d_2\rangle|0\rangle = (a|c_0 c_1 c_2\rangle + b|d_0 d_1 d_2\rangle)|0\rangle$$

이고, $c_0 \oplus c_1 = d_0 \oplus d_1 = 1$이면

$$a|c_0 c_1 c_2\rangle|1\rangle + b|d_0 d_1 d_2\rangle|1\rangle = (a|c_0 c_1 c_2\rangle + b|d_0 d_1 d_2\rangle)|1\rangle$$

이다. 어느 경우든, 네 번째 큐비트는 상단 3개의 큐비트와 얽히지 않는다.

다섯 번째 큐비트도 마찬가지로 생각할 수 있다. 다른 큐비트들과 얽히지 않으며, $c_0 \oplus c_2 = d_0 \oplus d_2 = 0$이면 $|0\rangle$이고, $c_0 \oplus c_1 = d_0 \oplus d_1 = 1$이면 $|1\rangle$이다.

하단 2개의 큐비트가 상단 3개의 큐비트와 얽히지 않기 때문에 밥이 하단 2개의 큐비트를 측정해도 상단 3개의 큐비트가 바뀌지 않는다.

밥이 00을 얻으면, 정정할 것이 없고 밥은 아무 일도 하지 않는다.

밥이 01을 얻으면, 밥은 세 번째 선에 X 게이트를 설치해서 세 번째 큐비트를 바꾼다.

밥이 10을 얻으면, 밥은 두 번째 선에 X 게이트를 설치해 두 번째 큐비트를 바꾼다.

밥이 11을 얻으면, 밥은 첫 번째 선에 X 게이트를 설치해 첫 번째 큐비트를 바꾼다.

이렇게 비트 반전 오류는 정정되고, 원래 앨리스가 보냈던 상태로 복구된다.

7장에서는 양자 게이트와 양자 회로의 개념을 소개했다. 몇 개의 양자 게이트를 갖고 놀라운 일이 가능하다는 것을 배웠다. 양자 컴퓨팅이 고전적 컴퓨팅을 포함한다는 것도 배웠다. 이것은 고전적인 계산을 수행하기 위해서 양자 컴퓨터를 사용한다는 의미가 아니라, 양자 컴퓨팅이 더 근본적인 형태의 컴퓨팅이라는 것을 말해준다.

다음 주제는 양자 회로를 사용해 고전적 회로보다 더 빠르게 계산을 수행할 수 있는지에 관한 것이다. 계산 속도는 어떻게 측정할까? 양자 컴퓨터는 언제나 고전적 컴퓨터보다 빠를까? 8장에서는 이런 질문에 대한 답을 알아볼 것이다.

양자 알고리즘

많은 사람들이 양자 알고리즘이 고전적인 알고리즘보다 속도가 훨씬 빠르다고 설명한다. 그리고 모든 가능한 입력값을 중첩시킨 뒤, 이 중첩에 대해서 알고리즘을 수행하는 것이 그 이유라고 말한다. 따라서 고전적 컴퓨터가 하나의 입력에 대해서 알고리즘을 실행하는 것과 달리, 가능한 모든 입력에 대해 "양자 병렬성quantum parallelism"을 사용해 동시에 알고리즘을 실행할 수 있다는 것이다. 그리고 설명은 대체로 여기서 끝난다. 하지만 이것은 충분한 설명이라고 말할 수 없다. 수많은 가능한 답이 중첩된 것을 얻게 되는 건 사실이다. 하지만 측정을 수행하면, 그 가운데에서 1개만 무작위로 얻어진다. 그렇다면 애초에 정답보다 오답이 훨씬 많았으니, 정답이 아니라 오답을 얻게 될 확률이 높아질 뿐이지 않을까?

　모든 것을 중첩 상태에 넣는 것 이상의 무언가가 양자 알고리즘에 존재한다. 양자 알고리즘의 핵심은 우리가 측정을 수행할 때 유용한 답을 얻을 수 있도록 중첩 상태를 조작하는 것에 달려 있다. 8장에서는 3개의 양자 알고리즘을 살펴보고, 이 알고리즘이 어떻게 이 문제를 해결하는지 알아보자. 모든 양자 알고리즘이 획기적인 속도 개선을 가져오는 것은 아니다. 양자 알고리즘은 속도가 빨라진 고전적 알고리즘이 아니라, 새로운 시각으로 문제를 바라보는 양자적 개념을 포함하는 알고리즘이다. 양자 알고리즘이 효과적인 것은 엄청난 계산 능력 덕분이 아니라 양자적 관점에서만 보이는 패턴을 창조적인 방법으로 탐구하기 때문이다.

지금부터 3개의 알고리즘을 자세히 알아볼 것이다. 이 알고리즘들은 바탕에 깔려 있는 수학적 패턴을 창의적으로 탐구한 결과물이다. 쉬운 것에서 어려운 것 순서로 소개할 것인데, 많은 수학 서적들이 어려운 부분을 별 1개, 그보다 어려운 부분은 별 2개로 표시하는 관행을 적용한다면 도이치-조사 알고리즘은 별 1개이고 사이먼의 알고리즘은 별 2개에 해당할 것이다.

그리고 후반부에서는 어떤 문제를 양자 알고리즘이 고전적인 알고리즘보다 더 빨리 해결할 수 있으려면 그 문제가 어떤 특성을 가져야 하는지, 답을 얻기가 왜 그리 어려운지 논의한다. 먼저, 알고리즘의 속도를 측정하는 방법을 알아보자.

복잡도 클래스 *P*와 *NP*

다음과 같은 문제를 풀어야 한다고 하자. 계산기나 컴퓨터를 사용하면 안 되고 종이와 연필만 사용할 수 있다.

- 곱이 35이고, 1보다 큰 정수 2개를 찾아라.
- 곱이 187이고, 1보다 큰 정수 2개를 찾아라.
- 곱이 2407이고, 1보다 큰 정수 2개를 찾아라.
- 곱이 88631이고, 1보다 큰 정수 2개를 찾아라.

첫 번째 질문은 금세 풀 수 있다. 하지만 뒤로 갈수록 푸는 데 시간이 오래 걸린다. 한편, 아래의 질문들을 보자.

- 7에 5를 곱하고 35와 같은지 확인한다.
- 11에 17을 곱하고 187과 같은지 확인한다.
- 29에 83을 곱하고 2407과 같은지 확인한다.
- 337에 263을 곱하고 88631과 같은지 확인한다.

두말할 것 없이 아까보다 쉽다. 이번에도 뒤로 갈수록 어려워지지만 푸는 데 걸리는 시간은 완만하게 증가한다. 네 번째 질문을 손으로 푸는 데 1분도 걸리지 않을 것이다.

입력 숫자의 자릿수를 n이라고 하면, 첫 번째 문제 집합에서 n의 값은 2~5이다.

입력값의 길이가 n인 문제를 해결하는 데 걸리는 시간 혹은 단계의 수를 $T(n)$이라고 하자. 복잡도는 n이 증가함에 따라서 $T(n)$이 얼마나 증가하느냐를 가리킨다. 특히, n의 모든 값에 대해 $T(n) \leq kn^p$를 만족하는 양수 k와 p가 존재하느냐가 관건인데, 만일 존재한다면 우리는 이 문제를 다항식 시간$^{polynomial\ time}$ 내에 풀 수 있다고 말한다. 반면에 n의 모든 값에 대해서 $T(n) > kc^n$을 만족하는 양수 k와 1보다 큰 수 c가 존재한다면, 우리는 이 문제를 지수함수적 시간$^{exponential\ time}$을 요구하는 문제라고 말한다. 다항식 시간과 지수함수적 시간에 관한 기본적인 사실은 다음과 같다. 충분한 시간이 주어질 때, 지수함수적 증가는 다항식 증가보다 훨씬 빠르게 증가한다. 컴퓨터 과학에서는 다항식 시간에 풀 수 있는 문제는 다룰 만하다고 보고, 지수함수적으로 증가하는 문제는 그렇지 않다고 본다. 다항식 시간에 해결될 수 있는 문제는 쉬운 문제로 취급되고 지수함수적 시간이 필요한 문제는 어려운 문제로 취급되는 것이다. 대부분의 다항식 시간 문제는 낮은 차수의 다항식을 포함하며, 설령 현재의 컴퓨터로는 풀기 어려울 만큼 차수가 높은 문제도 몇 년 뒤에는 문제를 풀 수 있게 될 확률이 높다. 반면에 지수함수적 시간이 걸리는 문제의 경우에는 n의 값이 현재의 연산 능력을 넘어가게 되면, n의 크기를 조금만 증가시켜도 문제 해결이 훨씬 더 어려워지고 가까운 미래에도 문제를 풀 수 있을 확률은 낮다.

아까의 문제 집합으로 돌아가자. 두 번째 문제 집합은 숫자 2개를 곱해야 하지만 풀기 쉬운 문제였다. n이 증가하면 확실히 시간이 더 걸렸지만, 다항식 시간을 요구하는 문제였기 때문이다. 그렇다면 첫 번째 문제 집합은 어떨까? 이 문제 집합을 직접 풀어보면, 푸는 데 걸리는 시간이 n에 대해서 다항식 시간이 아니라 지수함수적 시간으로 증가하는 것 같다고 생각될 것이다. 하지만 정말 그럴까? 모두 그렇게 생각은 하지만, 아무도 그것을 증명하지는 못했다.

1991년 RSA Lab은 도전 과제를 게시했다. 먼저 소수 2개의 곱인 큰 숫자들을 나열한 다음 이 숫자들을 인수분해하라는 것이었다. 이 숫자들은 100~600자리에 이르는 큰 수였다. 그리고 컴퓨터 사용도 허가됐다! 이 숫자들을 처음으로 인수분해한 사람에게는 보상이 약속됐다. 100자리 숫자는 비교적 금세 정답자가 나왔지만, 300자리를 넘는 숫자들은 아직도 성공한 사람이 없다.

어떤 문제가 다항식 시간 내에 해결될 수 있으면, 우리는 그 문제가 복잡도 클래스 P에 속한다고 말한다. 따라서 두 숫자를 곱하는 문제는 P에 속한다. 반면 문제를 푸는 것이 아니라 누군가가 당신에게 답을 제공하고 그 답이 정확한지 확인만 하면 되고 이러한 확인 과정에 다항식 시간이 걸리면, 이 문제는 복잡도 클래스 NP에 속한다고 말한다.[1] 1개의 큰 수를 2개의 소인수의 곱으로 분해하는 문제는 NP에 속한다.

답이 맞는지 확인하는 것이 실제로 답을 찾는 것보다 쉬운 것은 분명하다. 따라서 P에 속하는 문제는 모두 NP에 속한다. 그렇다면 그 역도 성립할까? 즉, 모든 NP 문제가 P에 속할까? 다항식 시간 내에 답을 확인할 수 있는 문제는 모두 다항식 시간 내에 해결할 수 있다는 것이 사실일까? "당연히 아니지!" 여러분은 아마 이렇게 생각할 것이다. 대부분 그렇게 생각한다. 하지만, 아무도 P와 NP가 같지 않다는 것을 증명하지는 못했다. 1개의 큰 수를 소수 2개의 곱으로 분해하는 문제는 NP에 속하며 우리는 이 문제가 P에 속하지 않는다고 생각하지만, 아무도 그것을 증명하지는 못한 것이다.

NP가 P와 같은지는 컴퓨터 과학에서 가장 중요한 문제 가운데 하나다. 2000년도에 클레이 수학연구소Clay Mathematics Institute는 7개의 "밀레니엄 상금 문제"를 공개하고 문제를 해결하면 각각 1백만 달러를 지급하겠다고 약속했다. P 대 NP 문제는 이 7개 중의 하나다.

---

1 *NP*는 Nondeterministic Polynominal의 줄임말로서 특정 유형의 튜링 기계(비결정적 튜링 기계)를 가리키기도 한다. – 지은이

양자 알고리즘은 고전적 알고리즘보다 빠른가?

대부분의 양자 컴퓨터 과학자들은 P가 NP와 같지 않다고 생각한다. 또, P에 속하지 않고 NP에 속하면서 양자 컴퓨터가 다항식 시간 내에 해결할 수 있는 문제가 존재한다고 생각한다. 이것은 고전 컴퓨터가 다항식 시간 내에 풀 수 없지만, 양자 컴퓨터는 풀 수 있는 문제가 있음을 의미한다. 그러나 이를 증명하기 위해서는 먼저 NP에 속하면서 P에 속하지 않는 문제가 존재함을 증명해야 하는데, 앞서도 말했듯이 아직 아무도 성공하지 못했다. 그렇다면 양자 알고리즘의 속도와 고전적 알고리즘의 속도를 어떻게 비교할 수 있을까? 두 가지 방법이 있다. 하나는 이론적인 방법이고 다른 하나는 실용적인 방법이다. 이론적인 방법은 증명을 더 쉽게 구성할 수 있는 새로운 복잡도 측정 방법을 개발하는 것이다. 실용적인 방법은 우리가 P에 속하지 않는다고 믿는 (그렇지만 증명할 수는 없는) 현실 세계의 중요한 문제를 다항식 시간 내에 풀 수 있는 양자 알고리즘을 고안하는 것이다.

후자의 예가 2개의 소수의 곱으로 인수분해를 수행하는 쇼어[Shor]의 알고리즘이다. 피터 쇼어[Peter Shor]는 다항식 시간에 작동하는 양자 알고리즘을 개발했다. 우리는 고전 알고리즘이 이 문제를 다항식 시간 내에 풀 수 없다고 생각한다(하지만 아직 증명되지는 않았다). 이 알고리즘이 왜 그렇게 중요할까? 인터넷의 안전이 여기에 달려 있기 때문이다. 그렇지만 8장에서는 전자의 방법, 즉 복잡도를 계산하는 새로운 방법을 정의해서 사용할 것이다.

쿼리 복잡도

8장에서 살펴볼 모든 알고리즘은 함수 평가[function evaluating]를 포함한다. 도이치[Deutsch] 알고리즘과 도이치-조사[Deutsch-Jozsa] 알고리즘은 P와 NP 클래스에 속하는 함수를 다루는데, 무작위로 주어진 함수가 어느 클래스에 속하는지 결정해야 한다. 사이먼[Simon]의 알고리즘은 특수한 유형의 주기[period] 함수를 다루는데, 역시 무작위로 주어진 함수의 주기를 알아내야 한다.

이 알고리즘들을 실행할 때 함수를 평가(혹은 계산)해야 하는데, **쿼리 복잡도**[query complexity]는 답을 얻기까지 함수를 평가해야 하는 횟수를 의미한다. 함수를 블랙박스[blackbox] 또는 **오라클**[oracle]이라고 부르기도 하므로, 함수 평가는 블랙박스나 오라클을 쿼리(질의)한다는 것과 같은 뜻이다. 여기서 핵심은 함수를 흉내 내는 알고리즘의 작성법을 신경 쓸 필요가 없다는 것이다. 즉, 함수가 입력받은 값을 평가하는 데 몇 단계의 계산을 수행하는지 관심 두지 않아도 된다. 단지 질문의 수만 신경 쓰면 된다. 덕분에 일이 훨씬 단순해진다. 가장 기초적인 예제부터 시작하자.

도이치 알고리즘

데이비드 도이치[David Deutsch]는 양자 컴퓨팅의 기초를 닦은 사람 가운데 하나다. 1985년 도이치는 양자 튜링 기계와 양자 컴퓨팅이 무엇인지 설명하는 기념비적인 논문을 발표했다.[2] 이 논문은 이제 곧 설명할 알고리즘을 포함하고 있다. 양자 알고리즘이 고전적 알고리즘보다 빠를 수 있음을 보여준 최초의 알고리즘이었다.

변수가 1개인 함수가 있다. 이 함수의 입력값은 0 또는 1이고, 출력값도 0 또는 1이다. 이를 만족하는 4개의 함수를 각각 f_0, f_1, f_2, f_3라고 하자.

함수 f_0은 입력값에 상관없이 0으로 보낸다. 즉, $f_0(0) = 0$이고 $f_0(1) = 0$이다.

함수 f_1은 0을 0으로, 1을 1로 보낸다. 즉, $f_1(0) = 0$이고 $f_1(1) = 1$이다.

함수 f_2는 0을 1로, 1을 0으로 보낸다. 즉, $f_2(0) = 1$이고 $f_2(1) = 0$이다.

함수 f_3은 입력값에 상관없이 1로 보낸다. 즉, $f_3(0) = 1$이고 $f_3(1) = 1$이다.

함수 f_0과 f_3을 **상수**[constant] 함수라고 부른다. 입력값이 무엇이든 출력이 같기 때문이다. 반면에 입력값 중 절반은 0으로 보내고 나머지 절반은 1로 보내는 함수를 **균형**[balanced] 함수라고 한다. f_1과 f_2는 균형함수다.

도이치가 제기한 질문은 다음과 같다. 이 4개의 함수 중 하나가 무작위로 주어질 때, 상수함수인지 균형함수인지 알아내기 위해서는 함수 평가를 몇 번 수행해야 하는

---

2 "Quantum theory, the Church-Turing principle and the universal quantum computer,"Proceedings of the Royal Society A 400 (1818): 97.117. – 지은이

가? 이 질문의 의미를 정확히 이해하는 것이 중요하다. 4개의 함수 중 어느 것인지 알고 싶은 게 아니라, 상수함수인지 균형함수인지만 알고 싶다.

이 문제를 고전적인 방법으로 접근하면 다음과 같다. 이 함수를 평가하면 우리는 0을 얻거나 1을 얻을 수 있다. 입력값을 0으로 선택하고 함수를 평가한다면 결과는 0이거나 1인데, 만일 0이 나왔다면 $f(0) = 0$이므로 함수는 f_0이거나 f_1이다. 그런데 하나는 상수함수이고 다른 하나는 균형함수이므로, 그중 어느 것인지 결정하려면 함수 평가를 추가로 수행해야만 한다. 이처럼 고전적인 방식에서는 0과 1을 둘 다 입력값으로 사용해야 문제를 해결할 수 있다. 즉, 함수 평가를 2번 수행해야 한다.

이번에는 양자 알고리즘의 방법을 보자. 먼저, 4개의 함수에 해당하는 게이트들을 구성한다. 다음 그림은 게이트를 나타낸 것으로서 i는 0, 1, 2, 3의 숫자를 취할 수 있다.

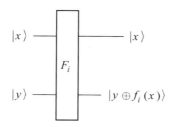

이것은 다음과 같이 해석된다.

$|0\rangle \otimes |0\rangle$을 입력하면, 출력값은 $|0\rangle \otimes |f_i(0)\rangle$이다.

$|0\rangle \otimes |1\rangle$을 입력하면, 출력값은 $|0\rangle \otimes |f_i(0) \oplus 1\rangle$이다.

$|1\rangle \otimes |0\rangle$을 입력하면, 출력값은 $|1\rangle \otimes |f_i(1)\rangle$이다.

$|1\rangle \otimes |1\rangle$을 입력하면, 출력값은 $|1\rangle \otimes |f_i(1) \oplus 1\rangle$이다.

각각의 i에 대해서 $f_i(0)$과 $f_i(0) \oplus 1$ 중 하나는 0이고 다른 하나는 1이며, $f_i(1)$과 $f_i(1) \oplus 1$ 중 하나는 0이고 다른 하나는 1이라는 점에 주목하자. 이것은 4개의 출력이 언제나 표준 기저 요소를 제공함을 의미하며, 따라서 이 게이트를 나타내는 행렬은 직교행렬임을 뜻한다.

이 게이트가 고전적 비트 $|0\rangle$과 $|1\rangle$를 입력받았을 때 제공하는 정보는 입력값이 0과 1일 때의 함수를 평가한 값과 똑같다. 상단의 큐비트 출력은 입력값 그대로이므로 새

로운 정보를 아무것도 제공하지 않는다. 하지만 두 번째 입력이 |0⟩과 |1⟩ 중 무엇이냐에 따라서 하단의 출력이 달라지는데, 함수에 상단 입력 켓을 입력했을 때의 결괏값이 되거나 아니면 그와 반대의 값이 된다. 둘 중에서 하나를 알면 다른 하나도 알 수 있다.

이제 문제를 양자 컴퓨팅 버전으로 다시 쓰면 다음과 같다. "이 4개의 게이트 중 하나가 무작위로 주어질 때, 게이트를 몇 번 사용해야 함수 f_i가 상수함수인지 균형함수인지 알 수 있는가?"

만약에 게이트의 입력값을 |0⟩과 |1⟩로 제한한다면 고전적인 경우와 똑같이 분석된다. 즉, 게이트를 2번 사용해야 한다. 하지만 만일 |0⟩과 |1⟩의 중첩을 포함하는 큐비트를 입력할 수 있다면, 게이트를 1번만 사용해도 된다는 것을 도이치는 증명했다. 이를 보여주기 위해 도이치는 다음 회로를 사용했다.

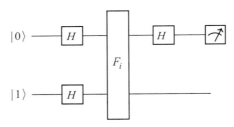

상단 오른쪽 끝의 미터 기호는 측정 수행을 의미한다. 그리고 하단에 미터 기호가 없는 것은 두 번째 출력 큐비트를 측정하지 않는다는 뜻이다. 이 회로가 어떻게 작동하는지 알아보자.

큐비트 |0⟩⊗|1⟩이 입력된다. 아다마르 게이트를 통과한 뒤 다음 상태가 된다.

$$\frac{1}{\sqrt{2}}(|0\rangle + |1\rangle) \otimes \frac{1}{\sqrt{2}}(|0\rangle - |1\rangle) = \frac{1}{2}(|00\rangle - |01\rangle + |10\rangle - |11\rangle)$$

그다음에 F_i 게이트를 통과해서 다음 상태가 된다.

$$\frac{1}{2}(|0\rangle \otimes |f_i(0)\rangle - |0\rangle \otimes |f_i(0) \oplus 1\rangle + |1\rangle \otimes |f_i(1)\rangle - |1\rangle \otimes |f_i(1) \oplus 1\rangle)$$

이것을 다음과 같이 다시 쓸 수 있다.

$$\frac{1}{2}\left(|0\rangle\otimes\left(|f_i(0)\rangle-|f_i(0)\oplus1\rangle\right)+|1\rangle\otimes\left(|f_i(1)\rangle-|f_i(1)\oplus1\rangle\right)\right)$$

$f_i(0)$이 0이냐 1이냐에 따라서 $|f_i(0)\rangle-|f_i(0)\oplus1\rangle$은 $|0\rangle-|1\rangle$ 또는 $|1\rangle-|0\rangle$이 된다. 이 사실을 이용하면 다음과 같이 쓸 수 있다.

$$|f_i(0)\rangle-|f_i(0)\oplus1\rangle=(-1)^{f_i(0)}(|0\rangle-|1\rangle)$$

또 다음 식도 마찬가지로 유도될 수 있다.

$$|f_i(1)\rangle-|f_i(1)\oplus1\rangle=(-1)^{f_i(1)}(|0\rangle-|1\rangle)$$

그러므로 F_i 게이트를 통과한 후의 큐비트의 상태는 다음과 같다.

$$\frac{1}{2}\left(|0\rangle\otimes\left((-1)^{f_i(0)}(|0\rangle-|1\rangle)\right)+|1\rangle\otimes\left((-1)^{f_i(1)}(|0\rangle-|1\rangle)\right)\right)$$

항을 재배치하면,

$$\frac{1}{2}\left((-1)^{f_i(0)}|0\rangle\otimes((|0\rangle-|1\rangle))+(-1)^{f_i(1)}|1\rangle\otimes((|0\rangle-|1\rangle))\right)$$

다시 정리하면,

$$\frac{1}{2}\left((-1)^{f_i(0)}|0\rangle+(-1)^{f_i(1)}|1\rangle\right)\otimes(|0\rangle-|1\rangle)$$

그리하여 최종적으로,

$$\frac{1}{\sqrt{2}}\left((-1)^{f_i(0)}|0\rangle+(-1)^{f_i(1)}|1\rangle\right)\otimes\frac{1}{\sqrt{2}}(|0\rangle-|1\rangle)$$

가 된다.

이것은 2개의 큐비트가 얽혀 있지 않고 상단 큐비트는 다음 상태임을 보여준다.

$$\frac{1}{\sqrt{2}}\left((-1)^{f_i(0)}|0\rangle+(-1)^{f_i(1)}|1\rangle\right)$$

이제 f_i의 4가지 경우 각각에 대해서 이 상태가 어떻게 되는지 살펴보자.

f_0의 경우, $f_0(0) = f_0(1) = 0$이므로 큐비트는 $(1/\sqrt{2})(|0\rangle + |1\rangle)$이다.

f_1의 경우, $f_1(0) = 0$이고 $f_1(0) = 1$이므로 큐비트는 $(1/\sqrt{2})(|0\rangle - |1\rangle)$이다.

f_2의 경우, $f_2(0) = 1$이고 $f_2(0) = 0$이므로 큐비트는 $(-1/\sqrt{2})(|0\rangle - |1\rangle)$이다.

f_3의 경우, $f_3(0) = f_3(1) = 1$이므로 큐비트는 $(-1/\sqrt{2})(|0\rangle + |1\rangle)$이다.

다음으로 이 큐비트를 아다마르 게이트에 통과시킨다. 이 게이트는 $(1/\sqrt{2})(|0\rangle + |1\rangle)$을 0으로, $(1/\sqrt{2})(|0\rangle - |1\rangle)$을 1로 보낸다. 따라서 다음 사실을 알 수 있다.

$i = 0$이면 큐비트는 $|0\rangle$이다.

$i = 1$이면 큐비트는 $|1\rangle$이다.

$i = 2$이면 큐비트는 $-|1\rangle$이다.

$i = 3$이면 큐비트는 $-|0\rangle$이다.

이제 표준 기저로 큐비트를 측정하면, i가 0 또는 3일 때는 0을 얻고 i가 1 또는 2일 때는 1을 얻는다. 물론 f_0과 f_3는 상수함수이고 f_1과 f_2는 균형함수다. 따라서 측정 결과가 0이라면 우리는 원래의 함수가 상수함수였음을 확실히 알 수 있다. 또 측정 결과가 1이라면 원래의 함수가 균형함수였음을 확신할 수 있다.

결과적으로 오라클에게 2번이 아니라 1번만 질문을 해서 답을 얻었다. 따라서 양자 알고리즘을 사용함으로써 약간의 속도 향상을 얻었다고 말할 수 있다. 이 알고리즘은 실용성은 없지만 고전 알고리즘보다 빠른 양자 알고리즘이 존재함을 최초로 증명한 예였다.

지금부터 2개의 양자 알고리즘을 추가로 살펴보겠다. 둘 다 2개 이상의 큐비트를 입력받아서 각 큐비트를 아다마르 게이트에 통과시킨다. 본격적인 설명을 시작하기 전에 다수의 중첩 큐비트를 간결하게 기술하기 위한 수학 기법을 알아보자.

아다마르 행렬의 크로네커곱

우리는 아다마르 게이트의 행렬이 다음과 같다는 것을 알고 있다.

$$H = \begin{bmatrix} \dfrac{1}{\sqrt{2}} & \dfrac{1}{\sqrt{2}} \\ \dfrac{1}{\sqrt{2}} & -\dfrac{1}{\sqrt{2}} \end{bmatrix} = \dfrac{1}{\sqrt{2}} \begin{bmatrix} 1 & 1 \\ 1 & -1 \end{bmatrix}$$

따라서 다음 식이 성립한다.

$$H(|0\rangle) = \frac{1}{\sqrt{2}} \begin{bmatrix} 1 & 1 \\ 1 & -1 \end{bmatrix} \begin{bmatrix} 1 \\ 0 \end{bmatrix} = \frac{1}{\sqrt{2}} \begin{bmatrix} 1 \\ 1 \end{bmatrix} = \frac{1}{\sqrt{2}} \begin{bmatrix} 1 \\ 0 \end{bmatrix} + \frac{1}{\sqrt{2}} \begin{bmatrix} 0 \\ 1 \end{bmatrix} = \frac{1}{\sqrt{2}} |0\rangle + \frac{1}{\sqrt{2}} |1\rangle$$

$$H(|1\rangle) = \frac{1}{\sqrt{2}} \begin{bmatrix} 1 & 1 \\ 1 & -1 \end{bmatrix} \begin{bmatrix} 0 \\ 1 \end{bmatrix} = \frac{1}{\sqrt{2}} \begin{bmatrix} 1 \\ -1 \end{bmatrix} = \frac{1}{\sqrt{2}} \begin{bmatrix} 1 \\ 0 \end{bmatrix} - \frac{1}{\sqrt{2}} \begin{bmatrix} 0 \\ 1 \end{bmatrix} = \frac{1}{\sqrt{2}} |0\rangle - \frac{1}{\sqrt{2}} |1\rangle$$

2개의 큐비트를 입력해서 아다마르 게이트를 통과시킨다고 하자. 4개의 기저 벡터는 다음과 같이 될 것이다.

$|0\rangle \otimes |0\rangle$은

$$\left(\frac{1}{\sqrt{2}} |0\rangle + \frac{1}{\sqrt{2}} |1\rangle \right) \otimes \left(\frac{1}{\sqrt{2}} |0\rangle + \frac{1}{\sqrt{2}} |1\rangle \right) = \frac{1}{2} (|00\rangle + |01\rangle + |10\rangle + |11\rangle) \text{로},$$

$|0\rangle \otimes |1\rangle$은

$$\left(\frac{1}{\sqrt{2}} |0\rangle + \frac{1}{\sqrt{2}} |1\rangle \right) \otimes \left(\frac{1}{\sqrt{2}} |0\rangle - \frac{1}{\sqrt{2}} |1\rangle \right) = \frac{1}{2} (|00\rangle - |01\rangle + |10\rangle - |11\rangle) \text{로},$$

$|1\rangle \otimes |0\rangle$은

$$\left(\frac{1}{\sqrt{2}} |0\rangle - \frac{1}{\sqrt{2}} |1\rangle \right) \otimes \left(\frac{1}{\sqrt{2}} |0\rangle + \frac{1}{\sqrt{2}} |1\rangle \right) = \frac{1}{2} (|00\rangle + |01\rangle - |10\rangle - |11\rangle) \text{로},$$

$|1\rangle \otimes |1\rangle$은

$$\left(\frac{1}{\sqrt{2}} |0\rangle - \frac{1}{\sqrt{2}} |1\rangle \right) \otimes \left(\frac{1}{\sqrt{2}} |0\rangle - \frac{1}{\sqrt{2}} |1\rangle \right) = \frac{1}{2} (|00\rangle - |01\rangle - |10\rangle + |11\rangle) \text{이 된다.}$$

앞서 4차원 켓으로 모든 것을 나타낼 수 있다고 배웠다. 따라서 이 4개의 식은 다음과 같이 말할 수 있다.

$$\begin{bmatrix} 1 \\ 0 \\ 0 \\ 0 \end{bmatrix} \text{은} \ \frac{1}{2}\begin{bmatrix} 1 \\ 1 \\ 1 \\ 1 \end{bmatrix} \text{이 된다.}$$

$$\begin{bmatrix} 0 \\ 1 \\ 0 \\ 0 \end{bmatrix} \text{은} \ \frac{1}{2}\begin{bmatrix} 1 \\ -1 \\ 1 \\ -1 \end{bmatrix} \text{이 된다.}$$

$$\begin{bmatrix} 0 \\ 0 \\ 1 \\ 0 \end{bmatrix} \text{은} \ \frac{1}{2}\begin{bmatrix} 1 \\ 1 \\ -1 \\ -1 \end{bmatrix} \text{이 된다.}$$

$$\begin{bmatrix} 0 \\ 0 \\ 0 \\ 1 \end{bmatrix} \text{은} \ \frac{1}{2}\begin{bmatrix} 1 \\ -1 \\ -1 \\ 1 \end{bmatrix} \text{이 된다.}$$

이것은 어떤 정규직교 기저가 다른 정규직교 기저가 된다는 것을 의미한다. 따라서 이에 해당하는 행렬을 작성할 수 있을 것이다. 이 새로운 행렬을 $H^{\otimes 2}$라고 부르자.

$$H^{\otimes 2} = \frac{1}{2}\begin{bmatrix} 1 & 1 & 1 & 1 \\ 1 & -1 & 1 & -1 \\ 1 & 1 & -1 & -1 \\ 1 & -1 & -1 & 1 \end{bmatrix}$$

이 행렬에는 H를 포함하는 패턴이 포함돼 있다.

$$H^{\otimes 2} = \frac{1}{2}\begin{bmatrix} 1 & 1 & 1 & 1 \\ 1 & -1 & 1 & -1 \\ 1 & 1 & -1 & -1 \\ 1 & -1 & -1 & 1 \end{bmatrix} = \frac{1}{\sqrt{2}}\begin{bmatrix} \begin{bmatrix} \frac{1}{\sqrt{2}} & \frac{1}{\sqrt{2}} \\ \frac{1}{\sqrt{2}} & -\frac{1}{\sqrt{2}} \end{bmatrix} & \begin{bmatrix} \frac{1}{\sqrt{2}} & \frac{1}{\sqrt{2}} \\ \frac{1}{\sqrt{2}} & -\frac{1}{\sqrt{2}} \end{bmatrix} \\ \begin{bmatrix} \frac{1}{\sqrt{2}} & \frac{1}{\sqrt{2}} \\ \frac{1}{\sqrt{2}} & -\frac{1}{\sqrt{2}} \end{bmatrix} & -\begin{bmatrix} \frac{1}{\sqrt{2}} & \frac{1}{\sqrt{2}} \\ \frac{1}{\sqrt{2}} & -\frac{1}{\sqrt{2}} \end{bmatrix} \end{bmatrix} = \frac{1}{\sqrt{2}}\begin{bmatrix} H & H \\ H & -H \end{bmatrix}$$

이 패턴은 반복된다. 3개의 큐비트를 입력해서 아다마르 게이트를 통과시키는 행렬을 $H^{\otimes 2}$를 사용해 다음과 같이 쓸 수 있는 것이다.

$$
H^{\otimes 3} = \frac{1}{\sqrt{2}} \begin{bmatrix} H^{\otimes 2} & H^{\otimes 2} \\ H^{\otimes 2} & -H^{\otimes 2} \end{bmatrix} = \frac{1}{2\sqrt{2}} \begin{bmatrix} \begin{bmatrix} 1 & 1 & 1 & 1 \\ 1 & -1 & 1 & -1 \\ 1 & 1 & -1 & -1 \\ 1 & -1 & -1 & 1 \end{bmatrix} & \begin{bmatrix} 1 & 1 & 1 & 1 \\ 1 & -1 & 1 & -1 \\ 1 & 1 & -1 & -1 \\ 1 & -1 & -1 & 1 \end{bmatrix} \\ \begin{bmatrix} 1 & 1 & 1 & 1 \\ 1 & -1 & 1 & -1 \\ 1 & 1 & -1 & -1 \\ 1 & -1 & -1 & 1 \end{bmatrix} & -\begin{bmatrix} 1 & 1 & 1 & 1 \\ 1 & -1 & 1 & -1 \\ 1 & 1 & -1 & -1 \\ 1 & -1 & -1 & 1 \end{bmatrix} \end{bmatrix}
$$

$$
= \frac{1}{2\sqrt{2}} \begin{bmatrix} 1 & 1 & 1 & 1 & 1 & 1 & 1 & 1 \\ 1 & -1 & 1 & -1 & 1 & -1 & 1 & -1 \\ 1 & 1 & -1 & -1 & 1 & 1 & -1 & -1 \\ 1 & -1 & -1 & 1 & 1 & -1 & -1 & 1 \\ 1 & 1 & 1 & 1 & -1 & -1 & -1 & -1 \\ 1 & -1 & 1 & -1 & -1 & 1 & -1 & 1 \\ 1 & 1 & -1 & -1 & -1 & -1 & 1 & 1 \\ 1 & -1 & -1 & 1 & -1 & 1 & 1 & -1 \end{bmatrix}
$$

n값이 커질수록 행렬의 크기는 급속도로 커질 것이다. 하지만 항상 다음 식이 성립한다.

$$
H^{\otimes n} = \frac{1}{\sqrt{2}} \begin{bmatrix} H^{\otimes(n-1)} & H^{\otimes(n-1)} \\ H^{\otimes(n-1)} & -H^{\otimes(n-1)} \end{bmatrix},
$$

이 재귀식을 사용하면 계산을 빠르게 할 수 있다. 이렇게 텐서곱을 어떻게 해야 하는지 알려주는 행렬곱을 크로네커^{Kronecker}곱이라고 한다.

사이먼의 알고리즘을 이해하려면 이 행렬들을 조금 자세히 공부할 필요가 있다. 하지만 다음에 설명할 도이치-조사 알고리즘을 이해하는 데는 행렬 최상단 행의 성분이 모두 같다는 점만 알면 충분하다. 즉, $H^{\otimes n}$에서 모두 $(1/\sqrt{2})^n$이다.

도이치-조사 알고리즘

도이치 알고리즘은 변수가 1개인 함수가 주어졌을 때 그 함수가 상수함수인지 균형함수인지 결정하는 문제였다. 도이치-조사 알고리즘[Deutsch-Jozsa Algorithm]은 이를 일반화한 것이다.

이번에는 n개의 변수를 갖는 함수를 대상으로 한다. 이 변수들의 입력값은 이번에도 0 또는 1이다. 출력도 0 또는 1이다. 함수는 상수함수(모든 입력이 0으로, 혹은 1로 출력된다) 혹은 균형함수(입력의 절반은 0으로, 나머지 절반은 1로 출력된다)이다. 이러한 함수가 무작위로 주어졌을 때, 그 함수가 상수함수인지 균형함수인지 알아내기 위해서는 몇 번의 함수 평가가 필요할까?

예시를 위해 $n = 3$이라고 하자. 3개의 입력 각각에 대해서 2개의 값이 가능하므로, 모든 가능한 입력의 개수는 다음과 같이 $2^3 = 8$개다.

$$(0,0,0), (0,0,1), (0,1,0), (0,1,1), (1,0,0), (1,0,1), (1,1,0), (1,1,1)$$

고전적인 방식으로 $f(0,0,0)$을 평가해서 $f(0,0,0) = 1$이라는 답을 얻었다고 하자. 이 정보만으로 결론을 내릴 수 없으므로 다른 함수 평가, 예를 들면 $f(0,0,1)$가 필요하다. 그래서 $f(0,0,1) = 0$이라면, 이 함수는 상수함수가 아니라 균형함수임을 알 수 있고, 더 이상 함수 평가가 필요 없다.

하지만 $f(0,0,1) = 1$이라면 여전히 결론을 내릴 수 없다. 최악의 경우 4번의 함수 평가에도 결론을 내리지 못할 수도 있다. 예를 들어 $f(0,0,0) = 1$, $f(0,0,1) = 1$, $f(0,1,0) = 1$, $f(0,1,1) = 1$일 경우에 우리는 이 함수가 균형함수인지, 상수함수인지 결정할 수 없다. 함수 평가를 한 번 더 해서 그것도 결괏값이 1이라면 이 함수는 상수함수일 것이고, 0이라면 균형함수일 것이다.

이와 같은 접근 방식은 일반적인 n값에 대해서 적용된다. 즉, 함수가 n개의 변수를 갖는다면, 2^n개의 입력 문자열이 가능하다. 최선의 경우 오라클에 2번만 질문해서 답을 얻을 수 있지만, 최악의 경우에는 $2^{n-1} + 1$번의 질문이 필요하다. $n - 1$은 지수이므로, 이 함수는 지수함수다. 따라서 최악의 경우 오라클에 대한 지수함수적인 질의 횟수가 요구된다. 반면 도이치-조사 알고리즘은 오라클에 1번만 질문하면 된다. 양자 알고리즘으로 인한 엄청난 속도 향상이 생기는 것이다!

우선 가장 먼저 오라클을 나타내야 한다. 함수의 본질을 포착하는 직교행렬을 구성하는 것이다. 앞서 했던 절차를 일반화하기만 하면 된다.

n개의 부울 입력과 1개의 부울 출력을 갖는 함수 $f(x_0, x_1, \cdots, x_{n-1})$가 주어졌을 때, 다음의 회로로 표현되는 게이트 F를 구성한다. 상단 선의 $/^{n}$는 n개의 선이 병렬로 존재함을 의미한다.

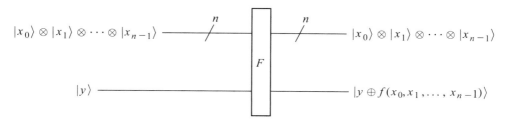

이 회로는 각각의 켓 $|x_i\rangle$가 0 또는 1일 때 어떻게 동작하는지 알려준다. 입력값은 $n+1$개의 켓 $|x_0\rangle \otimes |x_1\rangle \otimes \cdots \otimes |x_{n-1}\rangle$와 $|y\rangle$로 구성되고, 이 가운데 처음의 n개가 함수 변수에 해당한다. 출력도 역시 $n+1$개의 켓으로 이뤄지며, 처음의 n개는 입력 켓과 똑같다. 하지만 마지막 출력값은 $y=0$일 때는 $|f(x_0, x_1, \cdots, x_{n-1})\rangle$이고 $y=1$일 때는 다른 부울 값의 켓이다.

블랙박스 함수의 동작을 기술했으니, 이 함수를 통합하는 양자 회로를 작성할 차례다. 앞서 도이치 알고리즘에서 사용했던 회로를 자연스럽게 일반화하면 된다. 상단 큐비트들은 모두 블랙박스 양쪽의 아다마르 게이트를 통과한다.

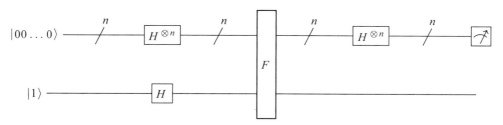

이 회로의 동작을 단계별로 분석하자. 예시를 위해 $n=2$로 가정한다. 하지만 여기서 설명하는 모든 내용은 임의의 n값에 똑같이 적용될 수 있다.

1단계. 큐비트들이 아다마르 게이트를 통과한다

상단 n개의 입력은 모두 $|0\rangle$이다. $n = 2$일 때는 $|00\rangle$이므로 다음과 같이 계산된다.

$$H^{\otimes 2}(|00\rangle) = \frac{1}{2}\begin{bmatrix} 1 & 1 & 1 & 1 \\ 1 & -1 & 1 & -1 \\ 1 & 1 & -1 & -1 \\ 1 & -1 & -1 & 1 \end{bmatrix}\begin{bmatrix} 1 \\ 0 \\ 0 \\ 0 \end{bmatrix} = \frac{1}{2}\begin{bmatrix} 1 \\ 1 \\ 1 \\ 1 \end{bmatrix} = \frac{1}{2}(|00\rangle + |01\rangle + |10\rangle + |11\rangle)$$

모든 가능한 상태의 중첩이 나온다. 그리고 각각의 기저 켓은 확률 진폭이 모두 같다 (이 경우는 1/2).

(위의 계산식은 임의의 n값에 적용된다. $H^{\otimes n}$을 통과한 n개의 큐비트는 모든 가능한 상태의 중첩에 놓이며, 각 상태의 확률 진폭은 $(1/\sqrt{2})$이다.)

하단 입력은 단순히 $|1\rangle$로서 아다마르 게이트를 통과한 후 $(1/\sqrt{2})|0\rangle - (1/\sqrt{2})|1\rangle$이된다. 이 시점에서 3개의 입력 큐비트는 다음 상태다.

$$\frac{1}{2}(|00\rangle + |01\rangle + |10\rangle + |11\rangle) \otimes \left(\frac{1}{\sqrt{2}}|0\rangle - \frac{1}{\sqrt{2}}|1\rangle\right)$$

이것을 다음과 같이 다시 쓸 수 있다.

$$\frac{1}{2\sqrt{2}}|00\rangle \otimes (|0\rangle - |1\rangle)$$
$$+ \frac{1}{2\sqrt{2}}|01\rangle \otimes (|0\rangle - |1\rangle)$$
$$+ \frac{1}{2\sqrt{2}}|10\rangle \otimes (|0\rangle - |1\rangle)$$
$$+ \frac{1}{2\sqrt{2}}|11\rangle \otimes (|0\rangle - |1\rangle)$$

2단계. 큐비트들이 F 게이트를 통과한다

F 게이트를 통과한 큐비트들의 상태는 다음과 같다.

$$\frac{1}{2\sqrt{2}}|00\rangle \otimes (|f(0,0)\rangle - |f(0,0)\oplus 1\rangle)$$

$$+\frac{1}{2\sqrt{2}}|01\rangle \otimes (|f(0,1)\rangle - |f(0,1)\oplus 1\rangle)$$

$$+\frac{1}{2\sqrt{2}}|10\rangle \otimes (|f(1,0)\rangle - |f(1,0)\oplus 1\rangle)$$

$$+\frac{1}{2\sqrt{2}}|11\rangle \otimes (|f(1,1)\rangle - |f(1,1)\oplus 1\rangle)$$

a가 0 또는 1일 때 $|a\rangle - |a\oplus 1\rangle = (-1)^a (|0\rangle - |1\rangle)$이므로, 이를 이용해 위의 상태를 다음과 같이 나타낼 수 있다.

$$(-1)^{f(0,0)}\frac{1}{2}|00\rangle \otimes \frac{1}{\sqrt{2}}(|0\rangle - |1\rangle)$$

$$+(-1)^{f(0,1)}\frac{1}{2}|01\rangle \otimes \frac{1}{\sqrt{2}}(|0\rangle - |1\rangle)$$

$$+(-1)^{f(1,0)}\frac{1}{2}|10\rangle \otimes \frac{1}{\sqrt{2}}(|0\rangle - |1\rangle)$$

$$+(-1)^{f(1,1)}\frac{1}{2}|11\rangle \otimes \frac{1}{\sqrt{2}}(|0\rangle - |1\rangle)$$

하단 큐비트가 상단 큐비트들과 얽혀 있지 않음을 알 수 있다. 따라서 상단의 큐비트 2개에만 집중하자. 이 두 큐비트의 상태는 다음과 같다.

$$\frac{1}{2}\left((-1)^{f(0,0)}|00\rangle + (-1)^{f(0,1)}|01\rangle + (-1)^{f(1,0)}|10\rangle + (-1)^{f(1,1)}|11\rangle\right)$$

(지금까지의 설명은 일반적인 n값에 적용된다. 이 시점에서 모든 기저 켓들이 중첩된 상태를 얻게 된다. 그리고 각각의 켓 $|x_0 x_1 \cdots x_{n-1}\rangle$에 $(1/\sqrt{2})^n (-1)^{f(x_0,x_1,\ldots,x_{n-1})}$을 곱하게 된다.)

3단계. 상단 큐비트들이 아다마르 게이트를 통과한다

원칙적으로 상태를 열 벡터로 변환하고 이어서 아다마르 행렬의 적절한 크로네커곱을 곱해야 한다. 이렇게 하면 다음을 얻는다.

$$\frac{1}{4}\begin{bmatrix} 1 & 1 & 1 & 1 \\ 1 & -1 & 1 & -1 \\ 1 & 1 & -1 & -1 \\ 1 & -1 & -1 & 1 \end{bmatrix}\begin{bmatrix} (-1)^{f(0,0)} \\ (-1)^{f(0,1)} \\ (-1)^{f(1,0)} \\ (-1)^{f(1,1)} \end{bmatrix}$$

그러나 결과 열벡터 내의 모든 성분을 계산하지 않고, 상단 성분만 계산하기로 하자. 상단 성분은 행렬의 상단 행에 대응하는 브라에 열벡터의 켓을 곱하면 구할 수 있다. 그래서 다음을 얻는다.

$$\frac{1}{4}\left((-1)^{f(0,0)} + (-1)^{f(0,1)} + (-1)^{f(1,0)} + (-1)^{f(1,1)}\right)$$

이것은 켓 |00⟩의 확률 진폭이다. 가능한 함수들에 대해서 이 진폭을 계산하면 다음과 같다.

f가 상수함수이고 출력이 모두 0이면, 확률 진폭은 1이다.

f가 상수함수이고 출력이 모두 1이면, 확률 진폭은 -1이다.

f가 균형함수이면, 확률 진폭은 0이다.

4단계. 상단 큐비트를 측정한다

상단 큐비트를 측정하면 우리는 00, 01, 10, 11 중 하나를 얻는다. 질문은 "00을 얻게 되는가?"가 되고, 상수함수라면 1의 확률로 00을 얻게 되고 균형함수라면 0의 확률로 00을 얻는다. 따라서 측정 결과가 00이면 함수가 상수함수임을 알 수 있다. 결과가 00이 아니라면 균형함수다.

이러한 분석은 일반적인 n에 적용된다. 큐비트를 측정하기 직전, |0...0⟩의 확률 진폭은 다음과 같다.

$$\frac{1}{2^n}\left((-1)^{f(0,0,\ldots,0)} + (-1)^{f(0,0,\ldots,1)} + \cdots + (-1)^{f(1,1,\ldots,1)}\right)$$

$n = 2$일 때와 마찬가지로 f가 상수함수이면 이 값은 ±1이 되고 f가 균형함수이면 0이다. 따라서 모든 측정 결과가 0이면 함수 f는 상수함수다. 반면, 측정 결과 중 적어도 하나가 1이라면 함수 f는 균형함수다.

따라서 임의의 n값에 대해서 회로를 1번만 사용해 도이치-조사 문제를 해결할 수 있다. 오라클에게 질문을 한 번만 하면 되는 것이다. 고전적인 방식에서는 최악의 경우 $2^{n-1} + 1$번의 질문이 필요했던 것과 비교하면 엄청난 속도 향상임을 알 수 있다.

사이먼의 알고리즘

지금까지 살펴본 두 알고리즘은 1번의 질의만으로 100% 확실히 답을 얻을 수 있다는 점에서 특수한 경우에 속한다. 대부분의 양자 알고리즘은 양자 알고리즘과 고전적인 알고리즘을 함께 사용하며, 양자 회로를 2번 이상 사용한다. 그리고 100%가 아니라 확률적으로 답을 얻는다. 사이먼의 알고리즘은 이런 알고리즘의 전형적인 예다. 사이먼의 알고리즘을 설명하려면 이 알고리즘이 다루는 문제를 먼저 설명해야 하는데, 이를 위해서는 2진 문자열을 더하는 새로운 방법을 도입할 필요가 있다.

비트 단위의 모듈러-2 덧셈

앞서 $\oplus$를 배타적 OR 또는 XOR로 정의했다. 그런데 이것은 모듈러-2 덧셈이라고도 할 수 있다.

$$0 \oplus 0 = 0 \quad 0 \oplus 1 = 1 \quad 1 \oplus 0 = 1 \quad 1 \oplus 1 = 0$$

길이가 같은 2개의 2진 문자열의 덧셈으로 이 정의를 확장할 수 있다.

$$a_0 a_1 \cdots a_n \oplus b_0 b_1 \cdots b_n = c_0 c_1 \cdots c_n$$

$$c_0 = a_0 \oplus b_0, c_1 = a_1 \oplus b_1, \ldots, c_n = a_n \oplus b_n$$

이것은 자리올림^{carry}을 무시하는 이진수 덧셈과 같다. 비트 단위 덧셈의 구체적인 예는 다음과 같다.

$$1101$$
$$\oplus \quad 0111$$
$$\overline{\qquad 1010}$$

사이먼의 문제

길이 n인 2진 문자열을 받아서 길이 n인 2진 문자열을 내놓는 함수 f가 있다. 그런데 $y = x$ 또는 $y = x \oplus s$일 때만 $f(x) = f(y)$를 만족하는 어떤 비밀스러운 2진 문자열 s가 존재한다. s는 0으로만 이뤄진 문자열은 허용되지 않는다. 따라서 같은 문자열 출력을 만드는 입력 문자열의 쌍이 존재한다. 사이먼의 문제는 바로 이 비밀 문자열 s를 알아내는 것이다. 예제를 살펴보자.

$n = 3$이라고 하면, 함수 f는 길이가 3인 2진 문자열을 입력받아서 역시 길이가 3인 다른 2진 문자열을 출력한다. 비밀 문자열이 $s = 110$이라고 가정하자. 그러면,

$000 \oplus 110 = 110 \quad 001 \oplus 110 = 111 \quad 010 \oplus 110 = 100 \quad 011 \oplus 110 = 101$
$100 \oplus 110 = 010 \quad 101 \oplus 110 = 011 \quad 110 \oplus 110 = 000 \quad 111 \oplus 110 = 001$

이므로, 이 s값에 대해서 다음과 같은 쌍을 얻게 된다.

$f(000) = f(110) \quad f(001) = f(111) \quad f(010) = f(100) \quad f(011) = f(101)$

이런 특성을 갖는 함수는 다음과 같다.

$$f(000) = f(110) = 101 \quad f(001) = f(111) = 010$$
$$f(010) = f(100) = 111 \quad f(011) = f(101) = 000$$

지금 우리는 함수 f도 모르고 비밀 문자열 s도 모른다. 그런데 s를 알아내고자 한다. 그렇다면 s를 알아내기 위해 몇 번의 함수 평가가 필요할까?

문자열에 대해서 함수 평가를 계속하다가, 같은 값이 반복해서 나오는 즉시 중단하면 된다. 출력값이 같은 서로 다른 2개의 입력 문자열만 찾으면 즉시 s를 계산할 수 있기 때문이다.

예를 들어 $f(011) = f(101)$임을 알아냈다고 하면 $011 \oplus s_0 s_1 s_2 = 101$을 얻을 수 있고, 이 식의 양변에서 좌측에 비트 단위로 011을 더하면 $011 \oplus 011 = 000$임을 활용해 다음을 얻을 수 있다.

$$s_0 s_1 s_2 = 011 \oplus 101 = 110$$

고전적인 알고리즘을 사용하면 몇 번의 함수 평가를 수행해야 할까? 8개의 2진 문자열이 주어졌다고 하자. 4개를 평가했는데 4개의 서로 다른 답이 나올 수도 있다. 하지만 5번째에는 확실히 출력이 같은 입력쌍을 얻을 수 있다. 일반적으로 길이가 n인 문자열에 2^n개의 2진 문자열이 존재하므로, 최악의 경우 $2^{n-1} + 1$번의 함수 평가가 필요하다. 즉 최악의 경우 오라클에게 $2^{n-1} + 1$번 질문을 해야 한다.

사이먼 알고리즘에 본격적으로 들어가기 전에 아다마르 행렬의 크로네커곱을 자세히 알아보자.

점곱과 아다마르 행렬

길이가 같은 2개의 2진 문자열 $a = a_0 a_1 \dots a_{n-1}$과 $b = b_0 b_1 \dots b_{n-1}$이 주어졌다고 하자. 이때 점곱$^{dot product}$을 다음과 같이 정의한다.

$$a \cdot b = a_0 \times b_0 \oplus a_1 \times b_1 \oplus \dots \oplus a_{n-1} \times b_{n-1}$$

여기서 $\times$는 일반적인 곱셈을 의미한다.

예를 들어 $a = 101$이고 $b = 111$이면 $a \cdot b = 1 \oplus 0 \oplus 1 = 0$이다. 이 연산은 문자열의 대응하는 항을 곱한 뒤 덧셈을 하고 마지막으로 합이 홀수인지 짝수인지 알아내는 연산으로 간주할 수 있다.

컴퓨터 과학에서는 주로 0부터 세기 때문에 1~4가 아니라 0~3으로 세는 것이 일반적이다. 또 이진수가 주로 사용되므로 숫자 0, 1, 2, 3을 00, 01, 10, 11로 표시한다. 따라서 4×4 행렬이 주어질 때 다음과 같이 행과 열의 번호를 이진수로 나타낼 수 있다.

$$
\begin{array}{c c}
 & \begin{array}{cccc} 00 & 01 & 10 & 11 \end{array} \\
\begin{array}{c} 00 \\ 01 \\ 10 \\ 11 \end{array} &
\left[\begin{array}{cccc}
* & * & * & * \\
* & * & * & * \\
* & * & * & * \\
* & * & * & *
\end{array}\right]
\end{array}
$$

이 행렬에서 성분의 위치는 행 번호와 열 번호로 주어진다. i번째 행과 j번째 열에 위치하는 성분의 값을 $i \cdot j$라고 하면, 다음 행렬을 얻을 수 있다.

$$
\begin{array}{c c}
 & \begin{array}{cccc} 00 & 01 & 10 & 11 \end{array} \\
\begin{array}{c} 00 \\ 01 \\ 10 \\ 11 \end{array} &
\left[\begin{array}{cccc}
0 & 0 & 0 & 0 \\
0 & 1 & 0 & 1 \\
0 & 0 & 1 & 1 \\
0 & 1 & 1 & 0
\end{array}\right]
\end{array}
$$

이 행렬을 $H^{\otimes 2}$와 비교해보자. 이 행렬에서 값이 1인 성분은 모두 $H^{\otimes 2}$ 행렬에서 값이 음수인 성분과 똑같은 위치에 있음을 알 수 있다. $(-1)^0 = 1$이고 $(-1)^1 = -1$임을 고려하면, 다음과 같이 쓸 수 있다.

$$
H^{\otimes 2} = \frac{1}{2}\begin{bmatrix}
(-1)^{00 \cdot 00} & (-1)^{00 \cdot 01} & (-1)^{00 \cdot 10} & (-1)^{00 \cdot 11} \\
(-1)^{01 \cdot 00} & (-1)^{01 \cdot 01} & (-1)^{01 \cdot 10} & (-1)^{00 \cdot 11} \\
(-1)^{10 \cdot 00} & (-1)^{10 \cdot 01} & (-1)^{10 \cdot 10} & (-1)^{10 \cdot 11} \\
(-1)^{11 \cdot 00} & (-1)^{11 \cdot 01} & (-1)^{11 \cdot 10} & (-1)^{11 \cdot 11}
\end{bmatrix}
$$

이렇게 양수와 음수 성분의 위치를 찾는 방법은 일반적으로 적용 가능하다. 예를 들어 $H^{\otimes 3}$에서 행 번호가 101이고 열 번호가 111인 성분의 경우, 점곱의 값이 0이므로 해당 성분이 양수임을 알 수 있다.

아다마르 행렬과 사이먼의 문제

아다마르 행렬의 크로네커곱의 성분을 구하는 방법을 배웠으니, 이를 사용해 크로네커곱의 2개 열을 더할 때 무슨 일이 일어나는지 알아보자. 지금, 사이먼의 문제에서 주어지는 비밀 문자열 s에 의해 짝이 되는 2개의 열을 더하고자 한다. 둘 중 하나가 문자열 b라면 나머지 하나는 $b \oplus s$로 표기될 것이다. 이 2개 열을 더할 것이다.

예시를 위해서 문자열의 길이는 2라고 한다. 그리고 비밀 문자열은 10이라고 하자. 이제 열 00과 10을 더하거나, 열 01과 11을 더할 것이다.

$H^{\otimes 2}$는 다음과 같다.

$$H^{\otimes 2} = \frac{1}{2} \begin{bmatrix} 1 & 1 & 1 & 1 \\ 1 & -1 & 1 & -1 \\ 1 & 1 & -1 & -1 \\ 1 & -1 & -1 & 1 \end{bmatrix}$$

열 00과 열 10을 더하면 다음과 같다.

$$\frac{1}{2} \begin{bmatrix} 1 \\ 1 \\ 1 \\ 1 \end{bmatrix} + \frac{1}{2} \begin{bmatrix} 1 \\ 1 \\ -1 \\ -1 \end{bmatrix} = \frac{1}{2} \begin{bmatrix} 2 \\ 2 \\ 0 \\ 0 \end{bmatrix}$$

그리고 열 01과 열 11을 더하면 다음과 같다.

$$\frac{1}{2} \begin{bmatrix} 1 \\ -1 \\ 1 \\ -1 \end{bmatrix} + \frac{1}{2} \begin{bmatrix} 1 \\ -1 \\ -1 \\ 1 \end{bmatrix} = \frac{1}{2} \begin{bmatrix} 2 \\ -2 \\ 0 \\ 0 \end{bmatrix}$$

확률 진폭이 증폭된 것도 있고, 상쇄된 것도 있음을 볼 수 있다. 정확히 무슨 일이 일어나고 있는 걸까?

크로네커곱과 비트 단위 덧셈이 일반적인 지수 법칙^{law of exponents}을 따르는 것은 쉽게 확인할 수 있다.

$$(-1)^{a \cdot (b \oplus s)} = (-1)^{a \cdot b} (-1)^{a \cdot s}$$

따라서 $a \cdot s = 0$일 때 $(-1)^{a \cdot (b \oplus s)}$과 $(-1)^{a \cdot b}$는 같고, $a \cdot s = 1$일 때 $(-1)^{a \cdot (b \oplus s)}$과 $(-1)^{a \cdot b}$는 반대 부호를 갖는다.

이를 다음과 같이 요약할 수 있다.

$$a \cdot s = 0 \text{이면} \quad (-1)^{a \cdot (b \oplus s)} + (-1)^{a \cdot b} = \pm 2$$

$$a \cdot s = 1 \text{이면} \quad (-1)^{a \cdot (b \oplus s)} + (-1)^{a \cdot b} = 0$$

즉, 2개의 열 b와 $b \oplus s$을 더할 때, $a \cdot s = 1$이면 행 a에 속한 성분의 값은 0이고 $a \cdot s = 0$이면 2 또는 −2가 된다. 일반적으로 행 번호와 s와의 점곱이 1인 행에 속한 성분은 상쇄된다.

예제로 돌아가 하단 2개 성분이 0인 이유는 행 번호 10과 11이 문자열 s와 내적이 1이기 때문이다. 행 번호가 00 및 01인 행은 s와의 점곱이 0이기 때문에 성분의 값이 0이 아니다.

이제 사이먼의 문제를 해결하기 위한 양자 회로를 이해하는 데 필요한 지식을 모두 배웠다. 이 회로는 아다마르 행렬의 2개 열을 더하는 방법을 사용해 비밀 문자열 s와의 점곱이 0인 문자열을 제공한다. 자세히 살펴보자.

사이먼의 문제를 위한 양자 회로

우선 블랙박스, 즉 f로 동작하는 게이트를 구성해야 한다. 다음 그림과 같다.

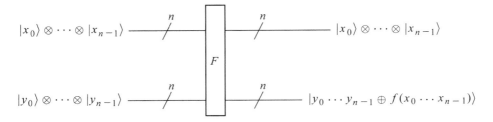

$|0\rangle$과 $|1\rangle$로 이뤄진 동일 길이의 문자열 2개를 입력한다. 상단 문자열은 그대로 출력되는 반면, 하단 문자열 출력은 상단 문자열 입력과 하단 문자열 입력에 비트 단위 덧셈을 수행한 함수 평가 결과다.

다음 그림은 사이먼 알고리즘을 수행하는 회로다.

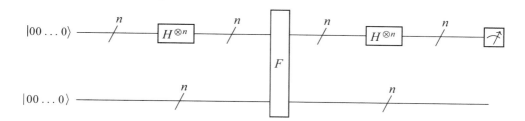

예시를 위해서 $n = 2$라고 가정하자. 하지만 지금부터의 설명은 일반적인 n값에 적용될 수 있다.

먼저, 상단 큐비트가 아다마르 게이트를 통과한다. 그동안 많이 봐왔기 때문에 아마 익숙할 것이다. 상단 2개의 큐비트는 최초에 $|00\rangle$ 상태이고, 아다마르 게이트를 통과한 후에는 다음 상태가 된다.

$$\frac{1}{2}(|00\rangle + |01\rangle + |10\rangle + |11\rangle)$$

하단 2개의 큐비트는 $|00\rangle$ 상태를 유지한다. 따라서 이 시점에서 4개의 큐비트의 상태는 다음과 같다.

$$\frac{1}{2}(|00\rangle \otimes |00\rangle + |01\rangle \otimes |00\rangle + |10\rangle \otimes |00\rangle + |11\rangle \otimes |00\rangle)$$

그리고 큐비트들은 F 게이트를 통과한다. 그래서 다음 상태로 바뀐다.

$$\frac{1}{2}(|00\rangle \otimes |f(00)\rangle + |01\rangle \otimes |f(01)\rangle + |10\rangle \otimes |f(10)\rangle + |11\rangle \otimes |f(11)\rangle)$$

그다음에 상단 큐비트들은 아다마르 게이트를 통과해 다음 상태가 된다.

$$\frac{1}{4}(|00\rangle + |01\rangle + |10\rangle + |11\rangle) \otimes |f(00)\rangle$$
$$+ \frac{1}{4}(|00\rangle - |01\rangle + |10\rangle - |11\rangle) \otimes |f(01)\rangle$$
$$+ \frac{1}{4}(|00\rangle + |01\rangle - |10\rangle - |11\rangle) \otimes |f(10)\rangle$$
$$+ \frac{1}{4}(|00\rangle - |01\rangle - |10\rangle + |11\rangle) \otimes |f(11)\rangle$$

+ 부호와 − 부호의 패턴은 $H^{\otimes 2}$ 행렬에서 비롯된 것이다. 큐비트에 대해서 항을 재정렬하면 다음과 같이 된다.

$$\frac{1}{4}|00\rangle \otimes (|f(00)\rangle + |f(01)\rangle + |f(10)\rangle + |f(11)\rangle)$$

$$+ \frac{1}{4}|01\rangle \otimes (|f(00)\rangle - |f(01)\rangle + |f(10)\rangle - |f(11)\rangle)$$

$$+ \frac{1}{4}|10\rangle \otimes (|f(00)\rangle + |f(01)\rangle - |f(10)\rangle - |f(11)\rangle)$$

$$+ \frac{1}{4}|11\rangle \otimes (|f(00)\rangle - |f(01)\rangle - |f(10)\rangle + |f(11)\rangle)$$

이렇게 상태를 나타내는 방법은 몇 가지 장점이 있다. 우선, 여전히 +와 −부호의 패턴은 $H^{\otimes 2}$ 행렬에서 비롯된다. 또, 텐서곱 왼쪽의 큐비트 쌍이 행 번호에 대응한다.

$f(b) = f(b \oplus s)$이므로, $|f(b)\rangle = |f(b) \oplus s\rangle$이다. 확률 진폭을 더함으로써 항을 결합해서 식을 단순화할 수 있다. 이것은 앞서 살펴봤던 열 덧셈에 해당한다. 예시를 위해서 $s = 10$이라고 가정하면 $f(00) = f(10)$, $f(01) = f(11)$이고, 이 값들을 상태에 대입하면 다음과 같다.

$$\frac{1}{4}|00\rangle \otimes (|f(00)\rangle + |f(01)\rangle + |f(00)\rangle + |f(01)\rangle)$$

$$+ \frac{1}{4}|01\rangle \otimes (|f(00)\rangle - |f(01)\rangle + |f(00)\rangle - |f(01)\rangle)$$

$$+ \frac{1}{4}|10\rangle \otimes (|f(00)\rangle + |f(01)\rangle - |f(00)\rangle - |f(01)\rangle)$$

$$+ \frac{1}{4}|11\rangle \otimes (|f(00)\rangle - |f(01)\rangle - |f(00)\rangle + |f(01)\rangle)$$

이 식은 다시 다음과 같이 단순화된다.

$$\frac{1}{4}|00\rangle \otimes (2|f(00)\rangle + 2|f(01)\rangle)$$

$$+ \frac{1}{4}|01\rangle \otimes (2|f(00)\rangle - 2|f(01)\rangle)$$

$$+ \frac{1}{4}|10\rangle \otimes (0)$$

$$+ \frac{1}{4}|11\rangle \otimes (0)$$

텐서곱 왼쪽의 켓은 행렬의 행 번호가 된다. 텐서곱 오른쪽에 있는 0은 s와의 내적이 1인 행에서 나타난다.

따라서 상태를 다음과 같이 단순화할 수 있다.

$$\frac{1}{\sqrt{2}}|00\rangle \otimes \frac{1}{\sqrt{2}}(|f(00)\rangle + |f(01)\rangle) + \frac{1}{\sqrt{2}}|01\rangle \otimes \frac{1}{\sqrt{2}}(|f(00)\rangle - |f(01)\rangle)$$

상단 2개의 큐비트를 측정하면 00 또는 01을 얻게 되고 확률은 각각 1/2이다.

예시를 위해 $n = 2$로 가정했지만, 지금까지의 설명은 일반적인 n값에 똑같이 적용된다. 최종적으로 비밀 문자열 s와의 내적이 0인 문자열 중 하나를 얻게 된다. 이러한 문자열 각각을 얻게 될 확률은 똑같다.

다만 이런 과정을 거쳐도 s는 여전히 알 수 없다. 여기서 사이먼 알고리즘의 고전적인 부분이 등장한다.

사이먼 알고리즘의 고전적인 부분

예시를 위해서 $n = 5$로 가정하자. 우리는 어떤 비밀 숫자 $s = s_0 s_1 s_2 s_3 s_4$가 존재함을 알고 있다. 00000은 허용되지 않으므로, 가능한 s의 개수는 $2^5 - 1 = 31$이다. 사이먼의 양자 회로를 사용해 s를 찾아보자.

회로를 실행해서 10100을 얻었다. 그러면 이 값과 s와의 점곱은 0이다. 따라서

$$1 \times s_0 \oplus 0 \times s_1 \oplus 1 \times s_2 \oplus 0 \times s_3 \oplus 0 \times s_4 = 0$$

그러면 $s_0 \oplus s_2 = 0$이다. 각각의 숫자는 0 또는 1이므로, $s_0 = s_2$이다.

10100이 다시 나오지 않기를 희망하면서 회로를 다시 실행하자(10100이 다시 나올 확률은 1/16에 불과하므로 희망이 이뤄질 확률이 높다). 00000 역시 나오지 않아야 할 것이다. 새로운 정보를 얻을 수 없기 때문이다. 그래서 00100이 나왔다고 가정하자. 그러면,

$$0 \times s_0 \oplus 0 \times s_1 \oplus 1 \times s_2 \oplus 0 \times s_3 \oplus 0 \times s_4 = 0$$

이것은 s_2가 반드시 0이어야 함을 의미하는데, 앞서 $s_0 = s_2$이므로 s_0도 0이다. 회로를 재실행하고 이번에는 11110을 얻었다. 그러면,

$$1 \times 0 \oplus 1 \times s_1 \oplus 1 \times 0 \oplus 1 \times s_3 \oplus 0 \times s_4 = 0$$

이로부터 $s_1 = s_3$임을 알 수 있다. 또 회로를 실행해서 00111을 얻게 됐다.

$$0 \times 0 \oplus 0 \times s_1 \oplus 1 \times 0 \oplus 1 \times s_3 \oplus 1 \times s_4 = 0$$

$s_3 = s_4$이어야 하고, $s_1 = s_3$이므로 $s_1 = s_3 = s_4$임을 알 수 있다.

모든 숫자가 0일 수는 없으므로, $s_1 = s_3 = s_4 = 1$이어야 한다. 따라서 s는 01011라는 결론을 얻는다. 이 과정에서 오라클을 4번 호출했다.

지금까지의 설명에 몇 가지 의문이 떠오를 수 있다. 우선, 양자 회로의 출력을 사용해 s를 찾는 알고리즘에 관한 의문이다. 예시와 같은 특정한 경우가 아니라 일반적으로 적용되는 알고리즘이 존재할까? 둘째로, 오라클에 질문한 횟수의 측정 방법에 관한 의문이다. 고전적 알고리즘의 경우는 최악의 경우 $2^{n-1} + 1$번의 질문 후에 확실히 답을 얻게 된다. 하지만 양자 알고리즘에서는 최악의 경우가 훨씬 심하다! 답이 무작위로 얻어지기 때문이다. s와의 점곱이 0인 문자열 중에서 특정 문자열이 매번 나올 수도 있다. 예를 들어 양자 회로를 $2^{n-1} + 1$번 실행했는데 매번 0으로만 이뤄진 문자열이 나올 수도 있는 것이다. 이럴 가능성이 높지는 않지만 이론상 불가능하진 않다. 0으로만 이뤄진 문자열은 아무 도움도 되지 않으므로, 오라클에 $2^{n-1} + 1$번이나 질문을 하고도 비밀 문자열에 대해서 아무것도 알아내지 못할 수도 있는 것이다. 지금부터 이 2가지 의문점의 해결법을 알아보자.

회로가 실행될 때마다 s와의 점곱이 0인 1개의 숫자를 얻는다. 이것은 n개의 미지수를 갖는 1개의 1차 방정식을 갖게 되는 것과 같다. 따라서 회로를 여러 번 실행하면 우리는 여러 개의 방정식(즉, 연립방정식)을 얻을 수 있다. 앞서의 예제에서 매 단계마다 새로운 방정식을 얻었으며 그 새로운 방정식은 우리에게 새로운 정보를 제공한 것이다. 이를 가리켜서 방정식이 이전의 방정식과 **선형 독립적**^{linearly independent}이라고

말한다. s를 계산하기 위해서는 $n-1$개의 선형 독립적인 방정식이 필요하다.[3]

연립방정식을 푸는 알고리즘은 매우 널리 알려져 있다. 선형대수학이나 행렬 이론의 주요 관심사이므로 수많은 응용이 존재한다. 워낙 자주 사용되므로 대부분의 공학/과학용 계산기에 프로그램으로 내장돼 있다. 따라서 이 주제를 깊이 설명하진 않을 것이다. 다만 n개의 연립방정식을 푸는 데 요구되는 단계의 개수는 n을 포함하는 2차식으로 제한된다. 이를 가리켜 연립방정식을 2차 시간 내에 풀 수 있다고 한다.

둘째로, "양자 회로를 몇 번이나 실행해야 하는가?"라는 질문은 어떨까? 앞서 지적했듯이 최악의 경우에는 아무리 회로를 반복 실행해도 유용한 정보를 얻지 못할 수 있다. 그러나 그럴 확률은 극단적으로 낮다. 다음 절에서 자세히 살펴보자.

복잡도 클래스

복잡도 이론에서는 다항식 시간이 걸리는 문제와 다항식 시간보다 많은 시간이 걸리는 문제를 구분한다. 다항식 시간 알고리즘은 n값이 커도 실용적인 알고리즘으로 취급되지만, 비-다항식 시간 알고리즘은 n값이 크면 현실적이지 않은 알고리즘으로 취급된다.

고전적 알고리즘이 다항식 시간에 해결할 수 있는 문제를 P로 나타내고, 양자 알고리즘이 다항식 시간에 해결할 수 있는 문제를 QP로 나타낸다(EQP$^{\text{exact quantum polynomial}}$로 나타내기도 한다). 일반적으로 이러한 용어는 알고리즘이 수행하는 단계의 수를 가리키지만, 앞서 오라클에 묻는 횟수를 가리키는 새로운 복잡도(쿼리 복잡도)를 정의한 바 있다. 도이치-조사 문제는 클래스 P에 속하지 않지만, 쿼리 복잡도 기준으로는 QP에 속한다는 것을 배웠다(상수함수는 0차 다항식이다). 그래서 도이치-조사 문제는 P와 QP를 구별한다고 말한다. 쿼리 복잡도 기준으로 QP에 속하고 P에 속하지 않는 문제이기 때문이다.

---

3   연립방정식에 대해 배운 적이 있다면, n개의 미지수가 존재할 때 n개의 방정식이 있어야 답을 구할 수 있음을 알고 있을 것이다. 이것은 계수가 실수라는 조건하에서 성립하지만, 예제에서 계수는 0 또는 1이므로 문제가 되지 않는다. 또 0으로만 이뤄진 문자열은 허용되지 않으므로, 문제를 푸는 데 필요한 방정식의 개수는 하나 줄어든다. – 지은이

그러나 고전적 알고리즘에서 최악의 경우를 다시 떠올려보자. 예를 들어 $n = 10$이라고 하자. 즉, 10개의 입력을 받는 함수가 있고, 이 함수가 균형함수인지 상수함수인지 알아내야 한다. 우리는 결론을 내릴 수 있을 때까지 입력값을 받아서 함수 평가를 반복해야 한다. 가능한 입력값의 수는 $2^{10} = 1024$이므로, 최악의 시나리오는 함수가 균형함수인데 처음 512번의 평가에서 같은 답이 나오고 513번째에 비로소 다른 답이 나오는 경우다. 이런 경우가 발생할 확률은 얼마나 될까?

균형함수일 경우, 각 입력값에 대해 똑같은 확률로 0 또는 1을 얻는다. 이것은 평평한 동전을 던져서 앞면 또는 뒷면을 얻을 확률과 비교할 수 있다. 동전을 512번 던져서 매번 앞면이 나올 확률은 얼마나 될까? 답은 $(1/2)^{512}$이다. 1을 10^{100}으로 나눈 값보다도 작다!

주어진 동전이 정상적인 동전인지 아니면 앞면만 존재하는 동전인지 알아내야 한다고 하자. 1번 던져서 앞면이 나온 것만으로는 결론을 내릴 수 없다. 하지만 10번을 던졌는데도 매번 앞면이 나온다면, 그 동전은 앞면만 존재한다고 거의 확신할 수 있다. 물론 틀렸을 가능성을 완전히 배제할 수는 없지만, 실제로 그런 일이 일어날 가능성은 매우 낮으므로 우리는 그 정도의 오류를 기꺼이 받아들일 수 있다.

유계 오차$^{bounded-error}$ 복잡도 클래스가 바로 이런 접근법이다. 오류 발생의 확률로서 우리가 수용 가능한 경곗값을 설정하고, 그 값 내에서 문제의 답을 내놓는 알고리즘을 고안한다.

도이치-조사 예제에서 적어도 99.9%의 성공률, 즉 0.1% 미만의 오류율을 원한다고 하자. 균형함수일 경우, 함수를 11번 평가해서 전부 0이 나올 확률은 (소수점 미만 5자리까지 계산해서) 0.00049다. 마찬가지로 전부 1을 얻을 확률도 0.00049다. 따라서 같은 답이 11번 연속으로 나올 확률은 0.001보다 작다. 따라서 0.1%의 경계 오류를 받아들인다면, 최대 11번의 함수 평가를 수행할 수 있다. 그 과정에서 0과 1이 둘 다 나온다면 함수 평가를 즉시 중지하고 이 함수가 균형함수라고 선언할 수 있다. 반면 11번의 평가 결과가 모두 같다면 우리는 이 함수가 상수함수라고 말할 것이다. 물론 아닐 수도 있지만, 오류율이 우리가 선택한 경곗값보다 작기 때문이다. 이런 설명은 n이 얼마든 적용된다. n값에 상관없이 최대 11번의 함수 평가가 필요하다.

이처럼 어떤 경곗값 내의 오류율로 다항식 시간에 고전 알고리즘이 해결할 수 있는 문제를 가리켜 *BPP*(유계오차 확률적 다항시간)bounded-error probabilistic polynomial time라고 한다. 도이치-조사 문제는 *BPP* 클래스에 속한다.

어떤 경곗값에 대해서는 *BPP*이고 그보다 작은 경곗값에 대해서는 *BPP*가 아닌 문제가 있을지 의문이 들 수 있다. 하지만 그런 문제는 존재하지 않는다. *BPP* 클래스에 속하는 문제는 경곗값을 어떻게 선택하든 항상 *BPP*에 속하는 것이다.

이제 사이먼의 알고리즘으로 돌아가자. 우리는 $n-1$개의 선형 독립 방정식을 얻을 때까지 계속해서 회로에 큐비트를 입력해야 한다. 이미 알고 있듯이, 최악의 경우 이 과정은 영원히 계속될 수 있으므로 사이먼의 알고리즘은 *QP* 클래스에 속하지 않는다. 그러나 기꺼이 받아들일 수 있는 오류율의 경곗값을 선택하면, 우리는 $(1/2)^N$이 그 경곗값보다 작은 N을 계산할 수 있다.

이 책에서 증명을 보여주진 않지만, 회로를 $n+N$번 실행할 때 $n+N$개의 방정식이 $n-1$개의 선형 독립 방정식을 포함할 확률은 $1-(1/2)^N$보다 크다.

이제 사이먼의 알고리즘을 기술할 수 있다. 먼저, 오류율의 경계를 정하고 N값을 계산한다. N은 n에 의존하지 않는다. 따라서 모든 경우에 같은 N값을 사용할 수 있다. 사이먼의 회로를 $n+N$번 실행하면, N은 고정된 값이고 질문 횟수는 $n+N$이므로 n의 선형 함수다. 우리는 $n+N$개의 방정식이 $n-1$개의 독립적인 벡터를 포함한다고 가정한다. 물론 아닐 수도 있지만, 그렇지 않을 확률이 오류 경곗값보다 작기 때문이다. 그런 다음 고전적 알고리즘을 사용해 $n+N$개의 방정식을 푼다. 푸는 데 걸리는 시간은 $n+N$의 2차 함수인데, N은 상수이므로 n의 2차 함수라고 말할 수 있다.

이처럼 사이먼 알고리즘은 선형(1차) 시간이 걸리는 양자적 부분과 2차 시간이 걸리는 고전적 부분으로 이뤄진다. 그래서 전체적으로는 2차 시간이 걸린다. 어떤 경곗값 이내의 오류율로 양자 알고리즘이 다항식 시간에 풀 수 있는 문제를 *BQP*bounded-error quantum polynomial(유계오차 양자 다항시간)라고 하는데, 사이먼 알고리즘은 문제가 쿼리 복잡도 기준으로 *BQP*에 속함을 보여준다.

고전적인 알고리즘은 최악의 경우 $2^{n-1}+1$번의 함수 평가가 필요하다. 이것은 n에 대해서 지수함수적인 시간이 걸리고 다항식 시간이 아니므로, 이 문제는 *P* 클래스에 속하지 않는다. 또 오류율의 경곗값을 적용해도 여전히 지수함수적이기 때문에 이 문제는 *BPP*에 속하지 않는다. 그래서 사이먼의 문제는 쿼리 복잡도에 대해서 *BPP*와 *BQP*를 구별한다.

양자 알고리즘

8장 앞부분에서 많은 대중적 기사들이 양자 알고리즘으로 인한 속도 향상이 순전히 양자 병렬성 (즉, 입력들을 모든 기저 상태를 포함하는 중첩 상태로 만드는 것) 덕분이라고 소개한다고 말했다. 그러나 3개의 양자 알고리즘을 살펴보면서 속도 향상에 양자 병렬성이 사용되는 것은 사실이지만, 그보다 훨씬 많은 작업이 필요하다는 것을 알았다. 추가로 해야 하는 작업이 무엇이고 그것이 왜 어려운지 간단히 살펴보자.

우리가 살펴본 3개의 알고리즘은 가장 기초적이고 표준적이지만, 지금까지 배웠듯이 간단하지 않다. 이 알고리즘들이 발표된 날짜는 중요한 이야기를 담고 있다. 도이치는 1985년 발표한 획기적인 논문에 도이치 알고리즘을 수록했다. 이것은 최초의 양자 알고리즘으로서 양자 알고리즘이 고전적인 알고리즘보다 빠를 수 있음을 보여줬다. 그리고 7년 뒤 도이치와 조사는 도이치 알고리즘을 일반화한 도이치-조사 알고리즘을 발표했다. 일반화에 왜 7년이나 걸렸는지 의아해할지 모른다. 하지만 이 일반화가 자연스러워 보이는 것도 현대적인 표기법과 표현 덕분이다. 도이치의 논문은 이책과 같은 방식으로 문제를 서술하지 않았으며, 현재의 표준적인 양자 회로 다이어그램을 사용하지 않았다. 그렇지만 1993년부터 1995년까지의 기간은 많은 중요 알고리즘들이 발표된 생산적인 시기였다. 대니얼 사이먼Daniel Simon의 알고리즘이 이 기간에 발표됐으며, 9장에서 살펴볼 피터 쇼어Peter Shor와 로브 그로버Lov Grover의 알고리즘도 마찬가지다.

직교행렬은 양자 게이트를 나타내고, 양자 회로는 양자 게이트의 조합이다. 이것은 직교행렬들을 곱하는 것에 대응한다. 직교행렬의 곱은 직교행렬이므로, 임의의 양자 회로를 하나의 직교행렬로 기술할 수 있다. 앞서 배웠듯이 하나의 직교행렬은 기저의 변화에 해당한다. 문제를 다른 관점에서 보는 것이다. 이것이 핵심 개념이다. 양자 컴퓨팅은 고전적 컴퓨팅보다 문제를 바라보는 관점을 더 많이 제공한다. 그러나 이것이 정말로 효과적이려면 다른 부정확한 답들로부터 정답을 분리하는 관점이 있어야 한다. 양자 컴퓨터가 고전적 컴퓨터보다 빨리 풀 수 있는 문제는 직교행렬을 사용해 그것을 변환할 때만 보이는 구조를 가져야 한다.

8장의 문제들은 명백히 역공학$^{reverse-engineering}$에 의해 의도적으로 만들어진 것이다. 다시 말해서 학계에서 중요하게 취급했던 문제가 아니고 올바른 양자 컴퓨팅 관점에서 바라보면 해결하기 더 쉽다는 것이 나중에 알려진 문제로서 아다마르 행렬의 크로네커곱의 구조를 사용해 특별히 고안된 문제다. 우리가 진정으로 원하는 것은 이처럼 역으로 고안된 문제를 해결하는 것이 아니라, 문제를 먼저 정하고 이 문제를 고전 알고리즘보다 빨리 풀 수 있는 양자 알고리즘의 개발일 것이다. 피터 쇼어는 1994년 기념비적인 논문에서 이를 달성했다. 이 논문에서 쇼어는 현재 인터넷 보안 체계를 양자 컴퓨팅을 사용해 무력화하는 방법을 보여줬다. 9장에서 양자 컴퓨팅의 영향을 살펴보면서 쇼어의 알고리즘도 간단히 설명할 것이다.

양자 컴퓨팅의 영향력

양자 컴퓨팅이 얼마나 장기적으로 세계에 영향을 미칠지 정확히 예측하는 것은 불가능하다. 현대적 컴퓨터가 탄생했던 1950년대를 되돌아보면 당시 사람들은 컴퓨터가 사회를 이만큼 변화시키고 이토록 컴퓨터에 의존하게 될 것이라고 전혀 예측하지 못했다. 당시의 컴퓨터 개척자들이 세상에는 몇 대의 컴퓨터만 있으면 되고, 가정에 컴퓨터를 두는 일은 없을 것이라고 주장했다는 이야기는 널리 알려져 있다. 사실, 그들은 특정한 유형의 컴퓨터를 언급한 것이었다. 비록 과장되기는 했지만 당시 컴퓨터들이 사람들에게 주는 인상은 그럴 만도 했다. 초창기의 컴퓨터는 크기가 매우 컸고, 에어컨이 설치된 방에 둬야 했으며, 신뢰성도 높지 않았다. 오늘날 나는 노트북, 스마트폰, 태블릿을 갖고 있는데 모두 초창기의 컴퓨터보다 훨씬 강력하다. 현대에 컴퓨터가 사회의 모든 곳에 스며든 모습을 본다면, 앨런 튜링과 같은 선각자들조차 놀라움을 금치 못할 것이다. 튜링이 체스 플레이와 인공지능을 이야기한 적은 있지만, 전자상거래와 소셜미디어가 우리 삶의 많은 부분을 차지할 것이라고는 전혀 예측하지 못했다.

양자 컴퓨팅은 아직 태동기이므로 초창기 컴퓨터와의 비교가 적절해 보인다. 지금까지 제작된 양자 컴퓨터는 크기가 크고, 별로 강력하지 않으며, 극저온으로 냉각돼야 하는 초전도체를 포함하는 것이 많다. 양자 컴퓨터를 많이 만들 필요는 없으며, 사회에 미치는 영향도 최소한에 그칠 것이라고 말하는 사람들이 있다. 그러나 내 생각에 이러한 견해는 매우 근시안적이다. 50년 후의 세상이 어떻게 될지 아무도 정확히 예측할 수 없지만, 지난 몇 년 동안 양자 컴퓨팅의 극적인 변화를 살펴보고 그 방향을 예상할 수는 있다. 강력한 범용 양자 컴퓨터가 나오기까지는 어느 정도 시간이 걸릴 수 있지만, 그 전에도 양자 컴퓨팅은 우리 삶에 상당한 영향을 미칠 것으로 보인다. 9장에서는 이런 일이 어떻게 일어날 수 있을지 살펴보자. 8장에서 3개의 알고리즘을 집중적으로 다뤘던 것과 달리, 9장에서는 다양한 주제를 폭넓게 알아볼 것이다.

쇼어 알고리즘과 암호 해석

암호 해석과 관련이 있는 양자 컴퓨팅의 주요 결과물이 바로 쇼어의 알고리즘이다. 이 알고리즘을 제대로 이해하려면 상당한 수학적 배경지식이 필요하다. 오일러의 정리와 수론의 연분수 전개continued fraction expansion를 사용할 뿐만 아니라 복소수 해석과 이산 푸리에 변환의 지식도 요구한다. 그래서 이 알고리즘은 양자 컴퓨팅 이론이 기초적인 수학에서 벗어나 본격적인 수학적 배경을 요구하는 대표적인 예로 볼 수 있다. 따라서 이 알고리즘에 관해 깊이 알아보지는 않을 것이다. 하지만 너무 중요하기 때문에 살펴보지 않고 넘어갈 수는 없다.

이 알고리즘은 사이먼 알고리즘과 마찬가지로 양자적인 부분과 고전적인 부분으로 이뤄진다. 양자적인 부분은 사이먼의 알고리즘과 비슷하다. 알고리즘 설명에 들어가기 전에, 먼저 쇼어가 해결하고자 했던 문제가 무엇이었는지 알아보자.

RSA 암호화

RSA 암호화는 이 기법을 고안한 론 라이베스트Ron Rivest, 아디 샤미르Adi Shamir, 레너드 애들먼Leonard Adleman의 이름 앞글자를 딴 것이다. 이들은 이 이론에 관한 논문을 발표한 뒤 1978년 특허를 취득했다. 그런데 영국 정보기관 GCHQ에서 일하는 클리포드 콕스Clifford Cocks가 1973년에 거의 똑같은 알고리즘을 이미 발명했음이 훗날 알려졌다. 영국 정부는 이를 기밀로 분류했지만, 미국에 권리를 주장하진 않았다. 미국과 영국 정보기관들은 이 알고리즘을 사용하지 않았고, 얼마나 중요하게 될지도 전혀 깨닫지 못했던 것 같다. 오늘날 RSA 암호화는 컴퓨터 간에 전송되는 데이터를 암호화하는 용도로 인터넷에서 널리 사용된다. 인터넷 뱅킹이나 신용카드를 사용한 온라인 구매가 모두 RSA 암호화에 의존한다.

지금부터 RSA 암호화 알고리즘이 어떻게 동작하는지 예제를 통해 알아보자. 은행과 기밀 정보를 공유하되, 이를 도청하고자 하는 누군가로부터 그 정보를 보호하고 싶다고 하자.

은행과 통신을 주고받을 때 누군가 그 데이터를 중간에서 가로채더라도 그가 데이터를 읽을 수 없도록 데이터를 암호화하고 싶다. 데이터의 실제 암호화는 여러분과 은행이 공유하는 키(이 키를 대칭 키라고 한다)를 사용해 이뤄지는데, 이 키는 암호화와 복호화에 모두 쓰인다. 그리고 이 키는 양 당사자가 반드시 비밀로 유지해야 한다. 이 키는 여러분의 컴퓨터에서 생성돼 은행으로 전송된다. 물론 암호화도 하지 않고 그냥 키를 보내면 안 된다. 즉, 은행과의 통신을 암호화하는 데 사용할 키를 암호화해야 한다. 이 부분에서 바로 RSA 암호화가 필요하다. RSA 암호화는 키를 은행에 안전하게 보낼 수 있다.

은행과의 통신을 시작하기 위해 여러분의 컴퓨터는 앞으로 은행과 주고받을 데이터의 암호화 및 복호화에 사용할 키를 생성한다. 이 키를 K라고 하자.

은행의 컴퓨터는 2개의 커다란 소수를 찾는데, 각각 p와 q라고 하자. 두 소수는 대략 같은 크기여야 하며, 두 수 p, q의 곱 N(이 수를 모듈러스라고 부른다)은 십진수로 적어도 300자리(이진수로 1024자리) 이상이어야 한다. 이 정도면 현재 보안성을 확보하기에 충분한 크기로 여겨진다. 이 과정은 간단하다. 소수를 효율적으로 생성하는 방법이 이미 알려져 있으며, 두 수를 곱해서 모듈러스 N을 구하는 것은 매우 쉽다.

이어서 은행의 컴퓨터는 $p - 1$ 및 $q - 1$과 공통인수(공약수)를 갖지 않는 작은 수 e를 찾는다. 이것 역시 계산하기 쉽다. 은행은 소수 p와 q는 공개하지 않지만, 숫자 N과

e는 여러분의 컴퓨터로 보낸다.

여러분의 컴퓨터는 K를 e 제곱한 뒤 N으로 나눈 나머지를 계산한다. 이 계산도 어렵지 않다. 이 숫자는 $K^e \bmod N$이다. 그리고 이 숫자를 은행으로 보낸다. 은행의 컴퓨터는 N을 p와 q로 소인수분해하는 방법을 알고 있으므로 K를 빠르게 계산할 수 있다.

누군가 이 통신을 가로챈다면, 그는 은행이 보낸 N과 e를 알 수 있고 여러분이 보낸 $K^e \bmod N$도 알 수 있다. 하지만 이 도청자가 K를 계산하기 위해서는 N의 인수 p와 q를 알아야 하는데, p와 q는 비밀로 유지되고 있다. 즉, 보안성은 도청자가 p와 q를 얻기 위해 N을 소인수분해할 수 없다는 사실에 의존한다.

그렇다면 2개의 큰 소수의 곱을 소인수분해하는 것은 얼마나 어려울까? 실제로 꽤 어렵다. RSA 암호화의 다른 단계들은 모두 다항식 시간이 걸리는 고전적 알고리즘으로 수행될 수 있지만, 2개의 큰 소수의 곱을 다항식 시간에 인수분해할 수 있는 고전적 알고리즘은 아무도 발견하지 못했다. 그러나 다른 한편으로는 그러한 알고리즘이 존재하지 않는다는 증명도 역시 아무도 하지 못했다.

이 부분에서 쇼어의 알고리즘이 등장한다. 쇼어는 큰 소수의 곱을 인수분해하는 양자 알고리즘을 고안했다. 이 알고리즘은 BQP 클래스에 속한다. 즉, 다항식 시간에 경계 오류율 내에서 동작할 수 있다. 여기서 중요한 것은 쿼리 복잡도와는 관계가 없다는 점이다. 즉, 오라클에 질문할 수 있다고 가정하지 않는다. 계산의 시작부터 끝까지 걸리는 단계, 혹은 시간을 세는 것이다. 쇼어는 각 단계마다 구체적인 알고리즘을 제시한다. 이 알고리즘이 BQP 클래스에 속한다는 것은 곧 이 알고리즘이 실제로 구현된다면 큰 수의 소인수분해가 가능하게 되고, 다시 말해서 양자 회로가 실제로 구성된다면 RSA 암호화는 안전하지 않게 된다는 것을 의미한다.

쇼어의 알고리즘

쇼어의 알고리즘은 상당한 양의 수학을 포함한다. 그래서 양자 부분을 간단히 그리고 다소 모호하게 설명하는 정도로 그칠 것이다.

이 알고리즘의 중요한 부분은 양자 푸리에 변환 게이트$^{\text{quantum Fourier transformation gate}}$이다. 이 게이트는 아다마르 게이트의 일반화로 생각할 수 있다. 실제로 큐비트가 1개일 경우 양자 푸리에 변환 게이트는 H와 같다. 앞서, $H^{\otimes n-1}$ 행렬로부터 $H^{\otimes n}$ 행렬을 구하는 재귀 수식을 사용한 적이 있다. 이와 비슷한 식으로 양자 푸리에 변환 행렬에 대해서도 재귀 수식을 사용할 수 있다. $H^{\otimes n}$과 양자 푸리에 행렬의 주된 차이점은 후자의 경우 성분이 일반적으로 복소수(구체적으로는 복소수인 1의 거듭제곱근)라는 점이다. $H^{\otimes n}$의 항은 1 또는 -1인데, 이 값들은 1의 제곱근이다. 1의 네제곱근을 구할 경우 실수를 사용하면 답은 ±1뿐이지만 복소수를 사용하면 다른 두 개의 제곱근도 얻을 수 있다. 일반적으로 1은 n개의 복소수 n제곱근을 갖는다. n개의 큐비트에 대한 양자 푸리에 변환 행렬은 1의 모든 복소수 2^n제곱근을 포함한다.

사이먼의 알고리즘은 $H^{\otimes n}$의 특성을 바탕으로 했다. 즉, 진폭은 1 또는 -1이고, 성분을 더할 때 켓은 서로 상쇄되거나 강화됐다. 쇼어는 이와 비슷한 아이디어를 양자 푸리에 행렬에 적용했는데, 다만 진폭은 1과 -1뿐만 아니라 복소수 2^n제곱근도 가능하다. 이것은 사이먼의 알고리즘보다 더 많은 유형의 주기를 탐지할 수 있음을 의미한다.

지금 숫자 N은 이미 알고 있고, 이 N을 두 개의 소수 p와 q의 곱으로 인수분해하고 싶다. 쇼어 알고리즘은 $1<a<N$ 범위의 어떤 숫자 a를 선택한다. a와 N이 공통인수를 갖는지 검사하고, 만일 그렇다면 a는 p 또는 q의 배수임을 의미하므로 인수분해를 바로 완료할 수 있다. 만일 a가 N과 공통인수를 갖지 않는다면 $a \bmod(N)$, $a^2 \bmod(N)$, $a^3 \bmod(N)$... 이런 식으로 차례로 계산한다($a^i \bmod(N)$은 a^i를 N으로 나눈 나머지를 가리킨다). 이 값은 나머지이기 때문에 N보다 작고, 이 숫자열은 반복돼 $a^r \bmod(N) = a \bmod(N)$을 만족하는 숫자 r이 있다. 따라서 숫자 r을 주기^{period}로 취급할 수 있으며, 쇼어 알고리즘의 양자적 부분은 바로 이 숫자를 계산한다. 그리고 r이 발견된 후 고전 알고리즘은 이 r 값을 사용해 N의 인수들을 알아낸다.

대략적이지만 쇼어 알고리즘의 양자적 부분은 이렇게 동작한다. 핵심은 비밀 문자열을 찾는 사이먼의 알고리즘이 미지의 주기 r을 찾기 위해서 일반화됐다는 것이다.

이 알고리즘은 실제로 구현됐다. 다만, 아직은 작은 숫자에 그치고 있다. 2001년 15를 소인수분해했고, 2012년에는 21을 소인수분해했다. 분명히, 아직은 300자리까지는 갈 길이 멀다. 그러나 300자리 숫자를 인수분해하는 회로를 만드는 데 얼마나 많은 시간이 걸릴까? RSA 암호화 체계가 안전하지 않게 되는 것은 시간문제인 것 같다.

오랜 기간에 걸쳐 다른 암호화 방법도 개발됐지만, 쇼어의 알고리즘은 이 방법들의 상당수에 대해서도 적용될 수 있다. 따라서 새로운 암호화 방법이 개발돼야 한다는 것은 분명해졌다. 그리고 그 새로운 방법은 고전적인 공격뿐만 아니라 양자 컴퓨터의 공격에도 견딜 수 있어야 한다.

양자 컴퓨터 이후의 암호화는 연구가 매우 활발한 분야로, 새로운 암호화 방법들이 개발 중이다. 물론 이 방법들이 반드시 양자 컴퓨팅을 사용해야 하는 것은 아니다. 양자 컴퓨터에 의한 해독을 견딜 수 있는 암호화 메시지이기만 하면 된다. 그러나 양자적 개념들은 우리에게 안전한 코드를 구성하는 방법을 제공한다.

앞서 안전한 2개의 양자 키 분배[QKD] 체계인 BB84와 에커트의 프로토콜을 배운 적이 있다. 몇몇 연구소가 실제 운영되는 QKD 시스템을 개발하는 데 성공했으며, QKD 상용 시스템을 판매하는 회사들도 있다. 최초로 QKD 실제 환경에서 사용된 것은 2007년으로서 아이디퀀티크[ID Quantique]사가 스위스 의회 선거에서 개표소와 제네바의 개표 본부 간의 데이터 전송을 보호하는 데 QKD 시스템을 사용했다.

일부 국가에서는 광섬유를 사용하는 소규모 양자 네트워크를 실험하고 있다. 소규모 네트워크를 위성으로 연결해 전 세계적 양자 네트워크 구성을 목표로 하고 있는데, 이 사업에 여러 금융기관이 많은 관심을 보이고 있다.

지금까지 가장 인상적인 결과물은 양자 실험 전용의 중국 위성이다. 이 위성의 이름은 광학에 업적을 쌓았던 중국 철학자의 이름을 따 Micius[묵자]라고 한다. 이 위성은 8장에서 소개했던 양자 순간 이동 실험과 QKD 실험에도 사용됐다. 중국 연구 팀은 오스트리아 연구 팀과 이 위성을 통해 연결됐다. 대륙 간에 QKD를 달성한 최초의 사례다. 연결이 설정된 뒤 두 연구 팀은 서로에게 사진을 전송했다. 중국 팀은 오스트리아 팀에게 묵자의 그림을 보냈고, 오스트리아 팀은 슈뢰딩거의 사진을 보냈다.

그로버의 알고리즘과 데이터 검색

우리는 빅데이터의 시대에 살고 있다. 방대한 데이터 세트를 효율적으로 검색하는 것이 기업들의 주요 관심사다. 그리고 그로버의 알고리즘은 데이터 검색의 속도를 높일 수 있는 잠재력을 가지고 있다.

이 알고리즘은 1996년 로브 그로버가 고안했다. 도이치 알고리즘 및 사이먼 알고리즘과 마찬가지로, 이 알고리즘이 고전적 알고리즘 대비해서 얻는 속도 향상은 쿼리 복잡도의 관점에서 주어진다. 실세계의 데이터에 대해서 이 알고리즘을 구현하려면 우리의 질문에 대답해 주는 오라클이 필요하므로, 오라클 역할을 하는 알고리즘을 구성해야 한다. 그로버 알고리즘의 구현 방법을 논의하기 전에, 먼저 그로버 알고리즘이 무엇을 어떻게 하는지 살펴보자.

그로버의 알고리즘

눈앞에 4장의 카드가 있다고 하자. 카드들은 모두 덮여 있다. 이 중 하나는 하트 에이스로서 바로 여러분이 찾고자 하는 카드다. 하트 에이스의 위치를 알아낼 때까지 몇 장의 카드를 뒤집어야 할까?

운이 좋으면 첫 번째 시도에서 이 카드를 뒤집을 수도 있고, 운이 나쁘면 3장의 카드를 뒤집어야 할 수도 있다. 3장을 뒤집어도 하트 에이스가 나오지 않았다면 마지막 카드는 뒤집지 않아도 그것이 하트 에이스일 것이다. 따라서 1~3장의 카드를 뒤집은 후 하트 에이스의 위치를 알 수 있으며, 평균적으로는 2.25장의 카드를 뒤집어야 한다.

이 문제가 바로 그로버의 알고리즘이 다루는 문제다. 알고리즘 설명을 시작하기 전에 문제를 다시 기술해보자. 00, 01, 10, 11 이렇게 4개의 이진수 문자열이 주어져 있다. 이 가운데 세 개는 0으로 보내고, 다른 하나는 1로 보내는 함수 f가 있다. 우리는 1로 보내지는 이진수 문자열을 찾고 싶다. 예를 들어 $f(00) = 0$, $f(01) = 0$, $f(10) = 1$, $f(11) = 0$일 때, $f(10) = 1$임을 알아내기까지 함수 평가를 몇 번 수행해야 하는지가 문제다. 카드 대신에 함수를 사용해서 문제를 다시 기술한 것뿐이므로 우리는 답을 이미 알고 있다. 즉, 평균 2.25번이다.

퀴리 복잡도 알고리즘이 모두 그렇듯, 우리는 오라클, 즉 함수를 캡슐화하는 게이트를 구성해야 한다. 4개의 2진 문자열이 주어졌을 때의 오라클이 그림 9.1에 보인다.

그리고 그로버 알고리즘의 회로는 그림 9.2와 같다.

이 알고리즘은 2단계로 수행된다. 우선, 찾고자 하는 위치에 연결된 확률 진폭의 부호를 반대로 한다. 둘째로, 이 확률 진폭을 증폭시킨다. 회로가 이를 어떻게 수행하는지 지금부터 살펴보자.

아다마르 게이트를 통과한 후 상단 2개의 큐비트는

$$\frac{1}{2}\left(|00\rangle + |01\rangle + |10\rangle + |11\rangle\right)$$

상태가 된다.

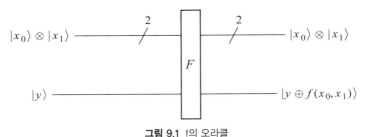

그림 9.1 f의 오라클

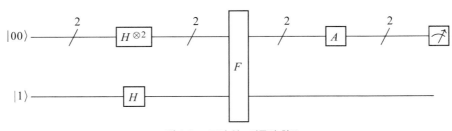

그림 9.2 그로버 알고리즘의 회로

하단의 큐비트는 다음 상태가 된다.

$$\frac{1}{\sqrt{2}}|0\rangle - \frac{1}{\sqrt{2}}|1\rangle$$

결합된 상태를 다음과 같이 쓸 수 있다.

$$\frac{1}{2}\left(|00\rangle \otimes \left(\frac{1}{\sqrt{2}}|0\rangle - \frac{1}{\sqrt{2}}|1\rangle\right) + |01\rangle \otimes \left(\frac{1}{\sqrt{2}}|0\rangle - \frac{1}{\sqrt{2}}|1\rangle\right)\right.$$

$$\left. + |10\rangle \otimes \left(\frac{1}{\sqrt{2}}|0\rangle - \frac{1}{\sqrt{2}}|1\rangle\right) + |11\rangle \otimes \left(\frac{1}{\sqrt{2}}|0\rangle - \frac{1}{\sqrt{2}}|1\rangle\right)\right)$$

이제 큐비트들이 F 게이트를 통과한다. 그러면 우리가 찾으려는 위치에 있는 세 번째 큐비트의 $|0\rangle$과 $|1\rangle$의 부호가 뒤집힌다. 예제에서 $f(10) = 1$이므로,

$$\frac{1}{2}\left(|00\rangle \otimes \left(\frac{1}{\sqrt{2}}|0\rangle - \frac{1}{\sqrt{2}}|1\rangle\right) + |01\rangle \otimes \left(\frac{1}{\sqrt{2}}|0\rangle - \frac{1}{\sqrt{2}}|1\rangle\right)\right.$$

$$\left. + |10\rangle \otimes \left(\frac{1}{\sqrt{2}}|1\rangle - \frac{1}{\sqrt{2}}|0\rangle\right) + |11\rangle \otimes \left(\frac{1}{\sqrt{2}}|0\rangle - \frac{1}{\sqrt{2}}|1\rangle\right)\right)$$

이것을 다음과 같이 쓸 수 있다.

$$\frac{1}{2}\left(|00\rangle + |01\rangle - |10\rangle + |11\rangle\right) \otimes \left(\frac{1}{\sqrt{2}}|0\rangle - \frac{1}{\sqrt{2}}|1\rangle\right)$$

결과적으로, 상단의 2개 큐비트는 하단의 큐비트와 얽히지 않는다. 하지만 우리가 찾으려 하는 위치에 해당하는 $|10\rangle$의 확률 진폭은 부호가 반대로 됐다.

이 시점에서 상단의 2개 큐비트를 측정하면 4개의 위치 중 하나를 얻게 된다. 각 위치를 얻게 될 확률은 똑같다. 그래서 다른 기법이 필요한데, 바로 진폭을 증가(증폭)시키는 것이다. 증폭은 숫자들을 평균에 대해 반전시키는 방식으로 일어난다. 평균보다 높은 숫자는 평균보다 낮아지고, 평균보다 낮은 숫자는 평균보다 높아진다. 이때 평균과의 차이는 그대로 유지된다. 예시를 위해서 1, 1, 1, −1, 이렇게 4개의 숫자가 있다고 하자. 이 숫자의 합은 2이므로 평균은 2/4, 즉 1/2이다. 개별 숫자를 살펴보면, 우선 1은 평균보다 1/2만큼 크기 때문에 평균에 대해서 뒤집으면 평균보다 1/2만큼 작아지고 따라서 0이 된다. −1은 평균보다 3/2만큼 작으므로 평균에 대해서 뒤집으면 평균보다 3/2만큼 커지고 따라서 2가 된다.

현재 상단의 2개 큐비트는 다음 상태에 있다.

$$\frac{1}{2}|00\rangle + \frac{1}{2}|01\rangle - \frac{1}{2}|10\rangle + \frac{1}{2}|11\rangle$$

평균에 대해서 확률 진폭을 뒤집으면, $0|00\rangle + 0|01\rangle + 1|10\rangle + 0|11\rangle = |10\rangle$이 된다. 이것을 측정하면 확실히 10을 얻게 되므로, 평균에 대한 반전을 통해서 우리가 원하는 결과를 얻을 수 있음을 알 수 있다. 그럼 우리는 평균에 대한 반전을 수행하는 게이트 또는 직교행렬이 존재하는지만 확인하면 된다. 그리고 존재한다. 직교행렬은 다음과 같다.

$$A = \frac{1}{2}\begin{bmatrix} -1 & 1 & 1 & 1 \\ 1 & -1 & 1 & 1 \\ 1 & 1 & -1 & 1 \\ 1 & 1 & 1 & -1 \end{bmatrix}$$

이 게이트가 상단의 2개 큐비트에 대해서 작용하면 다음과 같이 된다.

$$A\left(\frac{1}{2}|00\rangle + \frac{1}{2}|01\rangle - \frac{1}{2}|10\rangle + \frac{1}{2}|11\rangle\right) = \frac{1}{4}\begin{bmatrix} -1 & 1 & 1 & 1 \\ 1 & -1 & 1 & 1 \\ 1 & 1 & -1 & 1 \\ 1 & 1 & 1 & -1 \end{bmatrix}\begin{bmatrix} 1 \\ 1 \\ -1 \\ 1 \end{bmatrix} = \begin{bmatrix} 0 \\ 0 \\ 1 \\ 0 \end{bmatrix} = |10\rangle$$

이번 예제의 경우 큐비트가 2개뿐이므로 오라클은 1번만 사용하면 된다. 1번만 질문하면 되기 때문이다. 따라서 $n = 2$일 때 고전적인 알고리즘이 평균적으로 2.25번의 질문을 요구하는 데 반해서, 그로버의 알고리즘은 1번의 질문만으로 확실하게 답을 제공한다.

큐비트가 n개일 때도 똑같이 설명할 수 있다. 찾으려는 위치에 해당하는 확률 진폭의 부호를 반대로 하고, 그런 다음 평균에 대해서 뒤집는다. 그러나 큐비트가 2개뿐일 때처럼 진폭 증가가 두드러지지는 않는다. 예를 들어 8개의 숫자가 있는데, 7개는 1이고 나머지 하나는 −1이라고 하자. 이 숫자의 합은 6이므로 평균은 6/8이다. 평균에 대해서 뒤집으면 1은 1/2이 되고 −1은 10/4이 된다. 따라서 만일 큐비트를 3개 사용할 수 있다면, 진폭 확대를 수행한 후에 큐비트를 측정할 경우, 원하는 위치를 다른 위치보다 높은 확률로 얻게 될 것이다. 여기서 문제는 여전히 틀린 답을 얻을 가능성이 꽤 있다는 것이다. 정답을 얻을 확률을 높이려면 측정 전에 진폭을 더 높일 필요가 있다. 회로를 거슬러서 큐비트를 보내는 방법으로 이 문제를 해결할 수 있다. 찾고자 하는 위치와 관련된 확률 진폭의 부호를 다시 반대로 하고, 평균에 대한 반전을 다시 수행하는 것이다.

일반적인 경우를 살펴보자. m개의 가능한 위치 중 하나에서 무언가를 찾고 싶다. 고전적인 방법에서는 최악의 경우 $m - 1$번을 질문해야 한다. 질문의 횟수는 m 값과 같은 비율로 증가한다. 반면 그로버는 정답을 얻을 확률을 극대화할 수 있는 양자 회로의 사용 횟수를 알려주는 공식을 제시했다. 이 공식에서 회로의 사용 횟수는 $\sqrt{m}$의 비율로 증가한다. 이것은 2차^{quadratic} 속도 향상이라고 부른다.

그로버 알고리즘의 응용

이 알고리즘을 구현하는 데는 많은 문제가 있다. 우선, 2차 속도 향상은 쿼리 복잡도를 기준으로 그렇다는 것이다. 오라클을 사용하려면 오라클을 실제로 구성해야 하는데, 자칫 오라클 구성 단계의 수가 그로버 알고리즘에 의해 단축되는 단계의 수보다 커져서 고전적 알고리즘보다 오히려 느려질 수 있다. 또, 2차 속도 향상은 데이터 세트가 전혀 정렬돼 있지 않다고 가정하고 있다. 이미 구조화된 데이터일 경우, 그 구조를 활용해 무작위 추측보다 훨씬 빠르게 답을 찾아내는 고전적 알고리즘들이 많이 있다. 마지막으로, 2차 속도 향상은 다른 알고리즘들이 보여준 지수함수적 속도 향상에 많이 못미친다. 더 개선할 수는 없을까? 이러한 문제들에 대해 간단히 살펴보자.

오라클 구현 및 데이터 구조와 관련된 문제점은 정말로 문제로서 그로버의 알고리즘이 대부분의 데이터베이스 검색에 실용적이지 않음을 보여준다. 그러나 어떤 경우에는 데이터 구조 덕분에 효율적으로 동작하는 오라클을 구축할 수 있는데, 이런 경우에는 그로버 알고리즘이 고전적 알고리즘보다 빠른 속도를 제공할 수 있다. 2차 속도 향상과 관련된 문제점은 이미 답이 나와 있다. 그로버의 알고리즘이 최적이라는 것이 입증된 것이다. 2차 속도 향상보다 더 빠르게 문제를 해결할 수 있는 양자 알고리즘은 없다. 2차 속도 향상이 지수함수적 속도 향상만큼 인상적이지는 않지만 그래도 유용하다. 데이터 세트가 커지면 어떤 식이든 속도 향상은 높은 가치를 갖는다.

그로버 알고리즘의 주요 응용 분야는 아마도 원래 의도됐던 분야가 아니라, 약간 변형된 분야일 것이다. 특히 진폭 증폭의 아이디어가 쓸모 있다.

지금까지 소개된 알고리즘 가운데 쇼어와 그로버의 알고리즘이 가장 중요한 것으로 취급된다. 많은 양자 알고리즘이 이 두 알고리즘의 아이디어를 기반으로 한다.[1] 이제 우리의 관심을 알고리즘에서 양자 컴퓨팅의 응용 분야로 돌려보자.

화학 및 시뮬레이션

1929년 폴 디랙은 양자역학에 관해 다음과 같이 말했다. "물리학의 상당 부분 그리고 화학의 모든 부분을 수학적으로 다루는 데 필요한 근본 법칙은 모두 밝혀졌다. 어려운 점은 이러한 법칙들의 적용이 너무 복잡해서 풀 수 없는 방정식으로 이어진다는 점이다."

이론상 모든 화학 작용은 원자들의 상호작용과 전자의 구성에 관한 것이다. 우리는 그 근간이 되는 수학을 알고 있다. 바로 양자역학이다. 하지만 방정식을 쓸 수는 있지만 정확하게 풀 수는 없다. 그래서 화학자들은 정확한 답을 찾는 것이 아니라 근삿값을 추정하는 기법을 사용한다. 그리고 근삿값은 세부 사항을 무시한다. 전산 화학 Computational chemistry은 지금까지 이러한 접근 방식을 취해서 대체로 효과적이었다. 하지만 고전적인 컴퓨터가 많은 경우에 좋은 답을 제공하지만, 현재의 컴퓨터 기술로는 효과를 볼 수 없는 영역이 있다. 근삿값은 충분하지 않고 세부 정보가 필요한 영역이다.

파인만은 양자 컴퓨터의 주요 응용 중 하나가 양자계의 시뮬레이션이라고 생각했다. 양자 컴퓨터를 사용해 양자 세계에 속하는 화학을 연구하는 것은 자연스러운 아이디어로서 커다란 잠재력을 갖고 있다. 양자 컴퓨팅이 중요한 기여를 할 것으로 기대되는 분야 중 하나가 비료 제작에 사용되는 질소 분해 효소의 정확한 작용을 이해

---

1 https://math.nist.gov/quantum/zoo/에서 모든 양자 알고리즘의 목록을 확인할 수 있다. – 지은이

하는 것이다. 현재의 비료 제조법은 대량의 온실가스를 방출하고 상당한 에너지를 소비한다. 양자 컴퓨터는 이 작용 및 다른 촉매 반응을 이해하는 데 중요한 역할을 할 수 있다.

시카고대학교에는 광합성을 조사하는 연구 팀이 있다. 햇빛이 화학 에너지로 변환되는 과정은 매우 빠르고 효율적으로 일어나며, 양자역학적 과정이다. 연구 팀의 장기 목표는 이 과정을 이해하고 태양광 전지에 적용하는 것이다.

초전도 및 자기는 양자역학적 현상이다. 양자 컴퓨터는 우리가 이 현상들을 더 잘 이해하도록 도울 수 있다. 절대 영도$^{Absolute\ Zero}$ 근처까지 냉각될 필요가 없는 초전도체를 개발하는 것도 하나의 목표다.

양자 컴퓨터의 실제 제작은 아직 초창기이지만, 몇 개의 큐비트만 갖고도 화학 연구를 시작할 수 있다. IBM은 최근 7-큐비트 양자 프로세서에서 베릴륨 수소화물(BeH_2) 분자를 시뮬레이션했다. 이 분자는 원자가 3개뿐인 작은 분자다. 이 시뮬레이션에서는 고전적 컴퓨팅에서 사용되는 근삿값 추정을 사용하지 않는다. 다만 IBM의 프로세서는 몇 개의 큐비트만 사용하므로 고전적 컴퓨터를 사용해 양자 프로세서를 시뮬레이션할 수 있고, 따라서 이 양자 프로세서로 수행할 수 있는 것은 모두 고전적 컴퓨터에서도 수행할 수 있다. 그러나 프로세서가 다룰 수 있는 큐비트의 개수가 늘어나면 언젠가 고전적 컴퓨터로는 시뮬레이션할 수 없는 때가 올 것이다. 양자 시뮬레이션이 고전적 컴퓨터의 힘을 뛰어넘는 새로운 시대가 머지않은 것이다.

지금까지 양자 컴퓨터의 응용 분야에 대해서 살펴봤다. 이번에는 양자 컴퓨터를 제작하는 데 사용되는 몇 가지 방법을 간략하게 알아보자.

하드웨어

실제로 실용적인 양자 컴퓨터를 만들려면 많은 문제를 해결해야 한다. 가장 심각한 것은 결어긋남^{decoherence}, 즉 큐비트가 컴퓨팅에 속하지 않은 환경과 상호작용하는 문제다. 초기 상태로 설정된 큐비트는 사용될 때까지 그 상태를 유지할 수 있어야 한다. 또 게이트와 회로도 구성할 수 있어야 한다. 무엇이 좋은 큐비트가 될 수 있을까?

광자는 초기화하기 쉽고 얽힘을 만들기 쉬울 뿐만 아니라 환경과 상호작용을 별로 하지 않기 때문에 오랫동안 결맞음^{coherence}을 유지한다. 하지만 광자의 단점은 저장하기 힘들어서 필요시 바로 준비하기 어렵다. 따라서 광자는 통신에는 이상적이지만 양자 회로 제작에는 문제가 많다.

예제에서 자주 사용됐던 전자 스핀을 큐비트로 사용할 수 있을까? 앞서 빈틈없는 $^{loophole-free}$ 벨 테스트가 합성 다이아몬드 내부에 전자를 가두는 장치를 사용한다고 배운 적이 있다. 그리고 그 위에 레이저를 쏘아서 전자를 조작할 수 있다. 하지만 이 방법의 문제는 확장성이다. 1개 또는 2개의 큐비트를 구성할 수는 있지만, 그보다 많은 큐비트를 생성할 수는 없다. 전자 대신에 원자핵의 스핀을 사용하는 방법도 시도됐지만, 여전히 확장성이 문제로 남아 있다.

이온의 에너지 준위를 사용하는 방법도 있다. 이온 트랩 컴퓨팅은 전자기장에 보관되는 이온을 사용한다. 이온을 가두기 위해서는 진동을 최소화해야 하는데, 이를 위해서는 절대 영도 근처로 모든 것을 냉각할 필요가 있다. 이온의 에너지 준위가 큐비트를 인코딩하고, 레이저로 이를 조작하는 것이다. 데이비드 와인랜드$^{David\ Wineland}$는 1995년 이온 트랩을 사용해 최초로 CNOT 게이트를 구성한 공로로 노벨상을 수상했으며, 2016년 NIST의 연구원들은 200개 이상의 베릴륨 이온을 얽힘 상태로 만들었다. 이처럼 이온 트랩은 미래의 양자 컴퓨터에서 사용될 잠재력을 갖고 있지만, 현재 제작 중인 양자 컴퓨터들은 다른 접근법을 사용하고 있다.

환경과의 상호작용을 최소화하기 위해 양자 컴퓨터는 항상 빛과 열로부터 보호돼야 한다. 그래서 전자기파에 대해 차폐되고 냉각된다. 낮은 온도에서 초전도체, 즉 모든 전기 저항을 잃는 물질이 존재한다. 초전도체는 쿠퍼쌍$^{Cooper\ pair}$과 조셉슨 접합 $^{Josephson\ junction}$ 등과 같은 좋은 양자적 속성을 갖고 있다.

초전도체 내의 전자들은 짝을 이루는데 이렇게 짝을 이룬 전자를 쿠퍼쌍이라고 부른다. 이 전자쌍은 마치 개별 입자처럼 동작한다. 절연체의 얇은 층 사이에 초전도체의 얇은 층을 집어넣으면 조셉슨 접합을 얻을 수 있다.[2] 이 접합은 물리학 및 공학에

2   브라이언 데이비드 조셉슨(Brian David Josephson)은 쿠퍼쌍이 양자 터널링에 의해 조셉슨 접합을 통과해 흐르는 방법을 연구한 공로로 노벨 물리학상을 받았다. - 지은이

서 자기장 측정을 위한 민감한 계측기를 만드는 데 사용된다. 양자 컴퓨터의 관점에서 중요한 사실은 조셉슨 접합을 포함하는 초전도 루프에서 쿠퍼쌍의 에너지 준위가 불연속적이며 큐비트를 인코딩하는 데 사용될 수 있다는 것이다.

IBM은 초전도체 큐비트를 사용하는 양자 컴퓨터를 제작했다. 2016년 IBM은 5-큐비트 프로세서를 공개하고 클라우드를 통해 누구나 무료로 사용할 수 있게 했다. 누구나 5-큐비트 이하의 양자 회로를 설계해 이 컴퓨터에서 실행할 수 있다. IBM의 목표는 많은 대중에게 양자 컴퓨팅을 소개하는 것이다. 초고밀도 코딩 회로, 벨의 부등식 회로, 수소 원자의 모델 등이 모두 이 기계에서 실행됐다. 배틀쉽Battleship 게임의 초기 버전도 실행됐으며, 덕분에 개발자들은 최초의 양자 컴퓨터 멀티플레이어 게임을 구현할 수 있었다. 2017년 말 IBM은 25-큐비트의 컴퓨터를 클라우드에 연결했다. 다만 이것은 교육용이 아니며, 기업들이 접근 권한을 구매할 수 있는 상용 제품이다.

구글 역시 자체적으로 양자 컴퓨터를 연구하고 있다. 역시 초전도 큐비트를 사용한다. 구글은 가까운 시일 내에 72개의 큐비트를 사용하는 컴퓨터를 발표할 것으로 기대를 모으고 있다. 72라는 숫자의 특별한 점은 무엇일까?

양자 컴퓨터의 큐비트 수가 너무 많지 않으면 고전적 컴퓨터로도 양자 컴퓨터를 시뮬레이션할 수 있다. 하지만 큐비트의 수가 증가하면 어느 시점부터는 그것이 불가능하다. 구글은 이 숫자에 도달했거나 넘어섰다고 발표할 것으로 예상되는데, 이는 구글이 양자 우위quantum supremacy를 달성했다고 주장할 권리를 부여하는 것이다. 고전적 컴퓨터에서 실행 혹은 시뮬레이션할 수 없는 알고리즘이 양자 컴퓨터에서 최초로 실행됐다는 뜻이다. 그러나 IBM은 싸우지도 않고 물러날 생각은 없어 보인다. IBM의 연구 팀은 몇 가지 혁신적인 아이디어를 사용해 56-큐비트 시스템을 고전적 컴퓨터에서 시뮬레이션하는 방법을 발견했다. 이것은 양자 우위 달성에 필요한 큐비트의 수를 높였다.

양자 컴퓨터를 제작하기 위한 노력이 계속되면서 다양한 아이디어가 나타날 것이다. 하지만 큐비트를 어떻게 인코딩하든 큐비트는 주변 환경과 민감하게 상호작용을 한다. 이러한 상호작용을 잘 이해할수록 큐비트를 보호하는 더 나은 방패를 만들 수 있다. 또 큐비트가 자신의 주변을 측정하는 방법을 설계할 수 있을 것이다.

합성 다이아몬드에 전자를 가두는 아이디어가 이런 예에 속한다. 이 전자들은 자기장에 매우 민감하다. 엔비전 이미징 테크놀로지[NVision Imaging Technologies]사는 이 아이디어를 응용해 기존 장치보다 성능이 좋고 빠르면서 더욱 저렴한 NMR 기계를 제작하려고 시도 중인 스타트업이다.

양자 어닐링

D-Wave사는 상용 컴퓨터를 판매 중이다. 최신 제품인 D-Wave 2000Q는 이름에서 알 수 있듯이 2,000개의 큐비트를 사용한다. 그러나 이 컴퓨터는 범용 컴퓨터가 아니다. 양자 어닐링[Quantum Annealing]을 사용해 특정한 최적화 문제를 해결하기 위해서 설계된 것이다. 간단히 알아보자.

대장장이들은 금속을 망치로 때려서 구부려야 할 때가 자주 있다. 이 과정에서 금속의 결정 구조에 다양한 응력과 변형이 발생해 금속이 경화되고, 이로 인해 작업하기 어려워진다. 전통적인 어닐링은 균일한 결정 구조를 복원해 금속을 다시 펴서 늘릴 수 있게 만드는 방법이다. 금속 조각을 고온으로 가열한 뒤 천천히 식히면 된다.

모의 어닐링[simulated annealing]은 어닐링에 기반한 기법으로서 특정한 최적화 문제를 해결하는 데 사용된다. 그림 9.3과 같은 그래프에서 가장 낮은 지점, 즉 최소 절댓값을 찾으려 한다고 하자. 우리는 이 그래프를 2차원 양동이[bucket]의 바닥으로 생각할 수 있다. 공을 양동이에 떨어뜨리면 결국 여러 골짜기[valley] 중 하나의 바닥에서 멈출 것이다. 그림에서 골짜기는 A, B, C로 표시돼 있다. 우리는 C를 찾고 싶다고 하자. 그런데 공이 C가 아니라 A에서 멈출 수도 있다. 어닐링에서 중요한 것은 이 공을 위로 밀어서 B로 떨어뜨리는 데 필요한 에너지가 공을 B에서 위로 밀어서 A로 떨어뜨리는데 필요한 에너지보다 훨씬 작다는 것이다. 이제, 이 두 값 사이의 에너지 준위로 양동이를 흔든다. 그러면 공은 A에서 B로 이동할 수 있지만 반대로 돌아갈 수는 없다. 따라서 이 에너지 준위로 한동안 흔들면, 공은 최종적으로 A 또는 B에 있을 것이다. 그런데 이 에너지 준위로 흔들면 공을 C에서 B로 보낼 수 있다. 그다음으로 양동이를 다시 흔들되, 공을 B에서 C로 보낼 수는 있지만 C에서 B로는 보낼 수 없을 만큼의 작은 에너지로 흔든다.

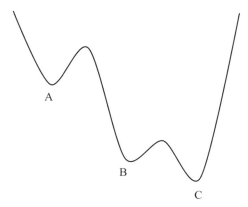

그림 9.3 함수의 그래프―양동이의 바닥

실제로는 양동이를 흔들기 시작한 뒤 점진적으로 에너지를 줄인다. 이것은 전통적인 어닐링에서 점진적으로 금속을 냉각시키는 것에 해당한다. 결과적으로 공은 가장 낮은 지점에서 멈추게 된다. 이렇게 함수의 최소 절댓값을 찾는다.

양자 어닐링은 여기에 양자 터널링의 효과를 추가한다. 양자 터널링은 공이 언덕의 반대편에 나타날 수도 있는 양자 효과다. 위로 넘어가는 것이 아니라 그대로 통과한다. 이것은 공이 올라갈 수 있는 언덕의 높이를 줄이는 것이 아니라, 공이 통과하는 터널의 길이를 줄이는 것이다.

D-Wave는 최적화 문제를 해결하기 위해 양자 어닐링을 사용하는 다수의 상용 컴퓨터를 제작했다. 처음에는 그들의 컴퓨터가 실제로 양자 터널링을 사용했는지에 대한 회의론이 있었지만, 이제는 대부분 동의하고 있다. D-Wave의 컴퓨터가 고전적 컴퓨터보다 속도가 빠른가에 대한 의문은 여전히 남아 있지만, 실제로 구매하는 기업들이 있다. 폭스바겐, 구글, 록히드마틴 등이 D-Wave의 제품을 구입했다.

하드웨어에 관한 설명을 마치고 다소 심오한 질문으로 넘어가자. 양자 컴퓨팅은 인간과 우주에 대해서 무엇을 말해주며, 가장 근본적인 수준의 컴퓨팅은 무엇일까?

양자 우위와 평행 우주

3비트의 조합은 000, 001, 010, 011, 100, 101, 110, 111, 이렇게 8가지가 있다. 숫자 8은 2^3에서 비롯된다. 첫 번째 비트에 두 가지 선택, 두 번째 비트에 두 가지 선택, 세 번째 비트에 두 가지 선택이 가능하므로 2를 3번 곱하는 것이다. 비트 대신에 큐비트로 바꾼다면, 각각의 3비트 문자열마다 1개의 기저 벡터와 연관되므로 벡터 공간은 8차원이다. 따라서 n개의 큐비트가 있을 때 2^n개의 기저 벡터가 있으며 공간은 2^n차원이 된다. 큐비트의 수가 증가하면 기저 벡터의 수는 지수함수적으로 증가하며 차원은 급증한다.

큐비트의 수가 72개이면 기저 요소의 수는 2^{72}로서 약 4,000,000,000,000,000,000,000이다. 이 숫자는 고전적인 컴퓨터가 양자 컴퓨터를 흉내낼 수 없을 만큼 큰 수로 여겨진다. 즉, 양자 컴퓨터가 72개 이상의 큐비트를 사용한다면 양자 컴퓨터는 양자 우위, 즉 고전적 컴퓨터의 능력을 넘어서는 시대에 들어선다. 앞서 언급했듯이 구글은 이 시대에 도달했다고 발표할 것으로 예상된다(D-Wave의 최신 컴퓨터는 2,000개의 큐비트를 사용하지만 특수 용도로만 쓰이기 때문에 양자 우위에 도달했다고 말하지 않는다).

300개의 큐비트를 갖는 기계가 있다고 하자. 이 숫자는 가까운 미래에 도달할 수 있어 보인다. 그러나 2^{300}은 엄청나게 큰 숫자다. 우리가 알고 있는 우주의 모든 기초 입자들의 수보다 많다! 300개의 큐비트를 사용하는 계산은 2^{300}개의 기저 원소를 사용할 것이다. 도이치는 이처럼 우주의 모든 입자 개수보다 많은 기저 원소를 포함하는 계산이 어디서 수행되느냐는 질문을 던지고, 그 답으로 서로 협력하는 평행 우주의 개념을 도입해야 한다고 믿는다.

양자역학과 평행 우주의 관점은 휴 에버렛Hugh Everett으로 거슬러 올라간다. 에버렛은 측정을 수행할 때마다 우주는 다수의 새로운 우주로 갈라지고, 각 우주는 저마다 다른 결과를 포함한다고 생각했다. 이 견해를 믿는 학자는 소수이지만 도이치는 확고하게 이를 믿고 있다. 도이치의 1985년 논문은 양자 컴퓨팅의 기초 논문 중 하나로, 이 연구의 목표는 평행 우주를 입증하기 위한 사례를 만드는 것이었다. 그는 언젠가 벨의 테스트와 유사하게 에버렛의 해석을 확인해주는 테스트가 나타나기를 희망하고 있다.

컴퓨팅

앨런 튜링Alan Turing은 컴퓨팅 이론의 아버지 중 하나다. 1936년 발표된 기념비적인 논문에서 튜링은 컴퓨팅을 엄밀하게 접근했다. 사람이 계산을 수행할 때 하는 일들을 세부적으로 쪼개 가장 기본적인 단위로 분해했다. 그리고 튜링 기계라고 부르는 간단한 이론적 기계가 임의의 알고리즘을 수행할 수 있음을 보였다. 튜링의 이론적 기계는 이제 현대적인 컴퓨터로 진화했다. 현대의 컴퓨터는 범용 컴퓨터다. 튜링의 분석이 보여준 가장 기초적인 연산 중에는 비트 조작이 포함된다. 그러나 기억할 것은 튜링은 사람을 기반으로 계산(컴퓨팅)을 분석했다는 점이다.

반면 프레드킨, 파인만, 도이치는 우주가 계산을 수행한다고 주장한다. 컴퓨팅은 물리학의 일부라는 것이다. 양자 컴퓨팅의 등장으로 초점은 인간이 계산하는 방식에서 우주가 계산하는 방식으로 바뀌었다. 그래서 도이치의 1985년 논문은 컴퓨팅 이론의 측면에서도 기념비적인 문헌으로 여겨진다. 이 논문에서 도이치는 근본적인 객체가 비트가 아니라 큐비트임을 보였다.

지금까지 우리는 가까운 시일 내에 양자 우위에 도달할 것이라고 봤다. 즉, 고전 컴퓨터가 시뮬레이션할 수 없는 양자 컴퓨터가 출현한다는 것이다. 그러나 그 역은 어떨까? 양자 컴퓨터는 고전적 컴퓨터를 시뮬레이션할 수 있을까? 답은 '그렇다'이다. 임의의 고전적 컴퓨팅을 양자 컴퓨터에서 수행할 수 있다.

따라서 양자 컴퓨팅은 고전적 컴퓨팅보다 일반적이다. 양자 컴퓨팅은 특수한 계산을 수행하기 위한 특이한 방법이 아니다. 오히려 컴퓨팅의 개념을 새롭게 생각하는 방법이다. 양자 컴퓨팅과 고전적 컴퓨팅을 별개의 주제로 생각할 이유가 없다. 컴퓨팅은 사실은 양자 컴퓨팅이다. 고전적 컴퓨팅은 양자 컴퓨팅의 특수한 경우일 뿐이다.

이런 관점에서 보면, 고전적 컴퓨팅은 인간 중심적으로 컴퓨팅을 바라보는 것이다. 코페르니쿠스가 지구가 우주의 중심이 아니며 다윈이 인간이 다른 동물로부터 진화했음을 증명했듯이, 이제 계산이 인간 중심적이지 않다는 사실을 깨닫기 시작했다. 양자 컴퓨팅은 진정한 패러다임 전환을 나타낸다.

고전적인 컴퓨팅이 쓸모없어진다는 뜻이 아니다. 하지만 더 근본적인 수준의 컴퓨팅이 존재하며, 가장 기초적인 수준의 컴퓨팅은 큐비트, 얽힘, 중첩을 포함한다는 것이 널리 인식될 것이다. 현재 사람들은 특정한 양자 알고리즘이 고전적인 알고리즘보다 빠르다는 점에 주로 관심을 보이지만, 앞으로는 달라질 것이다. 양자 물리학은 양자 컴퓨팅보다 더 오래됐으며, 독자적인 주제로 인식되고 있다. 물리학자들은 양자 물리학과 고전 물리학을 비교하려고 시도하거나 양자 물리학이 더 나은 것임을 보여주기를 희망하지 않는다. 그저 양자 물리학의 본질을 연구할 뿐이다. 양자 컴퓨팅에서도 이와 같은 변화가 일어날 것이다. 컴퓨팅의 연구 방법을 바꾸는 새로운 도구가 우리에게 주어진 것이다. 이 도구를 사용해서 실험하고, 어떤 새로운 것을 만들 수 있는지 배울 것이다. 이런 상황은 양자 순간 이동과 초고밀도 코딩으로 이미 시작됐고 앞으로도 계속될 것이다.

컴퓨팅의 본질에 관한 새로운 사고방식과 함께 새 시대에 접어들고 있다. 무엇을 발견하게 될지 알 수는 없다. 그러나 지금은 탐험과 혁신의 시대다. 양자 컴퓨팅의 위대한 날들이 우리를 기다리고 있다.

찾아보기

ㄱ

가비지 비트 138
가역 게이트 132
가역 컴퓨팅 132
가중합 52
간섭 79
게이트 126
결맞음 220
결어긋남 219
결정론적 40
고전적 모델 110
고전적인 비트 39, 76
곱셈 공식 84
관측 114
광합성 219
국소적 실재론 99, 100, 104
균형 함수 178
그로버의 알고리즘 213
기체에 관한 이론 106
길이 44
꺾쇠괄호 48

ㄴ

논리 게이트 117
논리 법칙 118
논리적 동치 121
뉴턴 104
닐스 보어 26

ㄷ

다세계 해석 114
다항식 시간 175
단위 벡터 45
당구공 게이트 141
대칭 키 209
대칭행렬 159
데이비드 도이치 178
데이비드 봄 105

데이비드 와인랜드 220
도깨비 같은 원격 작용 97
도약 113
도이치 알고리즘 178
도이치-조사 알고리즘 174, 186
도청 76
동전 던지기 35
디랙 41
디지털 정보의 인코딩 168

ㄹ

란다우어 한계 134
로브 그로버 213
롤프 랜도어 134
리버스 벨 회로 159
리차드 파인만 117

ㅁ

모듈러-2 덧셈 191
모듈러스 209
모의 어닐링 222
무작위성 34
묵자 212
물리 철학 100
밀레니엄 상금 문제 176

ㅂ

반가산기 131
반복 코드 168
발터 게를라흐 25
범용 게이트 130
범용 양자 게이트 153
범용 컴퓨터 225
베릴륨 수소화물 219
벡터 43
벡터 덧셈 46
벨 기저 158
벨의 부등식 108

벨 회로 157
보강 간섭 79
보조 비트 138
복소수 42
복잡도 클래스 174, 201
복제 155
복제 불가 정리 154
복호화 80
봄의 공식 105
부울 대수 120
부울 함수 117, 123
분자 106
붕괴 113
브라 43
브라-켓 곱 48
브라켓 표기법 48
블랙박스 178
비닐 레코드 167
비밀 문자열 192
빅데이터 213

ㅅ

사이먼 알고리즘의 고전적인 부분 199
사이먼의 문제 192
사이먼의 알고리즘 174, 191, 211
상대 위상 152
상쇄 간섭 79
상수 함수 178
상태 65
상태 벡터 65
선형대수학 도구상자 60
선형 독립적 200
선형 중첩 76
성분 43
셰퍼 스트로크 126
쇼어 알고리즘 208
순서 기저 54
숨은 변수 35, 99, 106
슈테른-게를라흐 장치 28, 37
슈테른과 게를라흐의 실험 93
스칼라 45
스핀 상태 65
시공간의 뒤틀림 104

시드 40
시뮬레이션 218
실수 41

ㅇ

아다마르 게이트 60, 153, 211
아르투르 에커트 115
알버트 아인슈타인 99
암호학 76
암호화 80
압축 168
앨런 튜링 207, 225
양자 병렬성 173, 204
양자 비트 25
양자 순간 이동 163
양자 스핀 64
양자 시계 30, 32, 38, 42, 95
양자 알고리즘 173
양자 어닐링 222
양자 우위 221
양자 컴퓨팅 대 고전적 컴퓨팅 157
양자 키 배포 115
양자 키 분배 212
양자 터널링 223
양자 푸리에 변환 게이트 211
양자 푸리에 변환 행렬 211
양자화 39
에드워드 프레드킨 117
에르빈 슈뢰딩거 99
에커트 프로토콜 115
역공학 205
역산 관계 166
역함수 133
연분수 전개 208
열벡터 43
열역학 법칙 106
오라클 178
오류 정정 167
오토 슈테른 25
온라인 구매 209
완전탄성충돌 141
위상 79
유니타리행렬 60

유사 무작위 40
이온 트랩 220
인터넷 뱅킹 209

ㅈ

자발적 매개 하향변환 93
전가산기 132
전기 스위치 126
전기 펄스 127
전산 화학 218
전자 스핀 31
전치 행렬 55
절대 영도 219
절댓값 42
점곱 48, 193
정규직교 50
정규직교 기저 50
정규화 50
정방행렬 57
제어 NOT 게이트 134
조셉슨 접합 220
조지 부울 117
주기 211
주기 함수 177
주 대각선 57
중력 104
중력 법칙 104
지수함수적 시간 175
지연 시간 144
직교 47
직교 벡터 47
직교행렬 59
진리표 118
질소 분해 효소 218

ㅊ

차원 43
찰스 펫졸드 130
초고밀도 코딩 160
초광속 통신 89
초기 조건에 관한 민감한 의존성 105
초기 조건에 대한 민감한 의존성 35
초전도체 220

측정 33, 113
측정 강도 34
측정 행위 34

ㅋ

켓 43
켤레 42
코펜하겐 모델 99
코펜하겐 해석 99
쿠퍼쌍 220
쿼리 복잡도 177, 178, 201
큐비트 25, 39, 76, 148
크로네커곱 185
클레이 수학연구소 176
클로드 섀넌 117, 126
클록 132
키 80

ㅌ

태양광 전지 219
턴테이블 167
텐서곱 83
텐서곱의 표준 기저 91
토마소 토폴리 136
토폴리 게이트 136

ㅍ

파동 79
파동 방정식 113
파울리 변환 151
파일럿 파 114
패리티 검사 171
팬아웃 129
편광 36
편광의 수학적 모델 72
편광 필름 36
편광 필터 실험 74
평행사변형 법칙 46
평행 우주 224
폰 노이만 134
폰 노이만 아키텍처 156
폴 디랙 41, 218
표준 기저 51, 54

표준 순서 기저 91
프레드킨 게이트 138
플립플롭 132
피타고라스 정리 44
피터 쇼어 177

ㅎ

함수 완전성 122
함수 평가 177
항등 연산자 151
항등행렬 57
행렬 55
행벡터 43
행성 모델 26
헨리 셰퍼 126
확률 64
확률 진폭 54, 65
회로 128
휴 에버렛 224

영문

ancilla bit 138
AND 119
AND 게이트 127
balanced 178
BB84 프로토콜 80
BQP 203
bra-ket 48
$\mathbb{C}^2$ 65
CCNOT 게이트 136
CNOT 게이트 60, 94, 135, 149
Code 130
constant 178
Copenhagen interpretation 99
D-Wave 222
EPR 역설 105

EQP 201
identity 151
I 게이트 151
Kronecker 185
many-worlds 114
Micius 212
NAND 124
NAND 게이트 128
NOT 게이트 127
NP 176
OR 119
OR 게이트 128
P 176
period 177
pseudo 40
P 대 NP 문제 176
QKD 212
QP 201
$\mathbb{R}^2$ 64
reverse 159
reverse operation 166
RSA Lab 176
RSA 암호화 208
symmetric 159
unitary 60
universal 130
X 게이트 152
Y 게이트 152
ZIP 파일 168
Z 게이트 152

번호

2차 속도 향상 217
2차 시간 201
3차원 42

양자 컴퓨터 원리와 수학적 기초

스핀부터 큐비트, 얽힘, 중첩, 양자 알고리즘, 양자 암호화

발　행 | 2020년 8월 31일

옮긴이 | 이 정 문
지은이 | 크리스 베른하트

펴낸이 | 권 성 준
편집장 | 황 영 주
편　집 | 김 진 아
　　　　임 지 원
디자인 | 윤 서 빈

에이콘출판주식회사
서울특별시 양천구 국회대로 287 (목동)
전화 02-2653-7600, 팩스 02-2653-0433
www.acornpub.co.kr / editor@acornpub.co.kr

한국어판 © 에이콘출판주식회사, 2020, Printed in Korea.
ISBN 979-11-6175-445-1
http://www.acornpub.co.kr/book/quantum-computing-everyone

이 도서의 국립중앙도서관 출판시도서목록(CIP)은 서지정보유통지원시스템 홈페이지(http://seoji.nl.go.kr)와
국가자료공동목록시스템(http://www.nl.go.kr/kolisnet)에서 이용하실 수 있습니다.(CIP제어번호: CIP2020034805)

책값은 뒤표지에 있습니다.